Pamela Katz
Die Seeräuberin

Pamela Katz

Die Seeräuberin

Ein Lotte-Lenya-Roman

Aus dem Amerikanischen
von Oliver Wolfskehl

Aufbau-Verlag

Das amerikanische Original trägt den Titel
»And Speaking of Love«.

ISBN 3-351-02903-9

1. Auflage 2001
© Aufbau-Verlag GmbH, Berlin 2001
© Pamela Katz 2001
Einbandgestaltung Andreas Heilmann, Hamburg
Druck und Binden GGP Media, Pößneck
Printed in Germany

www.aufbau-verlag.de

Inhalt

Es ist praktisch unmöglich, eine Frau zu einer Hauptfigur zu machen. Das Leben einer Frau ist schlichtweg zu eingeschränkt oder liegt zu sehr im Verborgenen. Unternimmt es dennoch eine Frau, ihr Leben zu erzählen, gilt sie prompt als nicht mehr wahrhaft weiblich. Einem Mann Momente von Wahrhaftigkeit abzugewinnen ist bereits schwierig genug.

Marguerite Yourcenar

I. Liberté

17. August 1950

Könnte ich doch nur zu der Überzeugung gelangen, daß dieser monumentale Ozeankreuzer mit Sicherheit sinken wird – dann, und nur dann, könnte ich mich dazu entschließen, einfach zu fliehen. Doch ich bin kein Prophet, ich bin ein Feigling – voller Angst vor Schiffen, vor Reisen über die aufwühlenden Tiefen des Ozeans; doch am meisten fürchte ich mich davor, in dieser gewaltigen Menschenmenge eingekeilt zu sein.

Direkt vor mir versucht ein Menschenknäuel die wacklige Landungsbrücke zu erklimmen. Nach der schwingenden Holzbrücke gibt es kein Zurück mehr. Noch ein Schritt, und auch ich werde meine Reise unwiderruflich angetreten haben.

Ich kralle mich an die Reling. Hätte ich meine Hände frei, würde ich ein Foto von dem Studebaker schießen, der, an einem dicken Seil baumelnd, in den Frachtraum gehoben wird. Seine Fenster spiegeln das Mondlicht, während um uns die Dunkelheit kauert.

Doch in Wahrheit klammere ich mich an meinem Leben fest, halb taub von den durchdringenden Stößen des Signalhorns und den gellenden Pfeiftönen des kühnen Schiffes. Wie reinlich es wirkt – als könnte das bloße Ablegen seine Jungfräulichkeit wiederherstellen.

Der weiße Rumpfstreifen ist punktiert von Reihen glitzernder Fenster. Darunter liegt die funktionalere

11

Schiffshälfte, die, halb ins Wasser getaucht, von Schichten schwarzer öliger Farbe geschützt ist. Überleben ist normalerweise ein häßliches Unterfangen, und Pomp und Sicherheit zugleich zu versprechen ist schon bewundernswert. Nur frage ich mich: Wird das Schiff sein Versprechen halten?

Der Enthusiasmus der anderen Passagiere treibt mich auf die Landungsbrücke, und die Entscheidung wird mir schließlich abgenommen. Ich fühle die Planke nachgeben unter dem Gewicht all dieser Menschen. Wenn ich einen Fuß vor den anderen setze, werde ich schon nicht überrannt werden, doch was, wenn einer der Leute stehenbleibt? Hält einer an, halten wir alle an, und ich hänge fest auf dieser splitterigen Planke. Läßt sich Zeit in Belastbarkeit übersetzen?

Meine Kleidung ist schweißdurchtränkt; ich könnte dies auf die unerträglich schwüle Nacht schieben, doch in Wahrheit ist allein mein rasendes Herz schuld daran. Ich wünschte, ich könnte mich von der schalen Pracht dieses Schiffs täuschen lassen. Doch wie könnte ich? Bin ich doch im Besitz der beunruhigenden Wahrheit.

In einem Land getauft, von einem anderen übernommen und als zweifelhaftes Geschenk wieder weggegeben, war dieser Dampfer ständig zu Neuanfängen gezwungen. Es mag an meiner Boshaftigkeit liegen oder nur an meinem historischen Wissen, daß mir der schwarze Niederschlag der Geschichte so deutlich vor Augen steht – trotz des übertriebenen Anstrichs von Unschuld.

Ich halte es für unheilvoll, daß dieses strahlende Monster den Namen *Liberté* angenommen hat und damit fortfährt, seine Vergangenheit zu verleugnen.

Wie kann es einfach so ein neues Leben beginnen wollen? Zurückbleiben sollen die vollstreckten Grausamkeiten und die unterlassenen Freundlichkeiten, nichts dergleichen soll an die Ufer des neuen Landes geschwemmt werden. Doch wird die Gischt des Ozeans seine Seele tatsächlich reinigen, oder wird sie sie lediglich vor aller Augen bloßlegen?

Die provisorische Rampe hängt bereits bedenklich durch – werden diese Behelfsmittel jemals getestet? Wie auch immer, die elegante Landungstreppe jedenfalls ist noch in Reparatur. Man munkelt ja, das Schiff wurde erst in letzter Minute vor der nächsten Jungfernfahrt fertiggestellt. Auch die letzten zwei Jahre waren alles andere als vielversprechend. Zuerst sank es im Hafen, und als es wieder geborgen wurde – wo, um Gottes willen, waren die hundert, zweihundert Leute, die in den Tod gesprungen sind?

Ich weiß nicht, was die spröde *Saturday Evening Post* erwartet, alle Prahlerei und Detailfülle können doch nicht verbergen, daß die gefeierte Wiedergeburt der französischen Ozeanverbindung eine ziemliche Enttäuschung ist. Ich hatte eine würdevolle Landungstreppe erwartet, Hollywoodstars im Scheinwerferlicht, rote Lippenstiftküsse in die Kameras werfend, Gelächter im Mondschein über rauschenden Wellen, flatternde Seidenschals – wo ist all der Glamour? Aber hier ist die Luft träge und schwül, keine kühle Brise trägt den Duft teurer Parfüms herbei, nur hinter mir ein Mann, vor mir eine Frau, und von allen Seiten grobes Gedränge. Ich bin eingesperrt, und was, wenn plötzlich einer stehenbleibt?

Nur weiter, nach all dem, was ich gesehen und getan habe; wie enttäuschend zu wissen, daß meine Angst den ersten wichtigen Gedächtniseintrag überdauert, der inzwischen längst verwittert ist. Am Ende muß ich mich damit abfinden, daß sich nichts geändert hat und ich als dieselbe Person heimkehre, als die ich abgereist bin. Ein Jahr fort, und das war wohl immer noch nicht genug.

Dennoch, ich habe Außergewöhnliches erlebt. Freilich ist die Erfahrung eines anderen kein Bazillus, von dem man sich anstecken lassen kann.

Jetzt sehe ich das Ende, und selbst wenn die Planke brechen sollte, glaube ich es schaffen zu können, ein rascher Sprung nach vorn, und ich werde an Deck sein – und leben. Leben, um unter der Schlagzeile »Gerettete über das Desaster« berichten zu können. Doch wo sind all die Lichter? Es ist lächerlich dunkel hier. Kein Wunder, daß sich alle seltsam benehmen; etwas Unheilvolles liegt in unserer nächtlichen Reise, warum legen diese Schiffe immer um Mitternacht ab? Gute Frage, nette, banale Frage, spar sie dir für deinen *netten, banalen* Bericht auf.

»Es war ein Versehen.«

Männer in blendend weißen Uniformen lösen sich aus der Menge, kommen auf mich zu, um sich zu entschuldigen und mich fortzuführen.

»Ein Versehen. Sie sollten nicht mit den anderen zusammen an Bord kommen. Ab sofort brauchen Sie sich keinerlei Sorgen mehr zu machen, der VIP-Service steht Ihnen rund um die Uhr zur Verfügung, das verspreche ich Ihnen. Und wir haben einiges zu bieten als französischer Liner, aber lassen Sie sich überraschen. Sicher hat es nach der langen Wartezeit die eine oder andere kleine Panne gegeben – was natürlich keine Entschuldigung sein soll für unser Versäumnis, Sie abzuholen. Doch jetzt bitte hier entlang, schauen Sie sich doch mal das Schiff an, ist es nicht wunderschön?«

Der Glanz der Wandleuchter in den endlosen, labyrinthischen Gängen spiegelt sich in ihren Uniformen wider. Ich bin auf dem Weg in meine Koje, in meine phantastische Koje – *Lassen Sie sich überraschen.* Die wippenden Messingborten an ihren Uniformen blinken, und ihre schwarzen Schuhe blitzen; woran wir auch vorbeilaufen, alles ist in Bronze, Gold, Silber oder Chrom eingefaßt. Milliarden winziger Lichter durchzucken die Luft.

»Ihre Koje ist zwar nicht übermäßig geräumig, gilt aber als eine der besten auf dem ganzen Schiff. Sehen Sie, der Sitzraum ist ein Oval«, schwärmt der gutaussehende amerikanische Steward. »Und schauen Sie, wie einzigartig die Decke ist, allein schon ihre geschwungene Form. Und hier das Wandgemälde von Le Havre, sehr wirklichkeitsgetreu, finden Sie nicht?«

Nicht übermäßig geräumig ist eine weltmännische Untertreibung; in diesem Puppenhaus werde ich unsere sechstägige Reise jedenfalls nicht überstehen. Wo auch noch an der Wand eine Aussicht von der Stadt hängt, die wir jeden Moment verlassen werden. Als könnte das Bild über die Enge der Kabine hinwegtäuschen.

Das also ist die *Normandie*-Koje. Der Name weckt ja nicht gerade angenehme Erinnerungen. Was hat sich die französische Reederei nur dabei gedacht? Ich bezweifele ja nicht, daß man mir eine der besten Kojen zugeteilt hat, auch wenn sie nicht *übermäßig geräumig* ist. Schließlich verlangt man einen hübschen Artikel von mir. Einen hübschen Artikel in einem kitschigen amerikanischen Magazin. Man hat ein Vermögen in dieses Schiff gesteckt, jetzt ist es an der Zeit, Profit zu machen.

Alle Erklärungen des Stewards quittiere ich mit angemessenem Staunen, doch er dürfte meinen Mangel an Respekt vor seiner ovalen Herrlichkeit spüren. So bemühe ich mich, mehr Enthusiasmus in meine Stimme fließen zu lassen.

»Könnte ich den Sicherheitsoffizier auf seinem Morgenrundgang begleiten?« frage ich interessiert.

»Oh, der beginnt aber schon um sechs Uhr dreißig«, antwortet er leicht höhnisch, meine gespielte Höflichkeit ignorierend. Die frühe Stunde wird mich schon abschrekken, denkt er; so ein junges verwöhntes Ding wie ich ist sicher nur an den Delikatessen und den anderen Annehmlichkeiten der Ersten Klasse interessiert.

»Kein Problem«, sage ich schroff und stelle mein gefallsüchtiges Gehabe abrupt ein. Junge Reporterin auf Karrieresuche – so schätzt er mich offensichtlich ein, und für so eine diese großartige Suite? Was für eine Verschwendung.

»Na dann viel Glück dabei. Der Rundgang beginnt auf dem C-Deck, aber seien Sie bitte pünktlich. Die Sache wird zwei Stunden dauern, und der Sicherheitsoffizier wird …«

»Kein Problem«, unterbreche ich wieder, weil ich jetzt will, daß er verschwindet. Die Koje ist zu klein für zwei Personen. Da spüre ich plötzlich einen Schmerz in meiner Brust und lasse mich auf die Couch plumpsen. Als ich meine Augen vor der schwindelerregenden Blumentapete schließe, verläßt der Steward mit einem Male den Raum. Er hat mein Zusammensinken als Feindseligkeit interpretiert, und jetzt ist er beleidigt. So hat er nicht einmal mehr Gelegenheit, auf die Flasche Champagner hinzuweisen, die man mir zum Empfang bereitgestellt hat.

Auf die fällt als erstes mein Blick, als es mir wieder bessergeht. So weit ist es also schon gekommen.

»Ich bin doch keine Reisejournalistin«, hatte ich den Ressortleiter über das Telefon angeschrien. Doch mein Ärger war an ihm abgeprallt. »Ich weiß, ich weiß«, antwortete er. »Aber warum sollen wir jemand anderen schicken, wo Sie doch schon einmal da sind? Schreiben Sie etwas über die Rückkehr des Ozeandampfers nach Kriegsende, darüber, daß er jetzt wieder als Luxusliner zur Verfügung steht. Und noch etwas: Amüsieren Sie sich ein bißchen, eine solche Reise kostet fünfhundert Dollar, und Sie bekommen sie umsonst!«

Man wollte mich also zurückhaben. Auch wenn man meine Reportagen über das Nachkriegseuropa wenig schätzte, so konnte ich doch jetzt davon ausgehen, daß meine früheren politischen Aktivitäten nicht mehr als bedenklich galten. Nicht wenn man mich einen Artikel über eine solche Luxustour schreiben ließ, mich, eine Amateurin, eine Salonkommunistin.

Na los, lache nur über mich, du hast mich ja jetzt da, wo du mich immer haben wolltest. Schade nur, daß du nicht hier bist, um es mitzuerleben. Du sagtest, du würdest mich bis ans Ende der Welt verfolgen. War das jetzt schon alles? Ich kann dein spöttisches Gelächter kaum hören! Doch ich fürchte mich nicht vor Geistern, dazu habe ich zu viele reale Ängste. Verfolge mich nur, aber versprich mir eins: Wirbele den Ozean nicht zu sehr auf, verlängere unsere Reise nicht unnötig. Tust du es trotzdem, werde ich nach meiner Ankunft dafür sorgen, daß von deinem guten Ruf nichts mehr übrig bleibt.

Apropos Geister. Ungeheuerlich die Vorstellung, daß in eben dieser Koje einmal zwölf Soldaten untergebracht waren. In Deutschland wurde das Schiff auf den Namen *Europa* getauft; 1931 galt es als der schnellste und eleganteste Ozeandampfer der Welt. Dann wurde es in ein Kriegsschiff der deutschen Marine umgewandelt. Und hier, wo jetzt französisches Leinen mein übergroßes Bett bespannt und die schwere Mahagonikommode steht – genau hier hatte man drei vierstöckige Etagenbetten eingebaut. Ich wäre gestorben, noch bevor wir die Schlacht erreicht hätten. Man kann auch an Klaustrophobie sterben.

Mein Fenster läßt sich nicht öffnen. Ich sollte jemanden rufen. Doch es ist zwei Uhr morgens und vielleicht noch zu früh, um sich schon Feinde zu machen. Wir scheinen abgelegt zu haben, oder was ist das – oh nein, du Mistkerl, du läßt es regnen, ein richtiger Sturm zieht auf. Unter meiner Tür kommt Feuchtigkeit herein und weicht die Teppiche auf. Das schlimmste jedoch ist, daß mir die Luft weg bleibt. Es ist schon besser, ich mache eine Meldung.

Wie wohlig sich der Seidenbezug anfühlt. Mit geschlossenen Augen verfolge ich, wie sich mein Atem nach und nach beruhigt. Trotzdem sollte ich Meldung machen. Aber höflich muß ich zu den Leuten sein, schließlich sind wir sechs Tage auf dem Schiff zusammen eingesperrt. Und ich kann nicht einfach über Bord springen, das Wasser wird mir meine Angst nicht nehmen.

So viel habe ich gelernt, damals. Ich war vierzehn und dachte, indem ich meine Ängste bezwinge, mache ich mir die ganze Welt untertan. Im Ferienlager sollte ich einen Wildbach auf einem Baumstamm überqueren. Ich hatte wirklich Angst – keine mädchenhafte Angst. Meine Hände zitterten, Schweißperlen standen auf meiner Haut, und ich war den Tränen nahe. Nur Tränen waren nicht erlaubt. Damals nicht.

Um meinen guten Ruf zu retten, überquerte ich den Bach noch einmal, und dann wieder, und immer wieder, den ganzen Nachmittag lang bis in den späten Abend. Mit der Wiederholung der Übung, hoffte ich, würde ich Herr meiner Angst werden. Aber nichts dergleichen geschah. Am nächsten Morgen schickte man mich nach Hause, völlig erschöpft und hysterisch. Ihr Kind ist für das Ferienlager leider nicht geeignet, hieß es lapidar. Meine Mutter nahm es gelassen und lachte bloß. Auch sie sei ungeeignet dafür gewesen, meinte sie.

Es klopft laut an der Tür. Die zwei Männer von der Instandsetzung. Sie freuen sich, die Frau zu wecken, die sie geweckt hat. Zweimal hätten sie schon geklopft, brummeln sie.

»Was meinen Sie mit ›ich hätte nicht reagiert‹? Ich war die ganze Zeit hier … Egal, kommen Sie herein.«

Sie schlagen mit der Faust auf die klemmende Luke, ohne Erfolg. Dann versuchen sie es mit einem Hammer. Ich stehe halb im Flur, halb in der Koje. Warum mußten sie gleich zwei Leute schicken? Sie riechen nach feuchter Wolle und Zigaretten und füllen mit ihren breiten Körpern den ganzen Raum aus.

Mit dem Hammer klappt es auch nicht, und sie beginnen sich längerfristig einzurichten. Schraubenzieher werden hervorgezogen, man legt Pausen ein für ein paar Schlückchen Kaffee, der behutsam aus dicken Keramiktassen geschlürft wird. Einen Moment lang überlegen sie, dann verkünden sie in starkem elsässischem Akzent: »Das Wetter ist fürchterlich.« Sie zeigen auf den Rahmen der Luke. »Macht alles viel weiter.« Während sie schläfrig ihren nächsten Schritt überdenken, zwänge ich mich in meinen Pulli und renne aus der Tür.

Ich muß ein paar Stunden geschlafen haben, denn inzwischen ist es hell. Ein frischer, vom Regen gewaschener Morgen hat mich geweckt. Die weißen metallenen Flächen blenden mich. Es gibt wenige Stellen, auf denen ich meine Augen ruhen lassen kann. Und was vom Ozean zu sehen ist, erinnert eher an die Mauern einer Strafanstalt.

Der Weg zum C-Deck führt über bedrohlich aussehende Treppen. Meine Uhr steht auf Viertel vor sechs, bald Zeit also für unsere Sicherheitsrunde. Ich ziehe eine Puderdose aus meiner Tasche und kämme mein windzerzaustes Haar – ich möchte ordentlich aussehen bei der Ausübung meiner ersten offiziellen Funktion. Nur habe ich mich seit vierundzwanzig Stunden nicht umgezogen, und mein Rock ist hoffnungslos zerknittert.

Ein kurzer Sonnenreflex in meinem Spiegel spendet angenehme Wärme, da spüre ich plötzlich, daß ich vom Oberdeck des Schiffes aus beobachtet werde – was unwahrscheinlich ist zu dieser frühen Stunde. Es sei denn, es gibt eine telepathische Verbindung zwischen mir und einem weiteren schlaflosen Passagier, den es an Deck getrieben hat.

Ich suche eine Weile nach Anzeichen menschlichen Lebens, doch erst als ich meinen Kopf weit nach hinten beuge, entdecke ich auf dem Promenadendeck einen Schopf dichter grauer Haare. Ich betrachte ihn volle zwei Minuten, aber nichts bewegt sich, nicht eine lose Haarsträhne oder ein Stück Stoff flattert im Wind. Mein stiller Beobachter scheint eine Statue zu sein, eine übriggebliebene Galionsfigur zwischen zwei Rettungsbooten.

Jede Krümmung des Schiffes ist mit Messing oder poliertem Holz verziert, sogar die Rettungsboote umsäumen das Schiff in größter Vornehmheit. Aber schon eine Welle, na ja, mehrere große Wellen, oder sagen wir: ein längerer Sturm würde ausreichen, um …

Meine lächerliche Angst läßt mich hellwach werden, und ich beginne die Rettungsboote zu zählen, gehe noch einmal die Maßnahmen für den Notfall durch – ich habe sie alle auswendig gelernt –, bis plötzlich oben auf der Reling, offenbar aus dem Nirgendwo, eine Hand erscheint. Erst eine, dann die andere. Fest umklammern sie die Metallstange.

Die Galionsfigur hat sich bewegt, ist also doch menschlich. Offenbar eine Frau, wenn der schwarze Fleck tatsächlich eine Handtasche darstellt. Ist sie eine Pantomime, die für die Show heute abend übt? Jetzt, mit den Händen an der Reling, verharrt sie wieder in felsenartiger Stille, den Blick in die Ferne gerichtet, das Kinn leicht angehoben. Doch ich habe das Gefühl, daß sie mich beobachtet hat und sich jetzt entdeckt fühlt. Nähern sich die Schritte von Erwachsenen, erstarren die magischen Spielzeuge der Kinder zu Tode. Auch die Alte ist plötzlich völlig reglos.

»Fräulein Ritchie?«

Der Sicherheitsoffizier, endlich. Mit seiner Uniform – die Manschetten seines weißen Jacketts sind voller goldener Verzierungen – und seinem gepflegten grauen Bart sieht er aus wie ein Schiffskapitän aus einem Märchen. Sein warmer Händedruck verstärkt das vertraute Gesumme in meinem Kopf; hinter meinen Augen vibriert noch immer meine dumpfe Schlaflosigkeit, wie in Watte gepackt. Und jetzt wird mir auch die sonderbare Wandlung der Szenerie bewußt: Die Alte erstarrte genau in dem Moment zu Stein, als der königliche Offizier auftrat. Und auch ich scheine mich auf mystische Weise in eins der hölzernen Spielzeuge an Bord zu verwandeln.

»Nennen Sie mich einfach Alison.« Ich höre mich kühler an, als ich beabsichtigt habe.

Er lächelt diffus über mein vertrauliches Angebot, *diese modernen Frauen,* und legt eine dramatische Pause ein, bevor er weiterspricht. Seine Stimme ist tief und rhythmisch, die Stimme eines Vortragenden, der aus »Moby Dick« liest.

»Wie ich hörte, habe ich die Ehre, meinen Rundgang in Ihrer Begleitung anzutreten.«

Ich folge ihm blindlings die innere Treppe hinauf, die enger ist als die anderen. Der Kampf gegen meine Klaustrophobie versetzt mich in einen Zustand äußerster Konzentration.

»Sind Sie seekrank?«

Ich schüttele den Kopf.

»Sie sehen ein bißchen blaß aus. Sind Sie sicher, daß Sie sich wohl fühlen?«

»Doch. Doch, mir geht es gut.«

»Es ist etwas steil hier, wenn Sie vielleicht meine Hand nehmen wollen?«

»Geht schon. Sie sollten mal die Berge sehen, auf die ich geklettert bin ... Oder vielleicht ... vielleicht doch, nur für dieses kurze Stück hier, danke.«

Der Kommando- und Kontrollraum, auch *die Brücke* genannt, befindet sich auf der höchsten Ebene des Schiffes, die ganz in Glas gefaßt ist. Die Brücke ist gigantisch, gefüllt mit Apparaten, die die See messen, protokollieren und Wettervoraussagen treffen. Zwölf Fenster hat die Brücke, sagt er und wartet absurderweise darauf, daß ich

22

das aufschreibe, denn das tun Journalisten nun einmal, denkt er, die Fakten aufschreiben statt nachdenken. Nachdenken darüber, was die Fenster gesehen haben könnten, welche feindlichen Schiffe … Das Steuerrad ist winzig, stelle ich besorgt fest, nicht größer als meine Hand.

»Das ist eher symbolisch denn als Instrument gedacht«, sagt der Offizier mit fester Stimme. »Keine Sorge, das kleine Ding steuert nicht wirklich das Boot.« Was dann? denke ich, traue mich aber nicht zu fragen.

»Das Geheimnis sicherer Navigation liegt darin, vier oder fünf voneinander unabhängige Informationsquellen zu Rate zu ziehen.«

Wie im Journalismus. Traue keiner Auskunft, bis sie von anderen bestätigt wird; gibt es Fotos, um so besser. Er hat zwei Kompasse, ich brauche zwanzig Zeugen. Wenn ich sie finde.

Das waren doch deine Anweisungen, oder? Schon wieder muß ich an dich denken. Geschichte sei das Gedächtnis einer Million Schwachsinniger, hast du gesagt, die sich an nichts erinnern. Sind mehr als eine Million Leute einer Meinung, steckt wohl ein Körnchen Wahrheit darin. Und das nennt man dann die wissenschaftliche Methode, hast du geknurrt, herumlaufen und Fotos schießen, Zitate kopieren und einen Tag oder eine Woche später veröffentlichen; das ist nicht schwierig, natürlich nicht, wir gehen einfach nur mit Sorgfalt vor – ein paar von uns wenigstens. Komm mit mir, Schätzchen, dann brauchst du dich nicht auf diesem aalglatten akademischen Parkett zu bewegen, was ich mache, mache ich richtig. Ich habe gesagt, nenn mich nicht Schätzchen, worauf du sagtest, verdammt noch mal, dann sieh zu, daß du endlich erwachsen wirst.

Ein lautes Geräusch erschreckt mich, und wie ich hochsehe, fallen zwei große Türen krachend ins Schloß.

»Hydraulikpumpen«, sagt er, schon zum zweiten Mal; er ist zufrieden darüber, meine Aufmerksamkeit wiedererlangt zu haben nach diesem Schreck. Er betätigt noch einmal den Hebel, worauf sich die Türen abermals eindrucksvoll öffnen.

»Selbst wenn die ganze Elektrizität ausfällt, könnten wir jede per Hand öffnen.« Ohne sich nach mir umzudrehen, geht er durch die Tür. Er spricht in einem lustlosen Brummton, so als denke er laut.

»Hier herrscht absolute Sicherheit, die Chancen, von einem Auto überfahren zu werden, sind tausendmal ...« Ich will dieses lästige Klischee nicht hören.

»Man sollte nie davon ausgehen, daß überhaupt etwas funktioniert. Jedes noch so kleine Detail muß getestet werden, insbesondere die Feuersensoren. Feuer ist bei weitem die größte Gefahr an Bord. Neben Wasser natürlich«, schnattert er nun vergnügt vor sich hin.

Man tischt mir die Märchenversion auf, aber das funktioniert glücklicherweise: Langsam beginne ich tatsächlich zu glauben, daß dieser steife, selbstbeherrschte Mann die Sicherheitsangelegenheiten voll im Griff hat. Sollten seine Ausführungen Schwachstellen verbergen, würde er sie nicht so langweilig darbieten. Ich bin dankbar und erleichtert, gelangweilt zu werden.

»Dieses Gerät mißt Entfernungen mit Hilfe von Schallwellen; die Zeit zwischen Sendeton und Echo wird in die entsprechende Strecke umgesetzt. Funktioniert ein bißchen wie die Erinnerung, nur hoffentlich genauer.«

Ich bin nicht sicher, welches Gerät ihn zu diesem zartsinnigen Vergleich veranlaßt hat. Auf einmal steht er vollkommen still. Er blickt auf die See hinaus und streicht effektvoll über seinen Bart. Ein zehnstöckiges Hotel auf dem Ozean, eintausendfünfhundert Passagiere, achthundert Mann Besatzung, Gott und der Natur trotzend. Ein technisches Meisterwerk, für das er die Verantwortung trägt. Stolze und tief empfundene Verantwortung.

Höhepunkt des Rundgangs ist das öffentlich zugängliche Navigationsdiagramm. Jeden Mittag bläst die Schiffspfeife, und der Navigationsoffizier stellt unsere genaue Position auf dem Atlantischen Ozean fest. Das rote Fähnchen, das er in die Karte steckt, zeigt an, welche Strecke wir seit gestern zurückgelegt haben. Diese idyllische Verbrüderung von Natur und wissenschaftlicher Vermessung tröstet mich ungemein. Von jetzt an hängt mein Seelenfrieden von diesem täglichen Ritual ab, nach dem ich meine Uhr stellen werde.

Stimmen mich die roten Fähnchen froh, so erst recht der Anblick der blitzblanken Rettungsboote hier oben – rechte Seite, oberstes Deck. Zwanzig Boote, die einhundertfünfzig Leute tragen können, automatisch abseilbar, auch manuell für den Fall, daß – doch wer steht noch immer dort oben?

Es ist die Alte mit den grauen Haaren, die ich nicht grundlos für eine Galionsfigur gehalten habe, denn nach wie vor schaut sie wie versteinert zur See hinaus. Die Handtasche ist fest um ihren Arm geschlungen, die Hände sind noch immer mit der Reling verwachsen. Sie steht in einer Nische aus zwei verschweißten Schiffswänden, die Nähte verlaufen sich auf dem Deck.

Eine Intensität liegt in ihrem Ausdruck, die mich ganz in ihren Bann schlägt; ihr breites Bauerngesicht und ihre kräftigen Schultern strahlen eine rauhe Naturgewalt aus.

Anfang Siebzig wird sie sein und steht dabei so kerzengerade, als hätte sie noch nie ein Rückenproblem geplagt. Ein Mensch mit einer Geschichte, da bin ich sicher. Niemand hat die letzten siebzig Jahre in Europa so aufrecht überlebt, ohne eine Geschichte parat zu haben.

Wie eine Kompaßnadel zieht ihre magnetische Aura mich an. Als ich langsam auf sie zu gehe, begegnen sich unsere Augen. Ihr Blick gibt mir unmißverständlich zu verstehen: Halten Sie sich fern.

Vielleicht ist sie mir ähnlich, eine Geistesverwandte, die das Wagnis dieser Reise in vollem Umfang begreift; sie hat den ganzen Pomp durchschaut und hält sich neben den Rettungsbooten für den Notfall bereit.

Gerade erst Frühstückszeit, und der Speisesaal erinnert bereits an einen Weihnachtsbasar mit seinen Lichtern, dem glänzenden Silber und den vielen Blumen. Eine Jugendstiluhr verleiht dem überdekorierten Raum wenigstens ein bißchen Eleganz. Es schlägt jetzt zur vollen Stunde, doch es muß eine andere Uhr sein, dem verchromten Zifferblatt ist ein solch altmodischer Klang nicht zuzutrauen.

Meine Teilnahme an dem Sicherheitsrundgang hatte auch den Offizier in seinem Zeitplan zurückgeworfen, so daß wir uns beide beeilen mußten, um noch Frühstück zu bekommen. Ich durchquerte das halbe Schiff und kam gerade noch rechtzeitig zu unserem Speisesaal, wo mich der Oberkellner angestrengt lächelnd begrüßte. Er ist seit fünf Uhr auf den Beinen und fragt sich bestimmt, wie man es fertigbringt, nicht einmal bis um neun zum Frühstück zu erscheinen. Vorwurfsvoll führt er mich an meinen Platz.

Die Tische hier sind alle rund, wie es weltweit für die erste Klasse typisch ist. Das düstere deutsche Dekor hat man durch eine hellere, luftigere Ausstattung ersetzt, und natürlich stammt alles aus Frankreich: die Tischdecken, Servietten, das Silber … Die Form der Tische jedoch ist noch dieselbe, daran ändern auch zwei Weltkriege nichts. Genausowenig wie an der Etikette, nach der man sich vornehmlich seinem rechten Tischnachbarn zuzuwenden hat, damit sich auch keiner der Gäste langweilt.

Es ist genau, wie du immer gesagt hast: Die alten Schiffe werden wieder auf Vordermann gebracht und nach der neuesten Mode eingerichtet; das Blut, das vergossen wurde, läßt man einfach auf den Grund des Ozeans tropfen. Nichts ändert sich wirklich. Wir machen weiter wie bisher, ohne innezuhalten und nachzudenken. Wir machen weiter, bis alles um uns herum zugrunde geht. Daran denke ich jetzt, während ich mit deinem peinlichen Füller spiele, dessen Patrone ohnehin leer ist. Während unseres Rundgangs hielt ich ihn plötzlich in meiner Hand. Ich war mir nicht bewußt, ihn überhaupt mitgenommen zu haben, zumal ich mir die Details nie notiere, die behalte ich im Kopf.

Noch immer ist das Scheppern des unsichtbaren Uhrwerks zu hören. Ich muß herausfinden, wo das herkommt.

»Unangenehmes Geräusch, nicht wahr?«

Ein Mann, der bereits an meinem Tisch sitzt, schaut mich aus kleinen Augen an. Der Oberkellner ist davongeeilt und kümmert sich um die nächsten Spätankömmlinge.

»Wie soll man sich bei diesem Lärm unterhalten.«

Ich versuche die piepsige Stimme des Mannes einzuordnen – ist sie aufdringlich oder nur unbeholfen? – und mache einen Schritt nach hinten. Prompt stoße ich gegen den Stuhl eines benachbarten Tischs und registriere, wie eng man uns hier zusammengepfercht hat. Entspricht das den Vorschriften?

»Ich bin wirklich froh, Sie wiederzusehen. Ich habe Sie gestern beobachtet, wie Sie sich über die Landungsbrücke beschwert haben. Richtig so, habe ich gedacht, die junge Frau versteht sich durchzusetzen. Gestatten Sie, Jack Wilson. Wie heißen Sie? … Sehr angenehm. … Sie sind was? Journalistin? Sehr beeindruckend. Lassen Sie mich mal Ihr Schildchen sehen, ah ja, nicht daß man uns wieder auseinandersetzt. Schlimm genug, daß man uns vorschreibt, wo wir zu sitzen haben …«

Ich nehme Platz, und mein rundlicher Tischnachbar redet weiter munter auf mich ein. Ich fürchte, daß ich ihn für den Rest der Reise nicht mehr loswerde. Leute wie er lassen einem nur zwei Möglichkeiten: Entweder man fertigt sie grob ab, oder man schenkt ihnen so wenig Beachtung wie möglich. Mir ist nicht nach Abfertigung zumute, nicht am ersten Tag, und so ignoriere ich ihn und lasse meinen Blick über die Tische schweifen. Man hat sie mit so viel Silber beladen, daß die Gabeln die Messer des benachbarten Bestecks berühren.

Eine Prinzessin auf der Erbse hast du mich genannt und dabei laut gerülpst, als könnte mich so etwas beeindrucken. Stoffservietten und Tennisstunden – ausgerechnet Stoffservietten und Tennisstunden! –, das waren deine Lieblingsbegriffe, mit denen du mich aufgezogen hast. Ja, wir benutzten zu Hause Stoffservietten, und auch an unseren Lagerfeuern habe ich immer sorgsam mein Campingbesteck benutzt, während du dir die Tomatensoße mit dem Jackenärmel aus dem Gesicht gewischt hast. Wir übernachteten in den heruntergekommensten Spelunken, doch ist das ein Grund, nicht manierlich zu essen? Was hat das mit der Prinzessin auf der Erbse zu tun? Laß mich in Frieden, Turnbull, hörst du? Ich stehe schon längst auf eigenen Beinen und kann auf deine hämischen Ratschläge verzichten. Auch wenn ich deinen obszönen Füller mit mir herumtrage und ihn vor aller Welt verberge. Rede mir nicht ein, daß du mich beschützen willst. Du willst doch nur, daß ich allen erzähle, was du alles auf dich genommen hast.

»Was haben Sie da eigentlich?« Der rundliche Mann, Jack, holt mich aus meinen Tagträumen zurück. Er starrt auf den Füller, den ich unvorsichtigerweise aus der Hand gelegt habe, als ich nach der Kaffeetasse griff. Ich setze meine Taktik fort, ihn nicht zu beachten, und stelle mich den zwei anderen Leuten an unserem Tisch vor. Einer älteren Frau und einem jungen Mann mit Brille. Beide scheinen ganz froh darüber zu sein, daß ich ihnen Jack bis jetzt vom Hals gehalten habe.

Die ältere Frau trägt ein Kostüm in schrillen Farben, wie es bei den Vorstädtern auf Long Island Mode ist. Wenn sie beabsichtigt hat, damit ihre Stämmigkeit zu kaschieren, war das die falsche Wahl. Mrs. Emerald, stellt sie sich vor. Sie kehre gerade von ihrer Israelreise zurück. Bei manchen Leuten nutzt selbst eine Fernreise nichts, Mrs. Emerald wenigstens verhaspelt sich noch immer bei dem Wort ›Palästina‹.

Der junge gebeugte Mann neben ihr ist ganz sicher kein Amerikaner. Mürrisch schaut er auf die Ärmel seines Anzugs und nennt nur seinen Vornamen. Er heiße Gustav und komme aus Holland. Mrs. Emerald hat ihn bereits unter ihre Fittiche genommen und versucht ihn mal mütterlich, mal schäkernd zum Reden zu bringen. In ihrer

Aufdringlichkeit ähnelt sie Jack, der ausnahmsweise einmal den Mund hält und nur grinst. Ich frage mich, wie alt er ist; die einzige Falte in seinem pausbackigen Gesicht stammt von seinem Gegrinse. Trotzdem wird er mindestens zwanzig Jahre älter sein als ich, Mitte Vierzig vielleicht.

Die restlichen vier Plätze an unserem Tisch sind noch frei, doch die Zuordnung der Gesprächspartner wird sich wohl nicht mehr ändern. Wie schnell so etwas geht, und wie wenig Einfluß man darauf hat. Ich denke an Kinder, die Liebesbotschaften in frischen Zement schreiben, welche noch zu lesen sein werden, wenn sie erwachsen sind. Der Gedanke stimmt mich melancholisch. Doch ich bin nicht hier, um Freundschaften zu schließen, sondern um zu arbeiten. Ich klinke mich aus dem Gespräch aus, umfasse meine Tasse mit beiden Händen und genieße meinen aromatischen Milchkaffee.

»Sie wollen mir wohl nicht verraten, was Sie da haben?« Einen Moment lang weiß ich nicht, was Jack von mir will. Dann fällt mir ein, daß er noch immer nach meinem Füller trachtet, den ich unter meinem Tellerrand vor ihm versteckt halte. *Deinen* Füller, sollte ich sagen. Ich weiß selber nicht, warum ich ihn an mich genommen habe. Dabei war es mir immer höllisch peinlich, wie du aus heiterem Himmel diesen schweinischen Füller hervorgezogen hast. (Es ist einer dieser neumodischen Füller, in deren Glasgriffel sich eine Frau entblößt, wenn man die Feder nach unten hält.) Und wie du es genossen hast, wenn jemand rot anlief. Mir sind diese Freuden unbegreiflich. Sind es Schuldgefühle, die mich an deinen Geschmacklosigkeiten festhalten lassen?

Jetzt besitzt Jack sogar die Frechheit, seine Hand auszustrecken. Ich stecke den Füller in meine Handtasche. Als ich hochsehe, bemerke ich am Eingang die alte Frau von heute früh. Vor ihr steht der Oberkellner und gestikuliert mit mediterranem Temperament. Er will sie nicht hereinlassen, hat es den Anschein. Die alte Frau blickt mit offenem Mund in die frühstückende Menge, sie scheint kein Wort von dem zu verstehen, was der Kellner ihr begreiflich machen will. In ihrer Hand hält sie einen prall gefüllten Umschlag.

Ich zwänge mich durch die Tische zum Eingang und lächele sie an. Das Zucken ihrer Wange verrät mir, daß sie mich erkannt hat. Sie wirkt nicht gerade erfreut darüber, mich zu sehen. Da ist der Störenfried von vorhin, scheint ihr Blick zu sagen. Ich nehme allen Mut zusammen, sie anzusprechen, da dreht sie sich um und marschiert aus dem Saal. Der Oberkellner macht ein erleichtertes Gesicht. Dann versucht er sich an mir vorbeizudrängeln. Doch so leicht kommt er mir nicht davon.

»Was ist denn los hier? Warum haben Sie die Dame nicht an ihren Platz geführt?« fahre ich ihn an.

Unwirsch murmelt er etwas auf französisch und versucht noch einmal an mir vorbeizukommen.

»Einen Moment mal. Die alte Dame ist doch ein Fahrgast wie alle anderen auch. Warum haben Sie sie nicht hereingelassen?«

»Hören Sie, Mädchen …«

»Für Sie immer noch Fräulein Ritchie«, falle ich ihm ins Wort. »Übrigens dürfte es Sie interessieren, daß ich eine Reportage über dieses Schiff schreibe. Den Service an Bord nehme ich ganz besonders unter die Lupe!«

»Reportage? Reportage für wen?« Sein Akzent ist so stark, daß man ihn kaum noch versteht.

»Für die *Saturday Evening Post*.« Das scheint zu sitzen, denn jetzt hört er endlich auf zu zappeln.

»Bedauerlicherweise hat sich die Dame im Speisesaal geirrt«, sagt er mit beinahe schwermütigem Blick. »Deshalb kann ich sie nicht hereinlassen. Glücklicherweise gibt es einen Steward für diese Angelegenheiten, der den Fahrgästen rund um die Uhr zur Verfügung steht. Jetzt muß ich mich um das Frühstück kümmern, das Wetter wird schlechter. Sonst fliegen uns noch die Rühreier um die Ohren.«

Ich gehe zurück zu meinem Tisch. An jeder der Wände hängt ein Gemälde – Allegorien auf die vier Elemente Feuer, Wasser, Luft und Erde. Sie wirken zu finster, um von französischen Malern zu stammen. Hängen hier doch noch Überreste aus alten Zeiten? Im selben Moment kommt mir der Gedanke, daß die alte Frau vielleicht eine Deutsche ist und weder Englisch noch Französisch spricht. Auch Gustav betrachte ich mir jetzt noch einmal genauer. Woher, hat er gesagt, kommt er? Aus Holland? Möglicherweise beruht die Unfreundlichkeit des Kellners ja auf einer nationalen Antipathie.

»Ihr Kaffee dürfte inzwischen kalt geworden sein«, lautet Jacks einfallsreicher Kommentar. Warum sind es immer Männer, die so sinnlose Bemerkungen machen? Ich gieße mir heißen Kaffee nach und rühre klirrend um.

»Kannten Sie die Frau?« fragt Jack. Ich erwäge, ihm zu antworten, da ertönt wieder das unsichtbare Uhrwerk. Das Zifferblatt, von Jugendstilornamenten eingefaßt, zeigt erst fünf vor zehn. Irgendwo kämpft eine versteckte Großvateruhr gegen die Genauigkeit und Schweigsamkeit der modernen Zeit.

Gustav hebt mit pedantischer Sorgfalt eine kleine Portion Rührei auf seine Gabel, damit ihm auch bloß nichts auf die Tischdecke fällt. Er ist ein so gut erzogener Europäer.

»Sagen Sie mal, Gustav, woher aus Holland kommen Sie eigentlich?« frage ich unbarmherzig, um eine Vermutung zu überprüfen.

Den Rest des Morgens nutze ich, um mich durch mein Informationsmaterial zu arbeiten. *Europa* hieß die *Liberté* einst. Damals war sie ein Flaggschiff der deutschen Marine. Auf einem der Fotos, die ich auf meinem Bett ausgebreitet habe, ist ein großer Saal abgebildet. Unter den Hakenkreuzbannern stehen Männer mit Gewehren. Man feiert eine kleine Party, und zwar die erfolgreich verlaufene Reichskristallnacht. Noch schauriger ist der Gedanke, daß es sich bei dem Saal um eben das Restaurant handelt, in dem man mir gerade noch eine Kanne Kaffee und drei Buttercroissants serviert hat.

Nach Kriegsende übernahmen die Alliierten das Schiff. Dann überließen sie es den Franzosen. Doch bevor es als Luxusliner eingesetzt wurde, passierten noch zwei Unfälle. Erst sank es, und später ging es in Flammen auf. Dann erst riß man heraus, was von der Biedermeier-Einrichtung noch übrig geblieben war, und stattete es im zeitgemäßen französischen Chic aus. Daß es hier einmal ganz anders ausgesehen hat, wissen wohl die wenigsten an Bord.

Das Promenadendeck entlang der Längsseite des Schiffs hat man weitgehend unverändert gelassen, stelle ich fest, als ich Richtung Bug gehe. Der Himmel hat sich gelichtet, und durch die Fenster fallen helle Sonnenquadrate auf die blank geschrubbten Planken.

Im Bug wartet eine Überraschung auf mich: die alte Dame. Entspannt ruht sie in einem der Liegestühle, sich ungeschützt der gleißenden Sonne aussetzend. War sie die ganze Zeit auf den Beinen?

Nach dem Frühstück hatte ich versucht, ein paar Erkundigungen über sie einzuholen. Sie hatte um neunzehn Uhr als erste das Schiff betreten und eine Kabine der Ersten Klasse bezogen. Nachdem der Steward ihr Gepäck heraufgebracht hatte, war sie zum Oberdeck gegangen und hatte dort gewartet, bis das Schiff ablegte. Und bei Tagesanbruch stand sie immer noch dort, das habe ich mit eigenen Augen gesehen.

Jetzt, wo sie zu dösen scheint, kann ich sie ungesehen beobachten. Ihr graues Haar hat sie zu einem Knoten gebunden, was sie zünftiger und jünger aussehen läßt. Ihr blaues Kleid ist alt und abgetragen, trotzdem hat es durch tausendmaliges Bügeln eine makellose Form angenommen. Ihr kantiger Körper hebt sich deutlich ab unter dem dünnen Material. Solche Menschen altern nicht, ihre Züge werden nur mit der Zeit strenger.

Jetzt bewegen sich ihre Finger. Ganz vorsichtig, fast heimlich. Dann höre ich das Rascheln einer Plastiktüte und sehe eine kleine gelbe Scheibe in ihrer Hand. Es ist ein … Kräcker! Die alte Dame sitzt hier und ißt Kräcker! Und das nur, weil der hartherzige Oberkellner sie nicht in unser Restaurant gelassen hat. Jetzt muß ich sie einfach ansprechen.

»Verzeihen Sie …«

Keine Reaktion.

»War ja ein ganz schöner Sturm letzte Nacht«, sage ich jetzt so laut, daß selbst ein Schwerhöriger mich hören muß. Aber vielleicht ist sie eine Schlaganfallpatientin, oder sie hat eine Bombenneurose, oder eine geistige Behinderung?

»Wir sind uns heute morgen im Speisesaal begegnet. Erinnern Sie sich?«

Etwas hält mich davon ab, deutsch mit ihr zu reden. Ein sonderbares Schamgefühl, vielleicht eine Scheu davor, jemanden für einen Deutschen zu halten? Auch an mir gehen die Ressentiments offenbar nicht spurlos vorüber. Ich versuche es noch einmal, jetzt in ganz langsamem deutlichem Englisch.

»Haben Sie Ihren Speisesaal inzwischen gefunden?«

Mit klaren und ruhigen Augen blickt sie mich an. An ihrer geistigen Klarheit besteht jetzt kein Zweifel mehr.

»Ich habe mich noch gar nicht vorgestellt. Mein Name ist Alison Ritchie. Ich würde mich freuen, wenn ich Ihnen helfen könnte.«

Sie räuspert sich. Doch dann steht sie auf und geht wieder davon.

Etwas verletzt rufe ich ihr nach: »Tut mir leid, wenn ich Sie belästigt habe. Ich dachte nur, vielleicht hätte ich Ihnen ja …«

Meine Uhr zeigt zehn vor eins. Zeit für das Navigationsdiagramm. Einen Augenblick warte ich jedoch noch, um zu sehen, ob sich mein Verdacht bestätigt. Tatsächlich. Die Alte steht wieder auf ihrem Stammplatz zwischen den Booten.

Auf dem Grundriß des Schiffs habe ich mir angesehen, wie man den Diagrammraum erreicht, ohne die engen Innentreppen zu benutzen. Es dauert um einiges länger, und als ich ankomme, hißt der französische Steward bereits die Flagge.

»Ist es jetzt genau zwölf?« frage ich und halte meine Armbanduhr in der Hand.

»Ja, jetzt ist es zwölf, und zwar ziemlich genau«, lacht er. Man hat ihm noch nichts von der leicht überdrehten Journalistin an Bord erzählt.

Ich folge den Anweisungen unserer Begleitbroschüre und stelle meine Uhr brav eine Stunde zurück. Die sechs Stunden Zeitunterschied lassen sich wunderbar auf die sechs Tage unserer Reise verteilen, las ich, so daß man fast unmerklich in die New Yorker Zeitzone gleite.

Der sympathische Steward lächelt noch immer, und ich nutze die Gelegenheit, ihm von der alten Frau zu erzählen, die die sechs Tage vielleicht nicht überleben wird, wenn sie nicht bald einer zu ihrem Speisesaal führt. Er zeigt sich sehr verständnisvoll und bringt mich in die Kabine des stellvertretenden Kundendienstbeauftragten. Als ich ihm meine Hand reiche, erschrecken wir beide: Es ist der gutaussehende amerikanische Steward von gestern abend, der beleidigt aus meiner *nicht übermäßig großen* Kabine rannte. Ich frage mich, ob er für alle Gäste auf der VIP-Liste zuständig ist. Und ob Beschwerden von Amerikanern immer sofort an die Yankee-Belegschaft weitergeleitet werden. Jetzt ist die Gelegenheit günstig, meinen schlechten Eindruck bei ihm zu korrigieren. Wird er mich immer noch für snobistisch halten, wenn ich mich um eine alte Frau sorge, die hilflos auf dem Schiff herumirrt? *Wir müssen ihr helfen,* höre ich mich eindringlich sagen, doch die Angelegenheit scheint ihn ziemlich kalt zu lassen. Er weiß, was er sich dank seinem guten Aussehen herausnehmen kann. Also gebe ich mich selber möglichst kühl und besinne mich auf mein ursprüngliches Anliegen.

Schweigend gehen wir nebeneinanderher. Einen kurzen Augenblick stelle ich mir vor, wie es wäre, von ihm als seinesgleichen akzeptiert zu werden. Ich denke an meine Jugend, an die Kinder unserer Hausangestellten und die des Gärtners, mit denen ich über unseren Strand tollte. Eine Zeitlang waren wir alle gleich. Eines Tages gingen sie mir alle aus dem Weg. Erinnerungen sind kleinere oder größere Narben, die hin und wieder aufplatzen, habe ich festgestellt. Du weißt, wovon ich rede, Turnbull. Was passiert ist, ist tragisch und absurd zugleich. Das schlimmste jedoch ist, daß ich deine Geschichte für mich behalten muß.

Wir erreichen das Oberdeck. Da steht sie: eine kampfesmüde Heilige, eine ihrer Magie beraubte Zauberin, die einen hundert Jahre langen Fluch über uns verhängen würde, wenn sie nur könnte …

Auf den Steward scheint sie nicht diese Wirkung zu haben. Fast grob greift er nach ihrer Schulter und fragt: »Sie haben Schwierigkeiten, Ihren Speisesaal zu finden?« Dann wiederholt er seine Frage erst auf französisch, dann auf deutsch.

»Nein«, antwortet sie auf deutsch. Und endlich höre ich sie sprechen. Ihre Stimme ist tief und rauh. Sie klingt, als wäre sie monatelang nicht benutzt worden.

Der Steward sieht mich fragend an. Für ihn bin ich wieder der lästige Passagier von gestern abend, der sich jetzt sogar in die Angelegenheiten anderer Passagiere mischt.

»Aber heute morgen …«, sage ich zu ihr.

»Ich habe überhaupt keine Schwierigkeiten«, antwortet sie knapp.

»Dann hat sich alles aufgeklärt?« frage ich mit zaghaftem Lächeln.

Sie sieht wieder auf die See hinaus. Was heißen soll, die Sache hat sich erledigt, wir existieren nicht länger für sie. Trotzdem bin ich erleichtert, daß sie endlich gesprochen hat.

Der Steward zuckt nur mit den Schultern. Dann macht er sich auf den Weg zurück in seine Kabine, ohne mich noch einmal anzusehen.

Beim Abendessen erklärt uns der Kapitän feierlich, daß sich der Sturm von letzter Nacht gelegt hat. Er tut so, als wäre der Sturm ein kleiner Junge, der uns gelegentlich einen Streich spielt, uns aber nicht wirklich etwas anhaben kann. Wir würden jetzt wieder mehr Fahrt machen, sagt er, und in fünfeinhalb Tagen ankommen, wenn nicht sogar früher. Ich wundere mich über diese plötzliche Eile. Ginge es seinen wohlhabenden Gästen um Schnelligkeit, hätten sie auch das Flugzeug nehmen können. Dann wären sie in sechzehn Stunden in New York gewesen.

»Haben Sie die Magazine erhalten, die ich Ihnen besorgt habe?« flüstert Jack.

»Ja, danke.«

»Ihr Magazin scheint hier hoch angesehen zu sein, wenn man gleich einen ganzen Jahrgang davon aufbewahrt.«

Als ich zu meiner Kabine zurückgekehrt war, hatte ein ganzer Stapel der *Saturday Evening Post* vor meiner Tür gelegen. An das oberste Heft war ein Zettel geheftet: »Mit besten Wünschen, Ihr Jack.«

Während unserer monatelangen Berichterstattung waren wir nicht besonders erpicht darauf gewesen zu erfahren, was man aus unseren mühsam recherchierten Reportagen machte. Als nun sämtliche Ausgaben vor meiner Tür lagen, konnte ich doch nicht umhin, die letzten Hefte durchzublättern, und natürlich kam es schlimmer, als ich befürchtet hatte. *Kommunistengefahr – Der Weltuntergang geht von Moskau aus – Die Japsen beim Frühstück erledigt.* Hörst du, Turnbull? Das sind die Hetzparolen, die inzwischen zum publizistischen Wortschatz gehören. Auf die Fakten oder den genauen Wortlaut unserer Zitate wird natürlich kein Wert gelegt. Wen interessieren schon die Probleme, die der Marshallplan mit sich bringt? Amerikanische Helden und Luxusreisen – darüber wollen die Leute lesen …

»Die Bilder sind gar nicht schlecht«, sagt Jack. »Vielleicht könnten sie noch eine Spur spektakulärer sein.« Er stößt mich mit dem Ellbogen leicht in die Seite. »Wozu haben die denn so einen jungen Heißsporn wie Sie?«

Mittlerweile sind auch die restlichen Plätze unseres Tischs besetzt. Zwei Pärchen in meinem Alter mit durchtrainierten sonnengebräunten Körpern. Offenbar kannten sie sich schon, bevor sie an unseren Tisch kamen. Sie lassen die eine oder andere Schlemmermahlzeit in unserem Restaurant ausfallen. An der blasseren Hälfte unseres Tischs haben sie kein Interesse, sie haben sich nicht einmal vorgestellt.

Mrs. Emerald und Gustav schneiden lustlos an ihrem Essen herum, ein schamhaftes Schweigen umgibt die beiden. Sie wird ihm doch nicht bereits Avancen gemacht haben?

Jack redet weiter auf mich ein, wobei es ihn wie gewöhnlich nicht stört, daß ich nicht zuhöre. Ich nippe an meinem Weinglas und erheitere mich an der Vorstellung, wie der griesgrämige Gustav in den fleischigen Armen von Mrs. Emerald um Hilfe schreit.

Nach dem Abendessen setze ich meine Erkundungstour über das Schiff fort. An der Brücke stoße ich auf ein gespenstisches Überbleibsel der alten *Europa*: die Abdrücke der ehemaligen Namenslettern. Wenn man sich hinter der Brücke leicht über die Reling beugt, kann man die Vertiefung noch spüren, die die schweren emaillierten Buchstaben hinterlassen haben.

Man hat so viel Aufwand betrieben, das Schiff zu restaurieren, doch hier hat man sich mit ein paar Schichten Lack zufriedengegeben. Mit der Hand fahre ich über den Abdruck des E und spüre einen leisen Anflug von Schadenfreude – so als deckte ich die Verbrechen eines selbstgefälligen Onkels auf.

Ich gehe weiter zum Konzertsaal. Als ich diesen pflichtgemäß fotografiere, bietet mir der Impresario begeistert einen Logenplatz an. Aufmerksam kontrolliert er meine Anwesenheit, so daß ich mir wenigstens die Ouvertüre anhöre. Dann stehle ich mich von meinem Platz und setze meinen Schiffsrundgang fort.

In den unteren Etagen erklärt man mir bereitwillig, daß hier Tag und Nacht gearbeitet wird. In der Wäscherei höre ich sechs verschiedene Sprachen und erfahre, daß die Kapazität der Reinigungsmaschinen gerade für die Wäsche der Fahrgäste ausreicht. Die zehntausend Laken und Handtücher müssen in New York gereinigt werden, und das innerhalb von zwölf Stunden.

Ich schaue auf die Uhr und stelle erschrocken fest, daß es schon nach Mitternacht ist. Dann wird mir bewußt, warum ich mich um diese Zeit noch auf dem Schiff herumtreibe: Ich stehe noch immer im Bann der Alten und warte auf ihr Erscheinen.

Ich setze mich auf einen der Liegestühle, die morgen wieder dem Ansturm der sonnenhungrigen Gäste, ihrem Badeöl, ihren Handtüchern, Brötchenkrümeln und Wurstscheiben ausgesetzt sein werden. Von hier aus habe ich das Oberdeck gut im Blick. Doch diesmal lasse ich mich nicht beim Beobachten ertappen …

Im nächsten Augenblick ist es taghell. Ich muß auf dem Liegestuhl eingeschlafen sein. Über mir liegt eine Decke, an die ich mich nicht erinnere. Hat jemand gesehen, wie ich hier im Nieselregen wie ein Clochard gelegen habe, und mich dann zugedeckt? War mein peinlicher Anblick der Grund dafür, daß die Stühle um mich herum leer sind?

Ich starre auf die Druckstellen auf meiner Handfläche. Sie stammen von Turnbulls Füller, den ich in der Hand halte. Noch benommen, stelle ich mir vor, daß man die geröteten Stellen symbolisch deuten könnte, und jetzt erinnere ich mich auch, daß ich von der Alten geträumt habe, von der Wahrsagerin, die in diesen Druckstellen vielleicht meine Zukunft lesen könnte.

Doch jetzt bin ich wach, und die Gestalt, die ich vor mir im Regen sehe, gehört der Wirklichkeit an. Reflexartig lege ich die Decke zusammen und versuche, völlig natürlich zu wirken – ungeachtet meines durchnäßten Äußeren. Es ist die Alte, die mit zügigen Schritten auf mich zukommt und ziemlich aufgebracht aussieht. Wahrscheinlich hat sie es satt, daß ich ihr ständig hinterherspioniere, und wird mir jetzt gehörig die Meinung sagen. Ich bereite mich auf ein Donnerwetter vor.

»Fräulein Ritchie?« In der Hand hält sie wieder den dicken Briefumschlag.

»Nennen Sie mich einfach Alison«, sage ich möglichst ruhig.

»Hätten Sie einen Augenblick Zeit?« Ihre Stimme klingt nicht mehr so finster wie gestern. Außerdem höre ich jetzt einen leichten süddeutschen Akzent heraus.

»Aber sicher. Gern.«

»Könnten Sie sich das hier einmal ansehen?« Sie drückt mir den beigefarbenen Umschlag in die Hand.

»Die Mahlzeiten sind mit eingeschlossen, hat sie mir gesagt.«

»Wer?«

»Meine Tochter.«

Ich sehe mir den Briefumschlag an. Er enthält ihre Fahrkarte, einen Stapel Gutscheine für ihre Mahlzeiten, ein Rückflugticket und einen persönlichen Brief. Als ich hochsehe, macht sie sich bereits wieder davon. Wenn sie doch nur einmal stehenbleiben würde.

»Warten Sie doch«, rufe ich. Ich schaue auf die Adresse auf dem Briefumschlag. »Frau Blamauer!«

Sie dreht sich kurz um und kneift die Augen zusammen. Jetzt sieht sie wieder so angriffslustig aus wie gestern. Habe ich ihren Namen falsch ausgesprochen?

»Mehr habe ich nicht«, antwortet sie.

»Ja, aber hier sind auch persönliche Sachen von Ihnen in dem Umschlag.«

«Ich bewahre immer alles zusammen auf«, sagt sie und geht weiter.

Überrascht von ihrer plötzlichen Kontaktfreudigkeit, sehe ich mir in meiner Koje noch einmal ihre Reiseunterlagen an. Sie reist Erster Klasse, doch ihre Mahlzeiten sind merkwürdigerweise im Restaurant der Zweiten Klasse vorgesehen, in der *Touristenklasse*, wie man inzwischen sagt. Selbst die Franzosen haben die angeblich klassenlose Gesellschaft übernommen, auch wenn man noch immer von *Erster Klasse* spricht.

Ihre Unterlagen sind alle von einem Reiseveranstalter ausgefüllt worden. Warum man das sonderbare Arrangement mit den Mahlzeiten getroffen hat, geht daraus nicht hervor. Sparsamkeit dürfte nicht der Grund gewesen sein, sonst wäre ihr Rückflug nicht für die Erste Klasse gebucht worden. Der Briefumschlag ist an Frau Johanna Blamauer adressiert – Ameisgasse 38, Wien. Also Österreich, und nicht Deutschland. Was für Amerikaner sowieso dasselbe ist, wenn nicht sogar schlimmer, da Hitler aus Österreich kam. Das wird ganz sicher der Grund gewesen sein, warum der Oberkellner so unfreundlich zu ihr war.

Die Schiffspfeife ertönt. Der vergoldete Wecker auf meiner Bettkommode zeigt Viertel vor eins an. Sechsunddreißig Stunden sind wir bereits auf See, fast ein Drittel des Atlantiks liegt jetzt hinter uns. Wenn ich richtig gerechnet habe, sehen wir heute abend vielleicht schon die Azoren. Eigentlich wollte ich wieder in den Diagrammraum gehen und mich bei dem freundlichen Steward für die gestrige Hilfe bedanken, doch ich kümmere mich besser um die alte Dame, sonst bekommt sie wirklich noch einen Schwächeanfall.

Als ich auf den Briefumschlag sehe, fällt mir ein, daß ich noch gar nicht den Absender kenne. Ich drehe den Umschlag um und lese:

Lotte Lenya
Brook House
116 South Mountain Road
New City, New York

Lotte Lenya? Die Seeräuber-Jenny? Ich überlege eine Weile, ob das möglich ist. Sollte der Brief tatsächlich von der berühmten Theaterschauspielerin stammen? Und was hat sie mit der alten Frau zu tun?

Ich sehe Lotte Lenyas Gesicht vor mir: tiefroter Lippenstift, daumenbreiter Kajalstrich unter den Augen und die herabhängende Zigarette im Mund – so wie ich sie von meinem alten Poster und von den Fotos in meinem Plattenalbum her kenne. Die legendäre Lenya – das Sexsymbol der goldenen zwanziger Jahre in Berlin.

Meine Tochter, hatte die Alte gesagt, jetzt erinnere ich mich. Sollte sie wirklich die Mutter von Lenya sein? Ich ziehe den vertraulichen Brief aus dem Umschlag, und einen Moment lang muß ich an meine Mutter denken; schamlos las sie meine Briefe, als ich vierzehn war – um mögliche Gefahren von mir abzuhalten, wie sie mit rotem Kopf sagte, als ich sie dabei erwischte. Welche Ausrede habe ich?

Was würdest du tun, Turnbull? Vermutlich würdest du sagen: Angesichts der zweieinhalb Milliarden Idioten, die sich gegenseitig auszurotten versuchen, ist das Privatleben einer Theaterschauspielerin trivial. Deine üblichen Verschwörungstheorien. Dem einzelnen in der Menge hast du nie viel Bedeutung beigemessen. Doch Lenya könnte uns viel über ihre Zeit zu sagen haben.

Jedenfalls ist das meine Ausrede, und jetzt lese ich den Brief.

New York, 27. Juli 1950

Liebe Mutter,

jetzt, wo mein Fröschlein tot ist und ich allein in diesem rauhen Land leben muß, bin ich ganz froh, in der Ameisgasse groß geworden zu sein. Dort lernte man, sich durchzusetzen, oder man ging unter.

Mein Weilli ist nun beerdigt. Ich habe ihm seinen Lieblingspulli angezogen, den weißen Rollkragenpullover, du kennst ihn ja von den Fotos, die ich dir geschickt habe. Mir war elend an dem Tag zumute. Aber ich habe nicht geweint an seinem Grab. Auch eine Lektion, die uns die Ameisgasse gelehrt hat: die Tränen zurückzuhalten.

Ich habe mir vorgestellt, der Tote im Sarg sei jemand anderes und Kurt sei einer der Trauergäste. Er lächelte mich an und sagte: Wirf noch mal deinen Kopf für mich zurück. Das machte ich immer, wenn ich mich ärgerte, er mochte diese Geste.

Ach, die Ameisgasse! Wie weit das alles zurückliegt. Da fällt mir Kurts bester Freund ein, unser Nachbar. Letzten Sommer war seine Tochter im Ferienlager, und er weinte jede Nacht aus Sorge um sie. Kannst du dir das vorstellen? Tausende von elternlosen Kindern irren durch Europa, jetzt nach dem Krieg, und er traut seiner Tochter keine drei Wochen ohne ihn zu.

Die vielen Leute bei der Beerdigung strengten mich an. Früher kritisierten einige Kurts Musik, jetzt sprechen alle nur positiv von ihm. Doch ihm war das immer egal. Er wußte, daß er gut war, da konnte ihn keiner aus der Ruhe bringen. Wie sehr ich ihn darum beneidet habe. Aber andere Sachen konnten ihn aus der Ruhe bringen, unser Garten zum Beispiel, um den er sich ja selber kümmerte. Da hättest du ihn sehen sollen, wenn einmal die Maiglöckchen oder

45

Tulpen nicht blühten. Tagelang lief er mit gesenktem Kopf umher und brachte keine einzige Note zu Papier.

Der Garten würde dir gefallen, Mutter. Sogar ein Erdbeerbeet haben wir jetzt, auch wenn ich seit damals keine Erdbeeren mehr esse. Hätte ich doch deine Fähigkeiten. Nie vergesse ich, wie du in der dunklen Ameisgasse unsere Blumen zum Blühen gebracht hast. Aber ich kann das nicht. Ab morgen suche ich nach einem Gärtner.

Kurt liebte die Weite Amerikas. Deshalb wäre er auch nie nach Europa zurückgekehrt. Nicht nachdem wir uns hier etwas aufgebaut hatten – wir, das kleine Einwandererpärchen, das zusammen vor den Nazis flüchtete, als der Reichstag brannte. Auch ich werde wohl bleiben, um mich um das Haus und den Garten zu kümmern, in den er so vernarrt war. Das bin ich ihm schuldig. Doch vor allem muß ich mich um seinen Nachlaß kümmern.

Dennoch werde ich ganz sicher einmal nach Europa kommen, um der Nazi-Opfer zu gedenken. Schließlich hätten auch Kurt und ich darunter sein können, wenn wir nicht ein solches Glück gehabt hätten. Vielleicht hilft mir das ja, diese Wunde zu heilen …

Brecht war ziemlich mitgenommen, als er von Kurts Tod erfuhr. Aber bald schon werden wir uns in die Haare kriegen, wenn es um Kurts Urheberrechte geht. Man hatte ihn ja rausgeworfen aus Amerika, unseren chinesisch-augsburgischen Hinterwäldlerphilosophen. Deshalb war er immer ein bißchen neidisch auf Kurt. Aber er weiß, daß er mich nicht so leicht übers Ohr hauen wird.

Übrigens ist man inzwischen wieder an meinen Auftritten interessiert. Weißt du, was sie über mich schreiben? »Lenyas großes Talent besteht darin, liebenswert und bösartig zugleich zu sein … In ihrer kindlichen Stimme hallt die Sprache der Gosse und Unterwelt nach.« Franz würde Augen machen, wenn er das lesen könnte! Weißt du noch, wie er mich ›Katzenkopf‹ nannte und mir verbot zu singen? Weißt du eigentlich, was aus ihm geworden ist? Lebt er überhaupt noch? Und wie geht es deinem Heinisch?

Du wirst sicher einen Schreck bekommen, wenn du die Tickets siehst, die ich beilege. Ja, ich möchte, daß du mich endlich einmal besuchst. Ich bin ganz allein in diesem gro-ßen Haus, und du weißt, wie froh ich über deine Gesell-schaft wäre. Wie sehne ich mich nach unserem Wiener Ak-zent.

Das Hinfahrtticket ist für eine Schiffsreise. Du solltest dir unbedingt einmal den Ozean ansehen. Auch der Blick auf die Freiheitsstatue vom Wasser aus wird dir gefallen. (Übri-gens hat mir Maria geschrieben, daß du unser Geld endlich für ein eigenes Badezimmer verwendet hast. Warum hast du mir davon nichts erzählt?)

Noch etwas, Mutter. Wenn du hier bist, möchte ich dich etwas fragen. Eine einzige Frage habe ich an dich, dir mir sehr wichtig ist. Ich kann darüber nicht am Telefon spre-chen, ich will auch nicht darüber schreiben.

Weißt du noch, als wir im Jahr 1914 zusammen am Wie-ner Westbahnhof standen, einen Monat vor meinem sech-zehnten Geburtstag? Du schicktest mich mit dem Zug zu-rück nach Zürich. Damals hast du gesagt: »Sei schlau, Lin-nerl, und wenn du's irgendwie schaffen kannst, komm nimmer zurück!« Ich bin nicht zurückgekehrt. Jetzt bitte ich dich, daß du zu mir kommst. Schlag mir diese Bitte nicht ab, Mutter!

In Liebe,
dein Linnerl/Lenya/Karoline

PS: Noch eine kleine Bitte, Mutter. Sie betrifft die Briefe, die ich dir schicke. Es mag dir eitel vorkommen, aber könntest du alle Briefe für mich aufbewahren? Ich bin jetzt die Witwe des genialen Komponisten Kurt Weill. Damit erlangt alles, was mit ihm zu tun hat, eine gewisse Wichtigkeit. Danke, Mutter.

Frau Blamauer steht, wo sie immer steht, zwischen den Rettungsbooten.

»Ich hoffe, ich habe Sie nicht zu lange warten lassen«, sage ich, noch etwas außer Puste nach den vielen Treppen. »Ich habe mir Ihre Sache angesehen und weiß jetzt, wo Sie hingehen müssen.«

Sie folgt mir schweigend zu ihrem Restaurant. An der Theke zeige ich der Kassiererin die Mahlzeiten-Coupons, dann helfe ich ihr bei der Bestellung. Ein kleiner Tisch am Fenster ist noch frei. Die Tische sind alle eckig und so betont schlicht, als wollten sie einem nahelegen, das nächste Mal doch Erster Klasse zu reisen. Die Fenster sind jedoch größer und die Aussicht besser als bei uns. Jetzt, wo sie mir gegenüber sitzt, sehe ich die kleinen Flecke auf ihrem Kleid. Auch das Leder ihrer Handtasche ist bereits brüchig. Ich ahne, warum Lenya sie nicht im Erste-Klasse-Restaurant untergebracht hat.

»Guten Appetit, Frau Blamauer«, sage ich, nachdem die Kellnerin das Essen gebracht hat. Für mich habe ich nur eine Tasse Tee bestellt.

»Johanna«, sagt sie.

»Wie bitte?« frage ich.

»Nennen Sie mich einfach Johanna.« Sie lächelt fast spitzbübisch und schneidet vornehm ihr Essen, graziös führt sie die Gabel an den Mund. Macht sie sich lustig über mich? Offenbar halten mich alle auf dem Schiff für einen Snob.

Sie kaut sehr langsam, und ihre Wangen strahlen vor Genuß. Ich sehe ihre feingliedrigen Finger – wie die einer Konzertpianistin. Jetzt kommt sie mir vor wie eine verarmte Fürstin, die im Krieg ihren gesamten Besitz verloren hat.

»Johanna, ich muß Ihnen etwas sagen«, beginne ich zögerlich.

»Ich weiß«, sagt sie. Sie tupft die Serviette auf ihre Lippen.

»Sie wissen ...?«

»Sie haben den Brief meiner Tochter gelesen.«

Ich spüre, wie ich feuerrot anlaufe.

»Wissen Sie, Linnerl schreibt eine Menge Briefe.« Es klingt, als würde jeder die Briefe ihrer Tochter lesen.

»Als ich sah, daß der Brief von Lenya war, konnte ich nicht anders, als ihn zu lesen«, sage ich. Vermutlich überrascht es sie, daß ich in meinem Alter überhaupt von ihr gehört habe.

»Linnerl«, sagt sie.

»Sie nennen sie ›Linnerl‹? Warum nicht ›Lenya‹?«

»Sie ändert ständig ihre Namen, doch für mich bleibt sie das Linnerl.«

»Schreibt sie ›Lenya‹ mit Ypsilon, weil sie jetzt in Amerika lebt? Wegen der Aussprache, meine ich.«

»Möglich«, sagt sie. Sie schaut durch das große Fenster aufs Meer. Von allein wird sie offenbar nicht anfangen, über ihre Tochter zu reden.

Tausend Fragen brennen mir auf der Zunge, doch ich darf nichts überstürzen. Die Schiffsreise mit Lotte Lenyas Mutter könnte der journalistische Coup meines Lebens werden. Ich trinke meinen Tee aus und verabschiede mich höflich.

Ich schlendere in Richtung meines Speisesaals und kann noch immer nicht fassen, wen mir das Schicksal in die Hand gespielt hat. Ich denke an die vielen Flüchtlinge, die während des Nationalsozialismus nach Amerika kamen, an die unzähligen Intellektuellen, Künstler und Wissenschaftler – an diese in der Menschheitsgeschichte einzigartige Völkerwanderung, die die geistige Elite unseres Landes in wenigen Jahren so ungeheuerlich bereicherte.

Lotte Lenya war einer dieser Flüchtlinge, die den Nazis entkommen konnten. Insofern überrascht es gar nicht, jetzt – fünf Jahre nach Kriegsende – Angehörige dieser Auswanderer hier anzutreffen, wahrscheinlich sind die Schiffe voll von ihnen. Und Lenya ist ein lebendes Symbol dieses einmaligen Kulturtransfers. Über ihre Mutter könnte ich einen direkten Einblick in das Berlin der zwanziger und dreißiger Jahre gewinnen. Vielleicht wäre das sogar etwas für das *New York Times Magazine*. Dann könnte mir die ramschige *Post* gestohlen bleiben.

II. Katzenkopf

Johanna

Man kann nicht hindurchsehen, nur ein paar Meter vielleicht, aber niemals auf den Grund. Tausende von Kilo-
metern legen wir zurück, und keiner weiß, was unter uns
geschieht. Völlig andere Welten existieren dort unten.
Wie oft habe ich mir eine andere Welt gewünscht, eine
große Welle, die alles um mich herum wegschwemmt: das
Blut, den Schmerz, die Schreie.

Der Ozean atmet von ganz allein. Dafür braucht er
nicht den Wind oder die Wellen. Ob ich den Ozean schon
einmal gesehen habe, fragte mich jemand, als ich jung
war. ›Nein, wozu auch?‹ hatte ich gesagt. Ich wußte
nicht, wie schön er war.

Auch Linnerl erwähnte den Ozean nie. Erst jetzt spricht
sie von ihm. Über jede Vorstellung hat sie geschrieben,
über die berühmten Leute, die bei ihnen aus und ein gingen – doch der Ozean interessierte sie nicht. Wie auch?
Nie hatte sie ein Gefühl für den Atem der See, für den
Rhythmus der Wellen. Ich sah sie tanzen und sah, wie aussichtslos es war. Sie weiß nicht, was es bedeutet, einfach
loszulassen, sich fortwehen zu lassen und alles ringsum zu
vergessen. Ihre plumpen Füße klebten immer am Boden.

Jetzt will sie, daß ich zu ihr komme. Daß ich ihr eine
Frage beantworte, eine einzige Frage. Was kann so wich-
tig sein, Linnerl, daß du deine alte Mutter über den
Ozean zerrst, um ihr nur eine Frage zu stellen?

Und dann diese Alison, die auch eine Menge wissen will. Besonders jetzt, wo sie herausgefunden hat, wer meine Tochter ist. Ihr den Umschlag zu geben war ein Fehler, lieber hätte ich hungern sollen. Mit ihren hellen Augen schaut sie mich an, als dürfe man alles fragen, wenn man nur ehrlich genug ist. Gibt es wirklich nur Ehrlichkeit in ihrer Welt? Es war ihr unangenehm, daß sie den Brief gelesen hat. Dir wird es sicher nichts ausmachen, so berühmt, wie du bist. Ich darf ja nicht einmal mehr deine Briefe behalten.

Sogar Georg Kaiser kam einst in ihre Wohnung, in ihr heruntergekommenes Dachstubenzimmer. Und stolz war sie, wie alle geguckt haben, als der elegante Mann das Treppenhaus betrat. Blaue Augen und silbernes Haar hatte er, und einen braunen Anzug aus Seide. Der berühmteste Theatermann Berlins kam ausgerechnet zu ihr.

Zu einer Zeit, als alle hungerten, bot er ihr eine Arbeit an. Ihr Zimmer mußte ihn gerührt haben: das Zimmer eines verarmten Mädchens mit großen Träumen. So ließ er sie seine Gäste zu seiner Villa rudern, über den Berliner Wannsee.

Da stieg Herr Weill in ihr Boot, und sie hatte den Richtigen gefunden. Ein kleiner schüchterner Mann und noch nicht so gut gekleidet wie später, damals hatte er noch kein Geld. Sie stieß ihm mit dem Ruder die Brille ins Wasser, und er wollte sie noch am selben Tag heiraten. Eine sonderbare Begegnung – als hätte das Schicksal sich da eingemischt. Zwei Menschen, wie sie unterschiedlicher nicht sein konnten. Nur eins hatten sie gemeinsam: beide waren winzig. Sie wollte immer wissen, ob er sie auch mit Brille hätte heiraten wollen. Er antwortete nie und lächelte nur. So war er, der Herr Weill. Und er hat sie nie verlassen.

Warte, Linnerl, vielleicht habe ich ja auch eine Frage an dich. Wie war denn das damals mit dir und der Flucht vor den Nazis? Und glaubst du, das mit der trauernden Witwe nehme ich dir nur eine Sekunde lang ab?

»Haben Sie eine Ahnung, was Ihre Tochter Sie fragen wird?« wollte Alison von mir wissen. Stellt man da, wo sie herkommt, so direkte Fragen? Und gibt es einfache Antworten auf solche Fragen? Linnerl ist ein Mensch, der in die Zukunft blickt. Vielleicht will sie, daß ich bei ihr bleibe. Aber natürlich ist das nicht ihre Frage. Sie denkt über die Vergangenheit nach, das spüre ich. Doch sieh dich vor, was du mich fragen willst, mein Kind. Du hast in deinem Leben bisher nicht einen Augenblick lang zurückgeschaut. Fang bitte jetzt nicht an, mit alten Gewohnheiten zu brechen.

Linnerl/Lenya/Karoline hast du deinen Brief unterschrieben. Ist das deine Frage? Warum ich dich nicht ›Lenya‹ nenne? »Mit Karoline Wilhelmine werde ich nie bekannt«, hast du mir mit deiner berühmten schrillen Stimme erklärt. Du bist immer schrill geworden, wenn du dich geärgert hast. Trotzdem – ich bleibe bei ›Linnerl‹. Ich habe kein Recht darauf, dich anders zu nennen. Genausowenig wie du das Recht hast, bestimmte Dinge zu fragen.

Revy verdankst du deinen neuen Namen. Dem mondgesichtigen Schweizer. Den du benutzt hast wie alle anderen. Der sich um deine neuen Kostüme und deine neue Frisur gekümmert hat, das liebtest du ja, dich zu verkleiden: mit vier für den Zirkus, mit acht für die bessere Schule, mit sechzehn für das Theater. Und wie sicher du dir immer warst, etwas Besonderes zu sein. Dann kamst du zurück aus Zürich und sagtest: »Wie bitte, Mutter?

Du kennst nicht Henrik Ibsen? Er hat *Ein Puppenheim* geschrieben, verdammt noch mal!«

Du hattest nie eine Puppenstube, Linnerl, aber eins wußtest du: Revy war deine große Chance. Er zeigte dir, was du zu lesen hattest, und du – du zeigtest ihm eben andere Dinge dafür. So ist das im Leben: Hilfst du mir, helfe ich dir. Und schon warst du eine Schauspielerin mit einem interessanten Namen. *Wer ist denn die Frau mit dem seltsamen Akzent?* schrieben die Züricher Zeitungen. Und Revy sagte: »Behalte dein Wiener Gesäusel – der Rest muß verschwinden.«

Und schon waren alle hinter dir her. Woran er nicht gedacht hatte, der gute Herr Revy – dabei ist das die erste Lektion, die wir in der Ameisgasse lernen: Wer eine schöne Puppe hat, dem nehmen sie die anderen weg. Doch Revys Puppenstube hätte dir sowieso nie gereicht. Berlin, Frankreich, Amerika: Dort wolltest du hin. Doch deinen Namen verdankst du Revy.

Alison

Es läuft mir kalt den Rücken herunter, wenn ich an unsere Ankunft in New York denke. Am Kai werden meine Eltern stehen, und wahrscheinlich kommt auch mein ehemaliger Verlobter – vielleicht sogar mit seiner neuen Freundin. »Und? Was hat das Jahr in Europa jetzt gebracht?« wird er höhnisch fragen.

Wie ging Turnbulls erste Regel? Ein Journalist sollte sich erst selbst beschreiben können, bevor er andere beschreibt. Und wie würde ich mich beschreiben? Vielleicht so: *Tochter aus vornehmem Haus bricht Verlobung und flüchtet in Europa vor sich selbst.* Das wäre eine sehr ehrliche Selbsteinschätzung. Und wie würde ich mein bisheriges Leben am liebsten betiteln? *Ehemals rebellische Studentin beweist großes journalistisches Talent während ihrer einjährigen Tätigkeit als Europa-Korrespondentin.* Klingt gut, wäre aber zu lang – zumal noch Platz für den Untertitel bleiben müßte: *Verleger des Magazins ist gut befreundet mit den Eltern.*

Vor genau einem Jahr hatte mir Turnbull angeboten, mit ihm als Assistentin durch Europa zu reisen. Mein Verlobter sagte: »Herzlichen Glückwunsch. Journalistin ist genau der richtige Job für dich, du hast ja immer gern viel geredet. Nur ob das der Grund ist, warum der Alte dich mitnimmt?« Er war eifersüchtig auf Turnbull, vielleicht verkraftete er auch nicht, daß wir uns ein Jahr lang nicht sehen würden. Doch wenn er behauptete, mich zu lieben …?

Meine Mutter lachte wie immer über seine Bemerkungen, als habe sie Angst, ich würde in meinem Leben keinen anderen Mann mehr finden. Trotzdem war sie froh, daß ich nach meinem College-Debakel doch noch einen akzeptablen Job gefunden hatte. Aber mein Verlobter stichelte weiter: »Zu Kopf steigen wird ihr der Job jedenfalls nicht, dafür ist das Gehalt zu miserabel. Nicht wahr, mein Schatz?« Dann umarmte er mich und küßte mich herablassend auf die Stirn. Da wußte ich, daß es aus zwischen uns war.

Ich tapse über das Promenadendeck und versuche noch einmal mein Glück bei Johanna. Nach zwei Minuten merke ich, daß es aussichtslos ist, mit ihr Small talk zu machen. Also komme ich gleich zur Sache.

»Man schreibt Ihrer Tochter eine große musikalische Begabung zu. Sind Sie oder Ihr Mann besonders musikalisch?«

»Nein.«

»Was war Ihr Mann von Beruf?«

»Fiaker.«

»Was ist das?«

»Kutscher.«

»Aha. Waren Sie auch berufstätig?«

»Ich wasche.«

»Sie waschen?«

»Ich arbeite als Wäscherin.«

Seit ich hier stehe, stiert sie ununterbrochen auf das dunkelgrüne Wasser. Hat sie vergessen, daß ich ihr heute mittag geholfen habe, ihr Restaurant zu finden? Es gibt eine weitere Turnbull-Regel, die simpelste von allen, und sie lautet: Frage so lange, bis du eine Antwort bekommst.

»Gab es andere Leute in Ihrem Verwandtenkreis, die musikalisch waren?«

»Mein Vater sang in der Kirche.«

»Nahm er Lenya mit in die Kirche?«

»Sie sind sich nie begegnet.«

»Auf jeden Fall müssen Sie sehr stolz auf Ihre Tochter sein«, gebe ich auf.

»Worauf sollte ich stolz sein?« Sie sieht mich mit hochgezogenen Augenbrauen an.

»Auf den Erfolg Ihrer Tochter, die eine großartige Schauspielerin und Sängerin ist. Sind Sie sich überhaupt bewußt, wie berühmt Ihre Tochter …«

»Davon verstehe ich nichts.« Ihre Stimme klingt wie gestern, als der Steward sie angesprochen hatte, tief und heiser. Hört sie sich so an, wenn sie gereizt ist?

»Wovon verstehen Sie nichts?« frage ich vorsichtig.

»Von der Schauspielerei. Und kann man auf Linnerls Gesang stolz sein? Sie war ganz gut in der Schule. Vielleicht kann man darauf stolz sein.«

Sie ist wütend. Wenn ich nicht bald das Thema wechsle, läuft sie wahrscheinlich wieder davon. Da habe ich eine Idee.

»Johanna, was halten Sie davon, wenn wir heute abend zusammen essen? In meinem Restaurant. Ich lade Sie ein.«

»Ich glaube nicht, daß das geht«, antwortet sie und klingt wieder ein wenig freundlicher.

»Aber natürlich geht das. Als Reporterin habe ich gewisse Privilegien an Bord«, verkünde ich stolz. »Bitte sagen Sie ja!«

»Alison?«

»Ja?«

»Sie haben noch Linnerls Brief.«

»Oh, tatsächlich?«

»Mir ist das egal, aber Linnerl will ihn zurückhaben.«

»Verzeihen Sie, Johanna. Natürlich bekommen Sie Ihren Brief zurück. Wie wäre es, wenn ich ihn heute abend mit zum Essen bringe?«

Johanna

Wie schnell man sich an den Ozean gewöhnt. Alles saugt er auf. Gedanken, Gefühle, Erinnerungen. Ich traue mich gar nicht, ihn aus den Augen zu lassen, aus Angst, er könnte wieder verschwinden. Gerade war Alison wieder hier. Keine zwei Stunden läßt sie mich in Ruhe, seit ich um ihre Hilfe gebeten habe.

Schon von weitem hört man das Klackern ihrer Schuhe. Sie sitzen ihr nicht fest genug am Knöchel – daher das doppelte Klackern bei jedem Schritt. Sie hat genug Geld für italienisches Leder. Doch sie hat keinen Blick für die richtige Größe. Linnerl sagt, die Leute in Amerika kleiden sich schlecht. Wenn ich mir Alison ansehe, kann ich ihr nur recht geben.

Ich mußte Zeitungspapier in Linnerls gute Schuhe stopfen, damit sie ihr paßten. Doch sie trug weiter ihre löchrigen Schuhe. Schicker und bequemer fand sie sie, obwohl ihre Schulkameraden sie auslachten, wenn das Wasser aus den Löchern tropfte. So stur und dickköpfig war sie bereits mit acht. In ihrer alten Schule hätte keiner über sie gelacht, doch die war ihr nicht gut genug.

Auch Alison wird in eine bessere Schule gegangen sein. Über sie hat bestimmt niemand gelacht. Und jetzt will sie mich einladen in ihr besseres Restaurant. Um mich weiter auszufragen über Linnerls »große musikalische Begabung«. Musikalische Begabung? Linnerl hatte nie ein Gefühl für Musik – anders als ich. Kann schon sein, daß dieses Gefühl vererbbar ist, Alison, nur Linnerl hat es glatt übersprungen. Dabei hätte sie es von uns beiden haben können.

Bevor Linnerl auf der Welt war, ging ich jede Woche in ein Tanzlokal. Dort nannte man mich die wilde Hanna, weil ich die ganze Nacht hindurch tanzte. Mal mit dem einen, mal mit dem anderen, es waren so viele, ich vergaß gleich wieder ihre Gesichter. Ich wollte einfach nur tanzen, abschalten von der langen Arbeitswoche, die hinter mir lag. Tanzschritte brauchte mir keiner beizubringen, die kamen von ganz allein. Einmal sagte mir jemand, die Männer würden so gern mit mir tanzen, weil sie eine gute

Figur mit mir machten. Bei mir fänden sie sofort den richtigen »Rhythmus«. Das war ein neues Wort für mich, ich kannte mich nicht aus mit solchen Bezeichnungen, ich überließ mich einfach der Musik, sie lenkte meine Bewegungen. Und sie machte mich glücklich.

Dann erschien einer, der besser als alle anderen tanzte: Franz. Auch er gab sich ganz der Musik hin. Er stellte nicht die üblichen Fragen und versuchte auch nicht, mich auf den Hof zu zerren. Jede Woche kam er, und wir tanzten die ganze Nacht zusammen.

Eines Abends erschien er sehr spät, und ich tanzte gerade mit einem anderen. Da kam er auf uns zu und schlug dem anderen ins Gesicht. Ich wollte nichts mit einer Schlägerei zu tun haben und setzte mich an die Theke. Nach einer Weile hörte die Musik auf zu spielen, dann ging das Licht an, der Traum war zu Ende: Schwitzige Körper standen um mich herum, dicker Zigarrenrauch hing in der Luft, und das erste Mal sah ich, wie schmutzig der Boden war. Wenig später kam die Polizei, und alle mußten das Lokal verlassen.

Am nächsten Tag stand Franz vor meiner Wohnungstür. Er sagte, wir dürften das Lokal nicht mehr betreten. Ich ließ ihn herein, und eine Woche später waren wir verheiratet.

Ich ging nie wieder tanzen. Damals war ich schon fünfundzwanzig, und es war höchste Zeit, Kinder zu bekommen. Seitdem habe ich nichts mehr für Musik übrig.

Ich bin froh, daß ich mit Johanna hierhergekommen bin, so konnten wir es dem unfreundlichen Oberkellner heimzahlen. Wir marschierten geradewegs zu meinem Tisch und sahen nicht ein einziges Mal zu ihm herüber. Johanna hat tapfer mitgemacht. Sie ist nicht vertraut mit den Gesellschaftsspielen der Reichen.

Doch der Kellner versuchte erst gar nicht, sich zu wehren, und schließlich hat er mir doch leid getan. Das ewige Pendeln zwischen Frankreich und New York scheint ihn aufzuzehren. Hinzu kommt die Sorge um die Vorräte: Sie müssen reichen, und sie müssen vor allem halten – fällt die Kühlanlage nur einen Tag aus, bedeutet das schon eine Katastrophe.

Mit gesenktem Blick nimmt er meine Bestellung entgegen und zuckt leicht zusammen, als ich die teuerste Flasche Wein auf der Karte bestelle. Ich spüre, daß Johanna das beeindruckt, auch wenn sie das nie zugeben würde. Sie sitzt auf Jacks Platz, der versprochen hat, heute abend nicht zu kommen, so daß Johanna neben mir sitzen kann. Aber auch die anderen Plätze sind noch frei. Die beiden Pärchen erscheinen ohnehin immer seltener, und wenn sie erscheinen, müssen wir alle unsere Jacken und Taschen von ihren Stühlen nehmen, so sehr haben wir uns an den freien Platz gewöhnt. Besonders Jack, der jedesmal einen Stapel Bücher und Hefter mitbringt. Er brennt darauf, daß ich ihn frage, was er da hat – was ich natürlich nicht tue. Daß auch Mrs. Emerald und Gustav noch nicht da sind, ist allerdings merkwürdig.

Johanna sieht zufrieden aus. Das festere Tischdeckenmaterial, die akkurat gefalteten Servietten und die frischen Blumen auf dem Tisch gefallen ihr. Gegenstände sprechen sie eher an als Menschen. Der Kampf gegen den Kellner hat uns solidarisch gestimmt, und ich hoffe, jetzt werden wir warm miteinander. Wir reden über Lenyas Kindheit. Darauf scheint sie besser anzusprechen als auf ihr musikalisches Talent.

»Linnerl sagte kein Wort, bis sie drei war. Sie hörte nur zu und schaute uns mit ihren großen dunklen Augen an. Dann legte sie plötzlich los und sprach sofort in ganzen Sätzen. – Manchmal denke ich, ihr Schweigen war eine Art Entschädigung für ihre bohrenden Blicke.«

»Bohrende Blicke?« frage ich erstaunt.

»Na ja, wie Kinder eben so sind. Unentwegt sehen sie einen an und wollen unsere ganze Aufmerksamkeit.«

»Das könnte ein frühes Anzeichen ihrer schauspielerischen Fähigkeiten gewesen sein«, sage ich.

Augenblicklich verfinstert sich ihre Miene. Sie scheint nicht gern über den Ruhm ihrer Tochter zu sprechen.

Nach einer Weile fragt sie: »Wissen Sie, wie tief der Ozean ist?«

»Nein, nicht genau, vielleicht ein paar tausend Meter.«

»Ist das Wasser kalt?«

»Ich denke schon.«

Ihre Augen verengen sich.

»Jetzt im Sommer ist es natürlich wärmer. Da kann man im Ozean baden«, sage ich rasch.

Johanna scheint in einen merkwürdigen tranceartigen Zustand gefallen zu sein, und während wir essen, wechseln wir kein Wort miteinander. Ich schaue durchs Fenster auf die karge dunkelblaue Fläche. Warum sieht man nicht wenigstens ein paar Berge am Horizont? Wie sehr ich mich nach einem Strand sehne, nach ein paar Palmen, einem Hotel – alles außer dieser ewigen Einöde, die nicht gerade für Hochstimmung sorgt.

Wenn Johanna so dasitzt, komme ich mir vor wie ein Schulmädchen, das zur Strafe in der Ecke stehen muß. Auch Turnbull gab mir oft dieses Gefühl. Einmal verstauchte er sich den Knöchel und ließ mich die ganze Ausrüstung allein über den Strand tragen. Es war zum Zerbersten heiß, und natürlich wollte er seine verdammte Schreibmaschine dabeihaben. Er humpelte voraus und brüllte, wir müßten uns beeilen, um noch genügend Licht für unsere Aufnahmen zu haben. Verbissen kraxelte ich über die Dünen und nahm mir vor, nicht die geringste Schwäche zu zeigen. Schließlich konnte ich nicht mehr und sank zusammen, und Turnbull lachte so abscheulich, daß ich schrie: »Was gibt es denn da zu lachen, du Idiot! Selbst ein Packesel oder ein Sklave muß mal eine Pause machen!«

Dann kam er angehumpelt und sagte: »Du bist wunderschön, wenn du wütend bist, Alison. Ich wünschte, du wärst in einem afrikanischen Dorf aufgewachsen. Dann würdest du nicht den Rest deines Leben auf versnobten Cocktailpartys verbringen.«

Ich schmiß alles hin und blickte wütend aufs Meer – auf dasselbe Meer, auf das Johanna jetzt starrt.

Es ist, als hätten sich alle gegen mich verschworen – als wollte man mich nicht hereinlassen in eine Welt, die mir meine Herkunft verwehrt. Ich sehe sie vor mir, Turnbull und Johanna, zusammen auf einem mottenzerfressenen Sofa. Turnbull trägt dieselbe Jacke wie seit zwanzig Jahren, Johanna hat eine fette Zigarre im Mund, und über den Teppich krabbeln die Wanzen.

»Ja, was willst du denn hier, kleine Alison«, brüllen sie

vor Lachen, als sie mich sehen. »Hier hast du aber wirklich nichts zu suchen!«

Leute wie Lenya haben alles gegeben, um der Armut zu entkommen. Das respektiert man. Doch mir glaubt keiner, daß ich hart arbeite, verletzlich bin und fürchterliche Ängste habe.

Johanna

Kalt ist das Wasser, sagt sie. Ein Leben lang habe ich meine Hände in kaltes Wasser getaucht. Vielleicht ist mir das Meer deshalb so vertraut. Ich habe es geschehen lassen. Habe mich von Alison in ihren Speisesaal führen lassen. Wie einen Hund an der Leine hat sie mich hierhergezogen. An dem Oberkellner vorbei, der mich gestern nicht hereinlassen wollte. Hat sie eine Vorstellung davon, wie unangenehm mir das ist? Und jetzt besteht sie noch darauf, die Rechnung zu bezahlen.

Jetzt weiß ich, Linnerl, wie du dich gefühlt haben mußt. Manche Leute sind einfach nur sie selbst und bekommen Geld dafür. Und du wußtest, du hattest etwas, was anderen gefiel. Doch diese Spielchen sind nichts für mich. Ich habe mich niemals verkauft. Und auch jetzt werde ich nicht damit anfangen.

Kann schon sein, daß mein Leben nicht so angenehm verlaufen ist wie deins. Belächle mich deswegen nur. Doch mein Leben verlief wenigstens anständig: Drei Hemden, zwei Hosen, gründlich gewaschen und perfekt gebügelt, und hier die Rechnung. Schlicht, aber anständig. Wenn Alison darauf besteht, mich einzuladen, bitte! Sie tut es ja deinetwegen, Linnerl. Ich habe damit nichts zu tun.

Der Kellner verschwindet mit der Rechnung, und jetzt muß ich weiterfragen, sonst erfahre ich nie etwas über Lotte Lenya.

»Sie sagten, Lenya sprach sofort in ganzen Sätzen. Sind Ihnen noch andere Besonderheiten aufgefallen?«

Sie schüttelt den Kopf.

»Lenya benutzte diesen ungewöhnlichen Sprechgesang, den viele später imitierten, aber sie war es, die ihn erfunden hatte. Deshalb frage ich mich, ob sie vielleicht schon als Kind …«

In diesem Moment taucht Jack am Tisch auf. »Ich störe doch hoffentlich nicht?« fragt er und läßt sich auf Mrs. Emeralds Stuhl fallen. Ich bin sprachlos. Wie kann er es wagen, sein Versprechen so unverschämt zu brechen!

»Sie sind also Johanna. Jack – Jack Wilson. Freut mich, Sie kennenzulernen. Alison hat mir schon alles von Ihnen erzählt. Da haben Sie ja wirklich Glück, gleich zwei Lenya-Fans hier anzutreffen. Die meisten Leute kennen Ihre Tochter ja gar nicht mehr. Ich habe die Dreigroschenoper gesehen. Im Kino natürlich. Eine erstaunliche Leistung.«

»Jack, bitte …« Gott sei Dank versteht Johanna sein Gequassel nicht. Doch seine aufdringliche Mimik wird ihr nicht entgehen.

»Aber Alison, das braucht Ihnen doch gar nicht peinlich zu sein. Alte Leute freuen sich, wenn man über ihre Kinder spricht. Nicht wahr, Johanna?«

Gerade wollte ich herausfinden, warum eine Dreijährige sich für ihre Blicke zu entschuldigen hat, da platzt dieser Trottel herein und macht alles zunichte. Dann passiert etwas Sonderbares: Johanna zwinkert mir zu, als wüßte sie, wie man Jack zu nehmen hätte. Doch noch ehe ich die Situation begreife, strecke ich meine Hand aus und sage: »Danke, daß Sie gekommen sind, Johanna.« Sie schaut mich überrascht an, gibt mir die Hand und geht.

Was für ein Idiot ich bin! Jetzt denkt sie, ich wollte sie loswerden, weil mir ihre Anwesenheit vor Jack peinlich ist – als wären wir Passagiere der Ersten Klasse lieber unter uns.

»Eine phantastische Frau«, sagt Jack und schlägt mir mit der Hand auf den Rücken – eine schaurige Geste, mit der Männer einander beglückwünschen. Ich versuche, nicht die Beherrschung zu verlieren, sich über Leute wie Jack zu ärgern ist sowieso sinnlos.

»Eine großartige Idee, Alison. Die Alte steckt bestimmt voller wichtiger Informationen. Ganz schön clever sind Sie. Ist mir ja schon am ersten Tag aufgefallen, daß Sie die geborene Reporterin sind«, sagt er und klimpert mit den Augenlidern. Mir graust es bei dem Gedanken, daß er mit mir flirten will.

Inzwischen trudeln auch Gustav und Mrs. Emerald ein – dicht gefolgt vom Oberkellner, der Mrs. Emerald klarzumachen versucht, daß es um diese Zeit kein Essen mehr gibt. Sie überhört ihn und bestellt ein komplettes Drei-Gänge-Menü. Dann wendet sie sich wieder Gustav zu, der uns hilfesuchend ansieht.

»Alle mal herhören«, sagt Jack. »Ich habe eine große Neuigkeit zu verkünden. Unsere junge Reporterin ist da hinter einer ganz heißen Sache her.«

»Bitte nicht, Jack«, sage ich.

»Doch, Alison. Sie haben jeden Grund, stolz auf sich zu sein. Unsere Ally hat nämlich einen ganz dicken Fisch an der Leine. Vielleicht können wir ihr sogar ein bißchen helfen dabei. Waren Sie schon einmal in Wien, Gustav?«

»Nein.«

»So weit ist Wien nun auch nicht von Amsterdam entfernt.«

»Doch. Sehr weit.«

»Jack«, schalte ich mich wieder ein. »Frau Blamauer ist eine sehr zurückgezogen lebende alte Frau. Ich bin froh, daß sie wenigstens zu mir ein bißchen Vertrauen gefaßt hat. Ich brauche keine Hilfe, und ich will auch nicht, daß sich da irgendwer einmischt.«

»So ein Quatsch«, antwortet Jack. »Die Alte freut sich doch, wenn sie mit ihrer berühmten Tochter ein bißchen angeben kann. ›Zurückgezogene alte Frau‹, das ist doch Unsinn! Diese ganze europäische Zurückhaltung ist Unsinn, eine Pose, durchschauen Sie das nicht, Alison? Genauso wie bei unserem guten Gustav hier. Vielleicht kann er uns ja sagen, warum in Europa alle so bescheiden tun!«

»Mit wem möchte die alte Frau angeben?« mischt sich jetzt Mrs. Emerald ein.

»Mit ihrer Tochter. Der berühmten Lotte Lenya«, antwortet Jack.

»Mit wem?«

»Lotte Lenya. Die Witwe von Kurt Weill.«

»Von wem?«

Ich halte das nicht länger aus und stehe auf. »Ich meine es wirklich ernst, Jack. Ich möchte, daß Sie die Finger von Frau Blamauer lassen. Ich allein habe sie kennengelernt, und ich allein werde mich mit ihr unterhalten. Sonst keiner!«

Als ich verärgert zum Ausgang gehe, höre ich, wie Jack den anderen über die Dreigroschenoper erzählt. Er summt sogar die Melodie von Mackie Messer nach, ganz laut, damit ich sie auch hören kann. Das hat mir gerade noch gefehlt: Ein Hobby-Historiker, der sich mit der Weimarer Republik auskennt. Jetzt singt er ein Lied aus *Lady in the Dark*. Mrs. Emerald stimmt mit ein – das wenigstens scheint sie zu kennen.

Johanna

»Danke, daß Sie gekommen sind, Johanna«, hat sie gesagt, als der freundliche junge Mann aufgetaucht ist und mich angelächelt hat. So leicht kann man wieder abserviert werden, wenn man in der Gunst der Reichen steht. Wer hätte das von Alison gedacht?

Auch das wirst du gelernt haben, Linnerl. Aber du hast dich ja nie unterkriegen lassen. Wir sprachen gerade von deinem Gesang, als Alison mich aufforderte zu gehen. Ich wollte einen kleinen Scherz machen – schließlich nennt Alison deinen Gesang ja selber ›Sprechgesang‹, da wurden wir unterbrochen von dem freundlichen jungen Mann – aber Alison fehlt sowieso jeder Sinn für Humor. Da fällt mir ein: Sie hat noch immer deinen Brief. Glaubt sie, das habe ich vergessen?

Hier im Mondschein sieht der Ozean aus wie ein ordentlich verlegter Teppich. Wie schwer wird dieser Teppich sein? Ein Leben lang habe ich meine Hände in Eimer und Waschbecken getaucht. Was sind die im Vergleich zu dieser riesigen Wassermasse?

Warum ich mich nicht bedankt habe – das könnte Linnerls Frage sein. Wieder hat sie das Geld erwähnt, das sie mir geschickt hat. Sicher ist das Leben angenehmer mit ein paar Mark extra am Monatsende. Auch ein eigenes Bad ist sehr bequem – besonders wenn man älter wird. Doch nie habe ich dich um irgend etwas gebeten, Linnerl. Warum sollte ich mich also bedanken? Sich bedanken bedeutet: etwas erwartet haben. Alison mag das nicht verstehen. Aber du, Linnerl, du müßtest wissen, was ich meine.

Eine Zeitlang hatte man euch in Berlin nur so überschüttet mit Geld, dich und deinen Herrn Weill. Ein Riesenspektakel war die Dreigroschenoper, und Herrn Weill bezeichnete man sogar als musikalisches Genie. Das war auch sehr angenehm für dich: Es bedeutete eine größere Wohnung, feinere Kleider und ein schickes Auto. Ich war sicher, der Spuk würde nach ein paar Monaten vorbei sein – doch ich irrte mich. Herr Weill hatte ein Händchen für das, was er tat. Was er auch anfaßte, jedesmal wurde es ein Erfolg.

1928 erhielt ich seinen ersten Scheck. Der Scheck kam nicht direkt von Herrn Weill, er kam von seinem Verleger, von den Leuten, die seine Musik herausbrachten. Jedesmal wenn eins seiner Lieder gespielt wurde, bekam er Geld dafür – und ein Teil von dem Geld ging sofort an mich. Ich hatte zuerst gedacht, er hätte sich vertan, und hatte das Geld zurückgeschickt. Doch er schrieb mir zurück, er hätte sich nicht vertan, und ab sofort würde ich jeden Monat einen Scheck bekommen.

Natürlich wollte ich sein Geld nicht, aber dann dachte ich, vielleicht steckte eine geschäftliche Absicht dahinter – ich kannte mich nicht aus mit solchen Dingen und wollte Herrn Weill keine Probleme machen. Schließlich war er dein Mann, und er mußte wissen, was er tat.

Trotzdem fragte ich mich, ob er meine Wohnung so

fürchterlich fand, daß er glaubte, ich wäre auf ihn angewiesen. Bei ihrem ersten gemeinsamen Besuch hatte ich ein gutes Kleid getragen, und zu essen hatte es auch genug gegeben. Warum also bemitleidete man mich?

1930 besuchten sie mich das zweite Mal. Ich hatte ihr Geld stets für etwas Besonderes verwendet. Für eine Überdecke oder für einen neuen Stuhl. Anläßlich ihres Besuchs kaufte ich anständigen Tee und einen teuren Kuchen. Es sollte ihnen gut bei mir gehen, wenn sie schon so viel Geld für mich ausgaben.

Sie hatten sich für einen Sonntagnachmittag angekündigt, obwohl Linnerl genau wußte, daß die Wochenenden am schlimmsten für mich waren, denn montags brauchten alle saubere Kleider. Außerdem hatte es seit Tagen geregnet, und hätte ich die Wäsche in meiner Wohnung aufgehängt, wäre sie niemals rechtzeitig getrocknet. Selbst der kleine Herr Weill hätte sich bücken müssen, um keinen nassen Ärmel in die Stirn zu bekommen. Ich mußte die geizige Vermieterin bitten, meine Wäsche in ihrem Haus aufhängen zu dürfen, wofür sie verlangte, daß ich ihre Wäsche umsonst reinigte. So arbeitete ich die ganze Nacht hindurch.

Als sie dann kamen, hatte ich alles blitzblank geputzt, und ausnahmsweise hing an einem Sonntag keine Wäsche in meiner Wohnung – die Schlafzimmertür hatte ich offengelassen, so daß man meine neue Überdecke sah.

Linnerl war damals schon zweiunddreißig und trug noch immer ihre ausgefallenen Kleider. Auch früher hatte es immer jemanden gegeben, der ihr ihre verrückten Kleider kaufte: »Hier bin ich, seht mich an«, schrien sie einen an. Natürlich hatte sie auch ihren roten Lippenstift aufgelegt – ihr ›Markenzeichen‹, wie in den Zeitungen stand.

Herr Weill trug wie immer einen feinen Anzug und lächelte charmant, als er mir die Hand gab. Man brauchte ihn nur anzusehen und wußte: Dieser Mann kam aus *besseren Verhältnissen*. Sein Anzug paßte ihm bis aufs I-Tüpfelchen und konnte nur ein Maßanzug sein – für Männer mit seiner Statur gab es nichts von der Stange.

Wie leid mir Linnerl an seiner Seite tat. Sie konnte sich noch so anstrengen mit ihrer teuren Garderobe, ihrer Schminke, ihren Namen- und Ortswechseln: Immer würde sie die Linnerl aus der Ameisgasse bleiben. Auch wenn sie jetzt Herrn Weill benutzte, wie sie immer alle für ihre Karriere benutzt hatte.

Wie der kleine Herr Weill so elegant ein Bein über das andere schlug, dachte ich: Letzte Nacht habe ich mehr Wäsche gewaschen und gebügelt als er in seinem ganzen Leben. Ich war nicht angewiesen auf sein Geld. Ich war noch jung genug, um die Arbeit einer Woche an zwei Tagen zu erledigen, wenn es drauf ankam.

Zuerst erkundigten sie sich nach meinem langweiligen Leben, dann erzählte Linnerl von ihrer Theaterwelt. Sie berlinerte jetzt und quatschte nach, was die Zeitungen über ihren Mann schrieben – sie hatte mir Dutzende von Zeitungsartikeln geschickt.

»Kurt hat eine völlig neue Art von Musik entwickelt, speziell für das Theater«, sagte sie aufgeregt. »Eine Mischung aus verschiedensten musikalischen Stilrichtungen. Amerikanischer Jazz, europäische Klassik, Opernmusik …«

»Na ja, es läßt sich ganz gut davon leben«, schob Herr Weill mit seiner sanften Stimme bescheiden ein. Es war ihm aber nicht unangenehm, daß Linnerl so schmeichelhaft von ihm redete. Vielleicht war ihm das sogar wichtiger als ihre körperliche Zuneigung. Herrn Weill war das zuzutrauen. Und womöglich störte es ihn auch nicht, daß sich Linnerl ihre körperliche Befriedigung woanders holte. War das so üblich in den Ehen der höheren Schichten?

»Kurts Kompositionen gelten als Neuerfindung der europäischen Theatermusik. Auch wenn ein paar dämliche Kritiker das nicht wahrhaben wollen.« ›Dämliche Kritiker‹ sagte sie – wie vornehm das Berliner Künstlervolk zu fluchen pflegte. Ihre Kollegen hätten sie in Franzens Bierstube erleben sollen, da hätten sie viel lernen können.

Daß Linnerl jetzt berlinerte, wunderte mich nicht. Aber auch Herr Weill schien das nicht merkwürdig zu finden. Hat er jemals unterschieden zwischen der wahren Linnerl und der Dame von Welt, die sie vorgab zu sein? 1930 war Linnerl der Star der Berliner Theaterwelt. Sie hatte eine Menge erreicht, vom Puppenheim zur Theaterbühne war es ein beschwerlicher Weg gewesen, und ich fragte mich, was wohl als nächstes kommen würde.

Keine zwei Stunden waren vergangen, da mußten sie schon wieder gehen. Wer Erfolg hatte, schien wenig Zeit zu haben. Als Herr Weill mir höflich die Wange küßte, hatte ich plötzlich den Drang, noch etwas Freundliches zu sagen. »Herr Weill, haben Sie vielen Dank für …«, sagte ich und wußte nicht mehr weiter. ›Für Ihr Geld‹ hätte unhöflich geklungen, und ›für Ihre Liebenswürdigkeit‹ hätte er vielleicht mißverstanden. ›Für Ihre Tantiemen‹ ging mir durch den Kopf – das Wort kannte ich aus der Zeitung, aber ich wußte nicht genau, ob ich es richtig aussprechen würde. Doch da hatte sich Herr Weill schon umgedreht, und die Sache hatte sich erledigt.

Dann kam Linnerl noch einmal auf mich zu und versuchte mir ein paar Geldscheine in die Hand zu drücken. Ich stieß sie weg und sagte: »Ich brauche dein Geld nicht, Linnerl.«

Als ich die Tür zugemacht hatte, hörte ich sie im Hausflur sagen: »Sie ist zu stolz, um das Geld anzunehmen!« Herr Weill murmelte etwas, das ich nicht verstand, und sie fuhr wütend fort: »Natürlich ist es Stolz! Wie oft habe ich ihr vorgeschlagen, dieses Loch zu verlassen und in eine schöne Wohnung zu ziehen. Doch sie denkt noch immer, sie sei etwas Besseres als ich.«

Dann kam eine Zeitlang überhaupt kein Geld mehr. Erst als Herr Weill in Amerika war, schickte er wieder regelmäßig seine Schecks. Und jetzt, wo er tot ist, bekomme ich noch immer Geld. Was soll das, Linnerl? Ich habe dich nie in meinem Leben um etwas gebeten. Soll ich mich jetzt plötzlich für all dein Geld bedanken?

Alison

Es ist noch früh am Abend. Am Horizont sehe ich einen kleinen dunklen Fleck. Das müssen die Azoren sein. Endlich ein Orientierungspunkt in dieser gleich aussehenden Weite. Der Lederriemen meiner Kamera schneidet in meinen Hals und erinnert mich an meine Pflichten. Bisher habe ich nur von der Konzerthalle Bilder gemacht. Heute sind das im Jugendstil renovierte Schwimmbecken, der Theatersaal und die vornehmsten Suiten an Bord dran – zu denen auch meine Kabine mit ihrer einzigartigen ovalen Decke gehört.

Wie ich gehofft hatte, ist der kleine beheizte Pool fast

leer um diese Zeit. Ich fotografiere die türkisen Fliesen und prachtvollen Ornamente und überlege, selber ein Bad zu nehmen. Von Menschenhand errichtete Gewässer jagen mir keine Angst ein. Ich ziehe mich rasch um und tauche mit einem Kopfsprung in das spiegelglatte Naß. Unter Wasser gleiten die Bilder des Tages an mir vorüber: die versteinerte Johanna an der Reling, Jacks unaufhörliches Gequassel, Gustavs gerötetes Gesicht. Dann sehe ich Turnbulls Gesicht vor mir. »Vergiß es, die Alte wird dir nie über ihr Leben erzählen. Sie lebt in einer anderen Welt. Selbst wenn sie mit dir reden würde, du würdest sie doch nicht verstehen«, höre ich ihn sagen.

Als ich auftauche, ist Turnbull verschwunden. Statt dessen nimmt mich eine Gruppe alter Männer ins Visier; ich erkenne sie, sie saßen gestern in der Loge des Konzertsaals. Genüßlich planschen sie im knietiefen Wasser und schlürfen an ihren Drinks. Sie lassen auf unserer Luxustour nichts aus. Die Reisebroschüre hat sie überzeugt: Schluß mit den engen Flugzeugsitzen und dem Essen aus Plastikkartons – lassen Sie sich von unserer Ozeanlinie verwöhnen und genießen Sie den Komfort und die unbegrenzten Unterhaltungsmöglichkeiten an Bord.

Mit nassen Haaren laufe ich zurück zu meiner Kabine. Im Gang begegne ich Jack. Strahlend kommt er auf mich zu und balanciert einen Stapel Bücher in seinen Händen.

»Da sind Sie ja. Sehen Sie mal, was ich hier alles habe.« Er bleibt an dem Eisautomaten in unserem Gang stehen und legt die vielen Bücher ab.

»Na ja«, sagt er, nachdem er einen Band über Theatergeschichte hervorgezogen hat. »Kurt Weill einen *großartigen Komponisten* zu nennen wäre vielleicht übertrieben. Obwohl man sicher von einer *außergewöhnlichen Kar-*

riere sprechen könnte. Acht Broadway-Stücke hat er geschrieben. Drei waren so erfolgreich, daß sie in Hollywood verfilmt wurden, und dann schrieb er noch andere erfolgreiche Filmmusiktitel. Vielleicht könnte man sein Werk als die gelungenste künstlerische Amerikanisierung aller Zeiten bezeichnen. Denken Sie nur einmal an Lieder wie *September Song* oder *Speak Low*, scheinbar ureigenste amerikanische Melodien. Wer hätte gedacht, daß sie von einem Deutschen stammen? Wahrscheinlich hatte er schon in Berlin ein Ohr für amerikanischen Jazz entwickelt. Aber eins muß man ihm lassen, Ihrem guten Herrn Weill: Er hat verstanden, sich anzupassen.«

»Vielen Dank für Ihre persönliche Einschätzung, Jack. Aber Sie können sich Ihre Vorträge über Weill sparen, ich habe mich lange genug mit ihm beschäftigt«, sage ich. Eine ältere Frau drängt sich zwischen uns. Sie hält ein Bourbonglas in der Hand und will an den Eisautomaten. Offenbar ist sie betrunken.

»Aber *großartiger Komponist*?« Jack läßt sich nicht beirren. »Wollen wir mal gerecht sein, Alison. Weill hat Musik fürs Showgeschäft geschrieben, kommerzielle Unterhaltungsmusik – natürlich kann man ihm nicht vorwerfen, daß er sich auf den Geschmack der Massen eingestellt hat. In Deutschland mag das anders gewesen sein, da hat er gewagtere, innovative Musik für Brecht geschrieben. Aber wer wird schon gern zum zweiten Mal aus dem Land geworfen?«

»Wer wird aus dem Land geworfen?« Die Betrunkene ist plötzlich hellhörig.

»Niemand«, sage ich.

»Sie reden über die Kommunisten, nicht wahr?« lallt sie mit aufgerissenen Augen.

»Wir reden über Kurt Weill«, sagt Jack. »Aber der ist schon tot.«

»Nie gehört«, sagt sie und sinkt zurück in ihren lethargischen Zustand; dann torkelt sie davon.

»Na, sehen Sie?«

»Was sehe ich?«

»Wie wenig Leute Ihren Weill kennen.« Jack sieht mich mitleidig an. »Er war einer von den Leuten, die hinter den Kulissen arbeiten. Er war nie wirklich ein Star. Außerdem war er Unterhaltungsmusiker. Er war kein Beethoven oder so!«

»Was reden Sie da eigentlich für ein dummes Zeug«, unterbreche ich ihn. Jack versteht es, einen auf die Palme zu bringen – vermutlich sogar völlig ungewollt. »*Weill war kein Beethoven?* Um mir das zu beweisen, haben Sie die ganzen Bücher angeschleppt? Weill hatte immerhin mit zweiundzwanzig bereits drei Opern geschrieben, und er war einer von Busonis besten Schülern – Busoni, dem Komponisten von *Turandot*, wenn Ihnen das etwas sagt.«

Jack hebt unschuldig die Augenbrauen. Er hat es sich selber zuzuschreiben, daß ich jetzt richtig fies werde.

»Darf ich mal in aller Bescheidenheit fragen, was Sie so aus Ihrem Leben gemacht haben, mein lieber Jack? Vermutlich haben Sie nicht einmal einen Universitätsabschluß, und Ihren Lebensunterhalt – lassen Sie mich raten –, den bestreiten sie vom Erbe Ihrer Großtante, weil sie ausgerechnet Ihnen ihre zehn Häuser vermacht hat!«

»Sie nehmen das alles sehr persönlich, nicht wahr?« sagt er mit ruhiger Stimme. Aber seine Augenbrauen zucken nervös. Wahrscheinlich ist er oft von Leuten gedemütigt worden, geht es mir durch den Kopf. Ich schaue zu Boden und spüre die ersten Schuldgefühle nahen.

»Auf jeden Fall muß ich jetzt zurück in meine Kabine«, sage ich leise.

»Gut«, sagt Jack. »Dann werde ich mal sehen, ob ich Frau Blamauer finden kann.«

»Jack! Wir haben doch vereinbart, daß Sie Frau Blamauer in Ruhe lassen. Schlimm genug, daß Sie beim Essen aufgetaucht sind.«

»Beim Essen aufgetaucht?« Jack tut beleidigt. »Darf ich Sie daran erinnern, daß ich meinen Platz für Ihre Frau Blamauer zwei Stunden lang geräumt habe und ein kaltes Abendbrot hatte?«

»Das war ja auch ganz lieb von Ihnen, Jack.« Ich bin ihm wirklich noch etwas schuldig, und ich habe mich noch nicht einmal bei ihm bedankt. »Aber trotzdem, Jack. Lassen Sie mich erst mit ihr warm werden, bevor Sie mit ihr reden.«

»Als Reporterin sind Sie wirklich sehr zartfühlend. Sie unterschätzen, wie gern die meisten Menschen über sich selbst reden. Ich habe selber genug Interviews gemacht, ich kann das beurteilen.«

Jack hat also Interviews gemacht. Nach zwei Tagen platzt es endlich heraus aus ihm. Wenn ich mich jetzt nicht dafür interessiere, stürmt er tatsächlich noch auf Johanna los.

»Sie haben Interviews gemacht, Jack?«

»Ja, für mein Buch.« Er räuspert sich. »Ich schreibe ein Buch. Und deshalb hätte auch ich ein paar Fragen an Frau Blamauer, mit Ihnen hat das überhaupt nichts zu tun.«

»Jack, versprechen Sie mir, daß Sie Frau Blamauer in Ruhe lassen?«

»*Holocaust-Humor* heißt es.«

»Wie bitte?«

»*Holocaust-Humor.* So heißt mein Buch. Neugierig machender Titel, nicht wahr?«

»Versprechen Sie mir das?«

»Na gut, Alison. Ich lasse sie in Ruhe. Aber Sie müssen mir auch etwas versprechen.«

»Was denn?«

»Wenn Sie etwas erfahren, das genauso schaurig wie komisch ist, erzählen Sie mir es dann?«

»Wovon reden Sie eigentlich die ganze Zeit?«

»Also das ist so«, sagt er und flüstert jetzt. »*Holocaust* ist die neue offizielle Bezeichnung für ... Sie wissen schon ... die Konzentrationslager. Das weiß ich aus streng vertraulicher Quelle. Mit meinem Buch will ich dem Leser einen Zugang verschaffen zu diesem schier unfaßbaren Phänomen. Durch Humor. Das gibt ihm die nötige Distanz. Aber das habe ich alles in meiner Einleitung erklärt, Sie sollten sie wirklich einmal lesen.«

»Vielleicht später, Jack. Also, lassen Sie die Finger von ihr?«

»Ja, versprochen.«

»Gut, danke«, sage ich erleichtert. »Jetzt muß ich aber gehen, Jack. Ich habe noch eine Menge Arbeit vor mir.« Mit offenem Mund sieht er mir nach.

In meiner Kabine lasse ich mich erschöpft auf mein Bett fallen. Von draußen höre ich Schritte. Wahrscheinlich ist es Jack, der im Gang auf und ab geht und hofft, daß ich nach seiner Einleitung verlange.

Ich starre an die Decke, und wieder höre ich Turnbulls Stimme.

»So fühlt man sich also, wenn man merkt, daß man sich selbst überschätzt hat.«

»Wer hat sich selbst überschätzt?« frage ich.

»Du, Alison. Ein Reisebericht für die *Post* war dir nicht mehr gut genug, deshalb bist du jetzt hinter einem Leitartikel für das *New York Times Magazine* her. Das ist doch Eitelkeit, Alison, reine Eitelkeit. Stelle deine Ideen in einem knappen sachlichen Artikel dar, oder gehe die Sache ausführlich an und schreibe ein Buch. Dazwischen gibt es nichts. Nur aufgeblasene Kaffeehausliteratur – Leitartikel eben, die knallige Thesen präsentieren, ohne sie zu belegen. Aber du machst ja doch, was du willst, und ich bin sicher, du wirst dein Publikum finden. Es gibt ja genug Leute, wie etwa deinen Freund Jack, die durch die Weltgeschichte reisen und über alles Bescheid zu wissen glauben – die typischen Kaffeehausliteraten.«

»Du bist ungerecht, Turnbull. Ausgerechnet du mußt über Kaffeehausjournalismus herziehen, wo du doch selber für die spießige *Post* gearbeitet hast.«

»Ich war Kriegsreporter, Alison. Drei Jahre lebte ich in Schützengräben, und außer mir hatten sie keinen, der den Job für sie gemacht hätte. Und auch nach dem Krieg wollte ich herausfinden, wo unsere imperialistische Großmacht ihre Finger im Spiel hat. Außerdem gab es eine anständige Bezahlung, viele Spesen und eine niedliche Assistentin, die die Fotokamera getragen hat. Soll ich mich dafür etwa schämen? Auf deine eitlen Leitartikelphantasien hätte ich mich aber nie eingelassen.«

»Und warum hast du mich dann mitgenommen, wenn ich so ein hoffnungsloser Fall bin?«

»Vielleicht habe ich mich ja geirrt. Ich dachte, du könntest unterscheiden zwischen Journalismus und Gekritzel. Meine Empfehlung: Iß ein paar warme Croissants und verpasse den heutigen Abendball nicht. Dann schreibe deine Reisereportage zu Ende und höre auf, die arme Alte zu belästigen. Sie hat nicht verdient, daß du sie so aushorchst.«

»Ich weiß selber, was ich tue«, schreie ich. »Laß mich verdammt noch mal in Ruhe, Turnbull!«

Es klopft leise an die Tür. Ich höre, wie meine Stimme von der ovalen Decke widerhallt. Erschrocken springe ich auf und öffne die Tür.

»Was ist los, Alison?« Es ist Jack. Besorgt schaut er mit einem Auge durch den Türspalt.

»Was soll los sein?«

»Warum haben Sie um Hilfe geschrien?«

»Es geht mir gut, Jack, danke. Was wollen Sie?«

Er schiebt einen Stoß loser Blätter durch den Spalt. »Ich dachte, vielleicht hätten Sie jetzt Lust, meine Einleitung zu lesen. Es ist wichtig, daß man sie liest, sonst könnte man mein Buch mißverstehen. Haben Sie eigentlich Asthma oder so etwas?«

»Ehrlich gesagt, weiß ich nicht, ob mich das interessiert«, sage ich.

»Können Sie auch nicht, ohne die Einleitung gelesen zu haben.«

»Mich stößt schon der Titel ab.«

»Aber treffender hätte ich ihn nicht wählen können. Ich habe Ihnen doch gesagt: Durch Humor schaffe ich die nötige Distanz. Übrigens stünde Ihnen etwas Humor auch ganz gut zu Gesicht. Oder etwas mehr Distanz. Was Sie so zu Ihren Mitmenschen sagen, ist manchmal ziemlich direkt.«

»Nein.«

»Was nein?«

»Ich werde Ihre Einleitung nicht lesen.« Ich gebe ihm sein Manuskript zurück und schließe die Tür vor seiner Nase.

Jack mag meine Direktheit nicht passen, doch sie ist das einzige, was bei ihm wirkt.

Außerdem muß ich meine eigene Einleitung schreiben.

Artikel / Einleitung / Erster Entwurf

»Menschen wie Johanna Blamauer bilden die Nachhut der vom Dritten Reich verursachten Flüchtlingswelle. Viele der illustren Flüchtlinge sind mittlerweile angesehene amerikanische Staatsbürger. Jetzt beginnen sie, ihre Angehörigen in ihre neue Heimat zu holen.«

So oder so ähnlich könnte man beginnen. Ich sollte ja einen Artikel über die Jungfernfahrt der *Liberté* schreiben. Voilà.

Vorübergehender Arbeitstitel: *Wer überquert neuerdings den Atlantik?*

Johanna

Ein großer Halbmond kommt hinter der Wolkendecke hervor. Ich erschrecke leicht, denn plötzlich tauchen schneebedeckte Berge vor uns auf. Unwirklich sehen sie aus, wie auf dem Foto einer Zeitschrift, und einen Moment lang glaube ich, ich sehe Gespenster. Ein Rascheln ertönt von den Rettungsbooten her, und als ich mich umdrehe, sehe ich Alison – also träume ich doch nicht.

Sie zieht sich gerade eine Schwimmweste an. Völlig hektisch fummelt sie an dem Reisverschluß und den Riemen herum. »Oh. Hallo Johanna«, japst sie, als sie mich sieht. »Sie auch hier? Ich mache gerade eine Routineüberprüfung der Sicherheitseinrichtungen – für meine Reportage. Ich muß herausfinden, wie lange es dauert, die Schwimmwesten im Dunkeln zu finden und anzuziehen.«

»Und warum ausgerechnet hier?« frage ich.

»Weil doch hier die Rettungsboote sind«, antwortet sie und atmet so schwer, daß man meinen könnte, sie bekommt ein Kind.

Ich sehe in die Ferne und lasse sie zur Ruhe kommen. Sie zieht den Riemen ihrer Schwimmweste so fest, daß sie sich kaum noch bewegen kann. Dann taumelt sie an die Reling und sieht ängstlich aufs Meer hinaus.

»Ist das Amerika?« frage ich.

»Was denn?«

»Die Berge vor uns.«

»Sie können in dieser Dunkelheit etwas sehen? Sie haben aber erstaunlich gute Augen für ihr ... Ah ja, jetzt sehe ich sie. Das sind die Azoren, Johanna.«

Freudig wackelt sie in ihrer Schwimmweste hin und her, und ich sage: »Wollen Sie nicht mal das verdammte Ding ausziehen?«

Gehorsam zieht sie die Schwimmweste aus, hält sie aber weiterhin in der Hand.

»Also ist das nicht Amerika.«

»Nein, Johanna. Das sind die Azoren. Eine Inselgruppe im Atlantischen Ozean. Es ist jetzt Mitternacht, und wir sind erst zwei Tage unterwegs. Wir haben noch nicht einmal die Hälfte geschafft. Das kann also nicht Amerika sein. Übrigens sollen die Azoren sehr schön sein.«

»Halten wir an?«

»Nein.«

»Gut.«

Sie schaut mich etwas überrascht an. Dann fällt ihr Blick auf meine Armbanduhr. »Sie haben ja Ihre Uhr noch gar nicht zurückgestellt. Sie müssen sie jeden Tag eine Stunde zurückstellen. Kommen Sie mal her.« Sie greift nach meinem Handgelenk.

»Danke, nicht nötig«, sage ich und befreie meinen Arm aus ihrer Hand.

Wir nähern uns der ersten Insel. Auf der schneebedeckten Bergkuppe sprießt eine einsame immergrüne Pflanze. Wie ein kleines Wunder wächst sie dort und leuchtet in der hellen Nacht.

Alison raschelt ungeduldig mit ihrer Schwimmweste. Sie hat keinen Sinn für die Natur.

»Haben Sie sie gesehen, Johanna?«

»Was? Die Pflanze?«

»Nein, die Dreigroschenoper. Ich meine, waren Sie damals in Berlin und haben die Aufführung gesehen?«

Oh nein, nicht das schon wieder. Linnerl schreibt noch heute, wie sehr man sie damals in dem Stück bejubelte. Dabei ist das alles so lange her, und jetzt ist sie schon über Fünfzig. Ja, ich habe sie mir angesehen, ihre berühmte Dreigroschenoper. Das hat dann aber auch gereicht – ich habe mir nie wieder Stücke mit ihr angesehen. Sollte das ihre Frage sein? Warum ich nie wieder in eine ihrer Vorstellungen gegangen bin? Wenn das ihre Frage ist, fliege ich gleich am nächsten Tag zurück.

»Ja, Alison. Ich habe sie gesehen.«

»Die Eröffnungsvorstellung?«

»Ja, die allererste Aufführung.«

»Wirklich? Sie waren 1928 tatsächlich in Berlin?«

»Als Sie wie alt waren?«

»Drei. Ich war erst drei.«

»Und waren Sie auch da?« frage ich, worauf sie pflichtbewußt über meinen Scherz kichert.

Linnerl sagt, überall, wo sie hingeht, trifft sie Leute, die bei der Premiere dabeigewesen sein wollen: die russische Zeitungsverkäuferin an ihrem Kiosk, ein Antiquitätenhändler in New Orleans, ein ungarischer Diplomat – alle möglichen Leute. Linnerl sagt, das könne gar nicht sein, da in den *Schiffbauerdamm* nicht mehr als achthundert Leute hereingepaßt hätten. Aber warum eigentlich nicht? Bei dem unglaublichen Erfolg, den die Aufführung hatte, ging es sowieso nicht mit rechten Dingen zu. Es war, als wäre die Dreigroschenoper mit einem Zauberstab berührt worden – und der Zauber hatte nie aufgehört.

Alison räuspert sich. Dann sagt sie mit ernster Stimme: »Ich war natürlich nicht da. Aber wie gern wäre ich damals dagewesen!«

Alle waren erstaunt gewesen, wie gut die holprige Aufführung beim Publikum angekommen war. Selbst Linnerl und Herr Weill konnten es kaum fassen. Mit einem Schlag waren beide berühmt. Und sogar jetzt noch bekommt Linnerl Geld für jede stattfindende Vorstellung. Ich hatte meine Gründe, mir nur diese eine Vorstellung anzusehen. Zum einen mochte ich die Musik nicht, zum anderen wollte ich mich nicht in Linnerls Erfolg baden – wie es alle ihre Freunde taten. Mir reichte es, daß Linnerl es geschafft hatte und fort war. Alles andere war ihre Sache, ich hatte damit herzlich wenig zu tun.

»Ich reiste nach Berlin, weil Linnerl gesagt hatte, ihr Stück werde vielleicht nur ein paar Nächte gespielt. Viele waren damals gegen die Aufführung. Außerdem wollte sie natürlich, daß ich sie auf ihrer großen Berliner Bühne bewunderte. Sie schickte mir die Fahrkarte und übernahm alle anfallenden Kosten. So tat ich ihr eben den Gefallen.«

Ist es die Dreigroschenoper, an der Alison so interessiert ist? Verfolgt sie mich deshalb die ganze Zeit – und schleicht mir jetzt auch nachts hinterher? Wie erwartungsvoll ihre hellen unschuldigen Augen strahlen. Soll ich ihr die Geschichte erzählen? Wird sie sie aufschreiben mit ihrem merkwürdigen Füller und mich dann in Ruhe lassen?

»Genauso wie jetzt«, sagt Alison und gluckst vor Freude über ihre Schlagfertigkeit.

»Überhaupt nicht wie jetzt«, grunze ich zurück, und das Grinsen verschwindet aus ihrem Gesicht.

Dann erzähle ich ihr die Geschichte.

»Franz hatte von Anfang an nichts von ihrer Theaterkarriere gehalten. Er sagte, da könne sie ja gleich auf den Strich gehen. Was sie auch tat – das heißt, in dem Stück tat sie es, dort spielte sie nämlich eine Prostituierte. Auszuziehen brauchte sie sich da nicht, und auch die Kunden blieben artig auf ihren Plätzen. Geld bekam sie trotzdem dafür. Für Franz wäre das zu hoch gewesen: Das wäre in seinen Dickschädel nicht reingegangen, daß man eine Nutte spielen konnte, ohne eine zu sein.

Ich war froh, daß nach dem Desaster in Zürich jetzt alles zu klappen schien. Das war mein einziger Gedanke während der langen Fahrt mit dem Zug. Natürlich wußte ich, Linnerl würde nicht selbst kommen, um mich vom Bahnhof abzuholen. Immer mußte sie mir beweisen, wieviel sie zu tun hatte.

Die Vorstellung fand im *Schiffbauerdamm* statt. So hieß das Gebäude, weil es über einen Fluß verlief, über die Berliner Spree. Linnerl hatte gesagt, daß ein junger Mann sein ganzes Geld in das Theater gesteckt hatte, nur für diese Aufführung. Allerdings hatte er nicht damit gerechnet, davon auch nur einen Pfennig wiederzusehen. Viel Geld konnte das nicht gewesen sein, dachte ich, als ich hereinkam, denn von innen sah alles genauso verkommen aus wie von außen. An manchen Stellen sah man jedoch, daß das Gebäude bessere Tage gesehen hatte: Im Foyer hing ein prächtiger Kronleuchter, in den Wänden standen Götterstatuen, und die Bar – wo es zur Eröffnung freie Getränke gab – war ganz aus Marmor.

Insgesamt war die Atmosphäre sehr feierlich, und natürlich war ich ein bißchen stolz darauf, daß sich meine Tochter gerade hinter der Bühne befand und sich umzog. Bald war es Zeit, Platz zu nehmen. Eine helle Glocke ertönte, und die Lichter gingen aus. Die Leute nippten noch einmal an ihren kostenlosen Getränken und gingen dann in den Zuschauersaal. Und dort traf es mich wie der Schlag: Die Sitze waren verschlissen, die Bühne war schäbig, und der Vorhang war völlig verdreckt und zerknittert. Ich verstand das nicht. Linnerl wußte doch schon mit zehn, wie man so etwas vernünftig wäscht und bügelt. Aber nein, für solche Dinge hatte sie keine Zeit mehr. Hätten sie mir doch Bescheid gesagt, ich wäre gern früher gekommen und hätte mich darum gekümmert. Doch Linnerl war zu stolz, um sich von mir helfen zu lassen. Jedenfalls war es eine Schande, diesen Lumpen dort hängen zu sehen.

Aber auch der Spielplan war nicht besser. Die Wörter waren kunterbunt auf den Seiten verstreut, sogar die Buchstaben hatten verschiedene Größen. Nun wußte ich, ich bin nicht die Schnellste im Lesen, und nahm mir viel Zeit, um nach Linnerls Namen zu suchen. Erst nach einer Weile fiel mir ein, daß Linnerl sich ja jetzt Lotte Lenja nannte, aber auch diesen Namen konnte ich nirgends finden. Die anderen Zuschauer schienen sich nicht zu stören an den kunterbunten Buchstaben, lächelnd blätterten sie durch die Seiten, und ich fragte mich: Bin ich die einzige Blöde hier? Hat meine Tochter mich nur deshalb hierhergeholt, um mir zu beweisen, wie blöd ich bin? Wenigstens ihrer alten Mutter hätte sie einen vernünftigen Spielplan geben können – oder sie hätte ihren Namen für mich unterstreichen können. Erst nach der Vorstellung klärte sich die Sache auf: Linnerl erzählte mir, daß Brecht ihren Namen einfach vergessen hatte, worüber sie sich fürchterlich aufgeregt hatte. Es ist schon erstaunlich: Wenn es um ihre Namen in den Programmheften geht, werden selbst die besonnensten Theaterleute zu kleinen zornigen Kindern. Sogar der sanftmütige Herr Weill hatte die Beherrschung verloren und Herrn Brecht angeschrien. Linnerl stand kurz davor, alles hinzuschmeißen, doch dann besann sie sich eines Besseren, denn sie wußte, eine solche Chance setzt man nicht so leicht aufs Spiel. Sie unterdrückte ihren Stolz und sagte: »Zum Teufel mit dem Programm, morgen wird mich sowieso die ganze Stadt kennen.«

Das muß sogar Herrn Weill überrascht haben, der sich ja schließlich für die Ehre seiner Frau eingesetzt hatte. Spätestens jetzt ahnte er wohl, daß Linnerl für ihren Erfolg alles tun würde. Alles.

Schließlich ging der Vorhang auf, und die Vorstellung begann. Ein großer Mann mit einer Drehorgel kam auf die Bühne und machte ganz gewöhnliche Drehorgelmusik. Und schon passierte die erste Panne: Die Musik hörte auf, aber der Mann kurbelte weiter, und man hörte nur noch das Gequietsche seiner Kurbel. Wie um die Panne zu vertuschen, fing er an zu singen, und zwar mit einer so entsetzlichen Stimme, daß ich mir fast die Ohren zugehalten hätte. Erst dann kam ein richtiger Schauspieler auf die Bühne. Er trug einen guten Anzug, bewegte sich wie ein feiner Herr, und von irgendwoher kam er mir sogar bekannt vor. Als dann endlich Linnerl erschien, dachte ich wieder, ich sehe nicht recht. Sie trug ein völlig zerlumptes Kleid und hatte sich eine dreckige Schürze umgebunden. Nie im Leben hatte ich sie so zu Hause herumlaufen lassen – selbst nicht zu der Zeit, als es kaum etwas zu essen gab. Ich war wütend auf den Herrn Brecht: Warum mußte meine Tochter in diesen Lumpen auftreten? Aber ich erinnerte mich, daß Brecht bekannt war für seine Schmutzigkeit – so wie ich bekannt war für meine Sauberkeit. Dann verschwand der gutaussehende Schauspieler von der Bühne, und Linnerl rief ins Publikum: ›Das war Mackie Messer!‹

An das, was danach passierte, kann ich mich kaum noch erinnern. Irgendwann hielt ein Mann eine abfällige Rede über die Bibel, und ein Raunen ging durch das Publikum. Dann fiel ein Pappschild von der Decke, und hinten auf der Bühne stellte man weitere Schilder auf, auf die dicke Buchstaben gemalt waren. Zwischendurch wurde ein großes Gemälde hereingetragen. Ein heilloses Durcheinander herrschte auf der Bühne. Auch die Musik war nichts Besonderes, obwohl sie doch von dem so begabten Herrn Weill stammte – da hätte ich auch in eins unserer Bierzelte zu Hause gehen können, dort spielten sie dieselbe Musik.

Doch es gab eine Szene, die ich ganz schön fand: eine Hochzeitsszene – aber die mußte ausgerechnet in einem Pferdestall spielen. Die Braut trug ein wunderschönes Kleid, und vor allem war sie die einzige auf der Bühne, die wirklich gut singen konnte. Sie sang das Lied der Seeräuber-Jenny. In der späteren Verfilmung sang dann Linnerl das Lied – Gott weiß warum. Ihr Bräutigam war der, den sie alle Mackie Messer nannten. Jetzt erinnerte ich mich auch, woher ich ihn kannte: Es war Harald Paulsen, der berühmte Schauspieler, den ich schon auf Postern und Zeitungsfotos gesehen hatte. Doch schon nach ein paar Minuten war die Szene zu Ende. Ein Polizist kam in den Pferdestall, und dann passierte das Merkwürdige: Auf einmal grölten alle ein Kriegslied – sogar das Publikum begann irgendwann mitzusingen, und bald war im Saal eine Stimmung wie in einer Kneipe.

Nach einer Weile wurde es schlagartig dunkel. So dunkel, daß man die Hand vor Augen nicht sah. Der Gesang verstummte, und um uns herum war Totenstille. Dann hörte man einen gellenden Schrei, und ich wußte sofort, von wem er kam – wahrscheinlich war ich die einzige im Publikum, die die Stimme im Dunkeln erkannte. Es war Linnerl, die wie am Spieß schrie. Ich schrak so zusammen, ich hätte fast selber angefangen zu schreien.

Sie schrie nur ein paar Sekunden – doch in diesem Moment durchlebte ich nochmals unsere Zeit in der Ameisgasse. Franz hatte ihr ein Bett aus einer Kiste gebaut, das wir in die Küche stellten. Es war eine alte Orangenkiste, die er von einem Lastwagen geklaut hatte und auf die wir oft ein Brett legten – ein Schlafplatz eher für einen Hund oder eine Katze, aber damals mußte es so sein. Franz und ich und die anderen schliefen im Schlafzimmer. Doch die meiste Zeit lag ich wach und wartete auf diese fürchterlichen Schreie. Ich glaube, ich verlor mehr Schlaf durch mein Warten als durch die Schreie selbst. Aus ihrem tiefsten Inneren brachen diese Schreie hervor, ganz gegen ihren Willen, denn sie schämte sich für den Lärm, den sie machte, und biß sich jedesmal die Knöchel blutig, um ihn zu bekämpfen. Und was machte ich? Ich rannte wie eine Verrückte durchs Schlafzimmer und wußte nicht, was ich tun sollte. Wenn ich dann zu ihr ging und erleichtert war, daß es doch nur Alpträume gewesen waren, spürte ich trotzdem ihren anklagenden Blick. Zum Glück konnte ich ihre Augen im Dunkeln nicht sehen. Und nur wenn ich ihre Augen nicht sehen konnte, empfand ich Mitleid für sie. Aber natürlich wollte sie mein Mitleid nicht.

Doch jetzt, auf der Bühne, schrie sie immer noch, und ich wußte genau, daß mich ihre Augen im Dunkeln gefunden hatten. Dann ging das Licht an, und siehe da, ich hatte recht gehabt: Ihr schwarzer anklagender Blick lastete direkt auf mir. – Es war meine letzte Theatervorstellung.

Zu Hause beglückwünschten mich alle aus unserer Straße, sie hätten ja gewußt, daß aus dir einmal ein Star werde; dabei hätten sie nicht einmal geglaubt, daß du lebendig aus Zürich zurückkommen würdest. Ich habe deinen großen Auftritt gesehen, Linnerl, geborene Karoline, jetzige Lenya. Nun laß mich in Frieden damit, falls das deine Frage sein sollte.

Nach ihrem Schrei auf der Bühne fing sie an, übermütig zu johlen. Jetzt mußte sie allen zeigen, wer der eigentliche Star auf der Bühne war. Dann sang sie noch ein Weilchen in ihrer sonderbaren Weise – Sie nennen es ›Sprechgesang‹, ich nenne es das Gekeife einer Betrunkenen –, und schon war das Stück zu Ende. Und die ganze Zeit dachte ich: Ach, du meine Güte, was hat diese Frau nur auf der Bühne verloren, wo sie doch weder tanzen noch singen kann.«

Alison hat mir die ganze Zeit konzentriert zugehört, wahrscheinlich versucht sie sich jedes Wort zu merken.

»Wie viele Kinder haben Sie insgesamt, Johanna?« fragt sie vorsichtig.

»Vier.«

»Und Lenyas drei Geschwister schliefen bei Ihnen im Schlafzimmer?«

»Ja.«

»Und Lenya war in der Küche, in ihrer Kiste?«

»Ja.«

»Warum mußte sie allein schlafen, wenn sie solche Alpträume hatte?«

Die Kiste, die Bühne, die Dunkelheit. Warum? Ich weiß nicht, warum. Der Mond verschwindet hinter den Wolken, die Inseln werden von der Nacht verschluckt, nichts ist zu sehen außer der Schwärze des Ozeans. Es gibt vieles, das man nicht sehen kann. Und vieles, das man nicht wissen muß.

»Was passierte nach der Aufführung?« fragt Alison. Ihr Wissensdurst scheint unstillbar zu sein. Gibt sie denn niemals Ruhe?

»Nach der Aufführung sah ich Linnerl noch einen kurzen Moment. Sie ließ mich von jemandem abholen, der mich in ihre Garderobe brachte. Seit ihrer *Puppenheim*-Zeit in der Schweiz hatte ich sie nicht mehr gesehen, und dementsprechend verändert sah sie aus. Ihr Haar hatte sie kurz geschnitten und schwarz gefärbt, das Mädchenhafte in ihrem Gesicht war völlig verschwunden. Als ich hereinkam, zog sie gerade ihren tiefroten Lippenstift nach, den sie sich in Berlin zugelegt hatte. Billig sah sie aus, doch die vielen Leute um sie herum schien das nicht zu stören, denn alle rangen um ihre Aufmerksamkeit. Halbnackt saß sie inmitten von Leuten, die sie nicht einmal kannte!

Sie strahlte mich an und fragte, ob mir die Aufführung gefallen hätte. Mich ärgerte, wie sie sich halbnackt vor dem Spiegel aalte, und so sagte ich: ›Mußt du dich immer vor allen zum Clown machen?‹

Sie warf den Kopf zurück und lachte laut, so als hätte ich einen kleinen Scherz gemacht. Doch mit einem Seitenblick vergewisserte sie sich, ob mich auch keiner gehört hatte. Keine Angst, dachte ich, keiner hat deine dumme alte Mutter gehört, Linnerl. Von mir erfährt niemand von deiner schmutzigen Vergangenheit. Sie drehte sich um und grinste – das war ihre Antwort. Nie würde sie aufhören, den Clown zu spielen.

An der Wand lehnte Herr Weill und schaute verträumt zu uns herüber. Die Vorstellung war ein Erfolg gewesen, und man sah ihm an, daß er sich freute. Er gab mir höflich die Hand und verbeugte sich vor mir. Dann brachte er mir einen freien Stuhl. Einen Stuhl für die dumme alte Wäscherin, die ihr Leben lang gestanden hatte. In einem Jahr verbrachte ich mehr Zeit auf den Beinen, als er in seinem ganzen Leben! Daß es ihm nichts ausmachte, daß seine Frau halbnackt war und von allen geküßt wurde, wunderte mich allerdings ein bißchen. Aber so war das eben mit Linnerl und dem Herrn Weill. Sein Recht, eifersüchtig zu sein, hatte er jedenfalls von Anfang an verspielt.

Endlich zog Linnerl ein kurzes enges Partykleid an. Ich hörte ihre laute rauhe Stimme, die zwischen Wiener und Berliner Dialekt hin und her schwankte. Etwas Ordinäres lag in ihrem Tonfall, so wie ich es aus der Ameisgasse her kannte. Das war nicht mehr die Linnerl, die mich hochnäsig nach Ibsens *Puppenheim* gefragt hatte. Ihr Wiener Jargon kam hier besser an als ihre Schweizer Gelehrtheit.

Nach der Dreigroschenoper waren die Zeitungen voll von Bildern mit Linnerls geschminktem Gesicht. Erst viel später schminkte sie sich dezenter, das Schwarz unter den Augen wurde ein ganz dünner Strich. Berlin war eine hektische Stadt, niemand stand still. Für Linnerl war das genau das richtige. Für mich war das nichts, und ich fuhr nie wieder hin.«

Ich liege in meiner Kabine unter meiner warmen Decke und schreibe alles auf, was Johanna mir erzählt hat. Ich halte mich wach mit ein paar Tassen Tee, die ich mir auf meinem Campingkocher zubereite. Der gutaussehende Steward würde toben, wenn er die offene Flamme in seiner schönen Kabine sähe, doch der Zimmerservice macht schon um elf Uhr Feierabend, und so muß ich mir eben selber helfen. Trotzdem fröstele ich noch immer nach den drei Stunden in der kalten Nacht. Johanna schien es nichts auszumachen. Ob man alten Leuten eine zusätzliche Decke gibt?

Nachdem Johanna in ihre Kabine gegangen war, übte ich noch einmal, meine Schwimmweste anzuziehen. Im Katastrophenfall würde alles zu den Rettungsbooten stürmen, dann mußte man schnell sein, um zu den ersten zu gehören. Doch wer weiß, vielleicht nützt auch das nichts. Womöglich geraten die Leute in Panik und stoßen sich gegenseitig vom Schiff.

Johanna hat meine Angst längst bemerkt. Aber ich schätze es, daß sie feinfühliger ist als meine Mutter und mich nicht darauf anspricht. Meine Mutter hat meine Angst nie akzeptiert, ja sie mir wahrscheinlich nicht einmal abgenommen. Stundenlang hatte sie auf mich eingeredet: Entweder tröstete sie mich und machte mir Mut, oder sie erklärte meine Angst für töricht und lachte mich aus. Vermutlich weiß Johanna, wie unmöglich es ist, jemandem seine Angst auszureden. Man wird nur ganz allein mit ihr fertig, und ich bezweifle, daß man sie je ganz loswird.

Ich schreibe und schreibe und kann noch immer nicht

glauben, daß ich jemanden gefunden habe, der die Premiere der Dreigroschenoper gesehen hat. 1928 ging Johanna durch die Straßen des mythenumwobenen Berlin der goldenen zwanziger Jahre. Wie oft habe ich mir die Zeit damals vorgestellt: das Romanische Café, Schlichters, der breite Kurfürstendamm, die Maler, die Schriftsteller und Theaterleute. Meine Kommilitonen hatten alle für Paris geschwärmt, doch Paris verblaßte in meinen Augen gegen Berlin. Frankreich kannte man zur Genüge durch die vielen französischen Maler, die nach New York gekommen waren und vom Erlös ihrer Werke dort lebten. Die Musik- und Theaterwelt der Weimarer Republik hingegen war in Flammen aufgegangen. Für mich glich sie einer untergegangenen antiken Epoche – nur daß diese Epoche erst zwei Jahrzehnte zurücklag.

Es fing alles mit der handgetippten Übersetzung der Dreigroschenoper an, die eines Tages in unser Geschichtsinstitut flatterte. Hätte ich sie nicht an mich genommen, wäre sie wahrscheinlich im Mülleimer gelandet. Ich las das Manuskript und wußte sofort: In meinem letzten Jahr an der Uni würde ich alles daransetzen, die Theaterwelt dieser Zeit wieder aufleben zu lassen; meine Abschlußarbeit würde ich über Brecht und seine Dreigroschenoper schreiben.

Hätte ich gewußt, worauf ich mich einließ, wäre ich sicher vorsichtiger gewesen. Doch damals war ich noch jünger. Da mußte ich noch mit dem Kopf durch die Wand.

»Mit diesem kommunistischen Müll bekommen wir nur Ärger«, sagte mein Geschichtsprofessor, der gleichzeitig Leiter unseres Instituts war. Er saß an seinem großen Schreibtisch aus Eiche und blätterte die Übersetzung der Dreigroschenoper durch, die ich ihm zusammen mit meiner Abschlußarbeit gegeben hatte. Die Seiten waren alle auf dem Tisch verstreut, und auf eine hatte er Kaffee getropft, auf einer anderen lagen seine Brotkrümel.

Ehrfürchtig sammelte ich das Werk des Theatergenies ein und heftete die Seiten zurück in den Ordner. Mein Professor schaute mir verächtlich dabei zu.

Zu jener Zeit war Brecht gerade vor den Kongreßausschuß für unamerikanische Aktivitäten zitiert worden, wo man ihn der »subversiven Tätigkeit in Hollywood« beschuldigt hatte. Man hatte es bei einer Verwarnung belassen, doch Brecht hatte sofort das Land verlassen. Zweimal war er also verbannt worden – so meine provokante These –, erst verbannten ihn die Nazis und dann wir Amerikaner.

»Ja, meine Liebe. Dann schlage ich vor, Sie überlegen sich die ganze Sache noch einmal. Die Weimarer Republik ist eine vielschichtige Epoche. Lassen Sie Brecht einfach raus, und schreiben Sie eine neue Version«, sagte mein Professor und sah geistesabwesend aus dem Fenster. Dicke Schneeflocken fielen auf seinen Wagen, der direkt vor seinem großen Büro parkte.

»Aber wie soll ich über das Theater im Berlin der zwanziger Jahre schreiben, ohne Brecht als Ausgangspunkt zu nehmen?« fragte ich.

»Geschichte hat keinen Ausgangspunkt. Alles ist eine Frage der Perspektive. Beleuchten Sie einfach einen anderen Aspekt, meine Liebe.« Er sah wieder aus dem Fenster. »Ich sollte jetzt wirklich losfahren, sonst ist bald alles zugeschneit.«

»Welcher Theaterregisseur außer Brecht verkörpert denn nur im entferntesten so umfassend den revolutionären Geist dieser Zeit?« beharrte ich.

»Gegen die zwanziger Jahre in Deutschland ist ja nichts zu sagen, Fräulein Ritchie. Außerdem soll Ihr Deutsch ja ganz hervorragend sein, sagte man mir. Warum konzentrieren Sie sich nicht einfach auf die Literatur dieser Zeit? Schreiben Sie etwas über Kafka oder Mann. Auch die expressionistische Malerei ist sehr interessant. Aber lassen Sie die Finger vom politischen Theater. Was bringt es, über Theaterstücke zu schreiben, die man nie gesehen hat. Außerdem ist das Thema im Moment etwas heikel.«

»Gut, daß Sie es ansprechen. Gerade weil die politische Stimmung in diesem Land so kopflos und paranoid ist, sollten doch wenigstens unsere Universitäten etwas Vernunft zeigen und ihren Bildungsauftrag ernst nehmen. Sollen denn auch wir Historiker den ungebildeten Politikern in den Hintern kriechen?« Ich hatte lange an meiner Abschlußarbeit geschrieben, und es machte mich wütend, daß er mich zwingen wollte, im letzten Moment das Thema zu wechseln.

Mein Professor war Experte für amerikanische Geschichte, besonders gut kannte er sich mit Thoreau aus. Er liebte Wälder und Naturgedichte. Für ihn stellte ein Cowboy, der sich selber das Lesen beibrachte, den idealen Menschen dar – naturverbunden und unabhängig, nicht übermäßig gebildet. Nichtsdestotrotz zeigte er keine Skrupel, sich offen zur kommunistischen Hexenjagd in unserem Land zu bekennen, die überwiegend von antisemitischen Politikern ausging. Meine Respektlosigkeit ließ ihn rot anlaufen.

»Den ungebildeten Politikern in den …? Wie alt sind Sie überhaupt?«

»Alt genug, um mich dafür zu schämen, daß amerikanische Kongreßabgeordnete es Hitler gleichtun und Juden in diesem Land diskreditierten.«

»Um Gottes willen, Kind. Brecht ist doch kein Jude. Es geht hier ganz allein um seine politische Einstellung!«

»Trotzdem scheint mir der Ausdruck ›kommunistischer Müll‹ ziemlich deplaziert in einem niveauvollen akademischen Umfeld zu sein. Die Dreigroschenoper wurde von den Nazis verbannt, 1938 wurde sie sogar in die *Ausstellung Dekadenter Kunst* aufgenommen. Nicht einmal zehn Jahre ist es her, daß man Brecht für ›undeutsch‹ erklärte, und jetzt erklären wir ihn für ›unamerikanisch‹?«

»Fräulein Ritchie, offensichtlich geht Ihr Thema stark mit persönlichen Belangen einher. Was Sie außerhalb des Campus tun, geht mich nichts an, doch an dieser Universität kann und werde ich Ihre Agitation nicht dulden.«

Er stand auf und zog sich seine Jacke aus Segeltuch an. Er kleidete sich wie ein Farmer – das bestärkte ihn in seinem Glauben, Geist und Natur in sich zu vereinen. Das Geheimnis seiner Selbstzufriedenheit lag darin, die Umwelt stets als Bestätigung seiner Lebensweise auszulegen. ›Persönliche Belange‹ standen heute nicht auf der Liste akzeptabler Verhaltensweisen.

»Persönliche Belange?« sagte ich schrill. »Meine Familie kam mit der *Mayflower* hierher, verdammt noch mal. Ich fühle mich verantwortlich für unser Land!«

»Mütterlicherseits, nehme ich an?« Jetzt wurde er unverschämt. Und das, obwohl die Uni so viel Geld von meinem Vater bekommen hatte.

»Ich bin protestantisch aufgezogen worden – zu Ihrer Information. Doch ich wüßte nicht, was das mit unserem Thema zu tun hat«, sagte ich kühl.

Er grinste mich verkniffen an und griff nach seiner pelzgefütterten Mütze. Dann lief er zu seinem Wagen, der bereits eingeschneit war.

Das war meine erste Konfrontation mit dem ›Establishment‹. Die Sprechstunde bei meinem Professor hatte mir verdeutlicht, mit wieviel Widerstand man rechnen mußte, wenn man eine Arbeit über einen vom Kongreßausschuß für unamerikanische Betätigungen verbannten Künstler schreiben wollte. Mein nächster kühner Schritt bestand darin, eine Aufführung der Dreigroschenoper an unserer Uni zu organisieren. Man sollte wenigstens das hohe künstlerische Niveau des Stücks würdigen.

Mein Institut lehnte jegliche Unterstützung für mein Vorhaben ab. Selbst der Dozent meines Marxismus-Seminars hielt eine Aufführung »für keine gute Idee«. Also wandte ich mich an das Institut für Theaterwissenschaften, wo man mir widerwillig einen Proberaum zur Verfügung stellte – aber nur, weil Kurt Weill, wie man betonte, ein führender Broadway-Komponist sei und nichts mehr mit Brecht zu tun habe. In den offiziellen Theatersaal ließ man mich selbstverständlich nicht hinein, weshalb ich beschloß, statt der Aufführung eine Lesung zu veranstalten. Glücklicherweise gab es auch eine Dozentin, die mich in meiner Idee unterstützte – sie schenkte mir ihre alte zerkratzte Schallplatte mit der Musik der Dreigroschenoper, ohne die die Lesung wohl noch kläglicher verlaufen wäre.

Damals hörte ich Weills Musik zum ersten Mal, ansonsten hatte ich *Mackie Messer* nur in der gepfiffenen Version der Taxifahrer gekannt. Ich war sofort beeindruckt von Lenyas Gesang und wußte jetzt, warum das Stück einen solchen Erfolg gehabt hatte: Es war das Zusammentreffen von Weills lieblichen Melodien und Brechts zynischen Texten, das dem Stück seine einzigartige Ausdruckskraft verlieh. Brecht und Weill hatten es verstanden, Unterhaltungskunst und politisches Theater zu vereinen, das hatte es in unserem Land noch nicht gegeben. Um so dankbarer hätte man das Stück eigentlich aufnehmen müssen.

Der kleine Raum, den man mir zuteilte, schien seit Jahren nicht mehr benutzt worden zu sein: Alles war verstaubt, die Stühle waren kaputt, die Glühbirnen mußten ersetzt werden. Hier nun würde eine der ersten Lesungen der Dreigroschenoper diesseits des Atlantiks stattfinden, dachte ich betrübt. Aus Holzpaletten baute ich eine kleine Bühne für meine drei tapferen Kommilitonen auf, die die Texte aufsagen würden.

Am Abend der Lesung kamen nur etwa zwanzig Zuschauer – und keiner aus dem Geschichtsinstitut. Noch heute ist mir der Gedanke peinlich, wie sehr ich wirklich daran glaubte, mit meiner Lesung etwas erreichen zu können. In meiner Phantasie bekehrte ich die ganze Universität zu Brechts Theaterlehren, und ich rechnete fest damit, daß man ihn nach meiner Lesung auf den Lehrplan setzen würde.

Die Realität sah anders aus, und ich brauche ja nur die Ausgaben der *Saturday Evening Post* auf meiner Kommode aufzuschlagen, um den Wahnsinn zu sehen, gegen den ich als Grünschnabel angekämpft hatte. Von den wenigen, die gekommen waren, hielt es nicht einmal die Hälfte bis zum Schluß aus. Mit jedem Zuschauer, der aufstand und ging, wurden die Stimmen leiser. Als nur noch ein Brummeln zu hören war, drehte ich wütend den Plattenspieler auf volle Lautstärke, worauf auch die anderen den Raum verließen. Nur ein älterer Mann blieb auf seinem Stuhl sitzen und ließ Lenyas verzerrten Gesang mit einem Lächeln über sich ergehen.

»Professor Turnbull, Institut für Englische Literatur und so weiter«, stellte er sich mir vor. Ich hätte den schlecht gekleideten Mann mit dem zerzausten Haar nie für einen Professor gehalten – eher für jemanden, der unter Zeitungen auf einer Parkbank schlief.

»Und so weiter?« fragte ich.

»Eine Ehrenprofessur. Ich war Kriegskorrespondent. Wenn einem im Interesse der amerikanischen Öffentlichkeit fast der Schwanz abgeschossen wird, kriegt man eine Menge Angebote – selbst von großkotzigen Universitäten wie Ihrer.«

»Das sollte ich am besten auch mal probieren.«

»Gute Idee. Nur gibt es ein Problem: Sie haben keinen …«

»Ja ja, ich weiß«, lächelte ich. Nichts berührte mich mehr, auch nicht die Zotigkeiten eines schmuddeligen alten Professors. Ich war am Ende: Das Projekt meiner Abschlußarbeit war zu einem Witz geworden, und mit Grauen dachte ich daran, wie mein Professor auf mein Programmheft reagieren würde. Darin hatte ich ihn nämlich ziemlich direkt mit den Nazis verglichen.

»Schreiben Sie doch einen Artikel über Ihre Lesung«, sagte der schmuddelige Alte und sah mich ernst an. »Erzählen Sie jedem, wie schlecht die Lesung war. Genauso hätte es Brecht getan und mit seiner Selbstanklage Aufmerksamkeit erregt. ›Wer hat nur diesen Mist geschrieben‹, soll er während seiner Proben oft gerufen haben.«

»Und wer wäre interessiert daran? Unsere Unizeitung hielt es nicht einmal für nötig, die Lesung überhaupt zu erwähnen. Alle haben Angst vor dem Ausschuß.«

»Passen Sie auf, mein Kind. Schreiben Sie einen langen, ausführlichen Artikel über Brecht, und erklären Sie den Leuten, was die Dreigroschenoper bedeutet. Weisen Sie auf die Ironie hin, daß eine der teuersten Universitäten im angeblich liberalen Amerika nur einen schäbigen Raum mit wackligen Stühlen für Ihre Lesung zur Verfügung stellt. Schreiben Sie das alles auf, und ich sorge dafür, daß es veröffentlicht wird.«

Ich folgte Turnbulls Vorschlag und schrieb den umfassendsten Artikel über Brecht, den es in Amerika bis dato gegeben hatte. In wochenlanger Recherche fand ich heraus, daß die Dreigroschenoper das am häufigsten hintereinander aufgeführte Stück der gesamten Theatergeschichte war: Bis 1930 hatten dreihundertfünfzig Aufführungen stattgefunden – in denen Lotte Lenya nicht ein einziges Mal gefehlt hatte. Europaweit hatte es bis 1938 sogar über vierzigtausend Vorstellungen gegeben, obwohl Brecht und Weill inzwischen verbannt und alle ihre Werke verboten waren. In New York war Brechts Kritik am Urkapitalismus der zwanziger Jahre auf wenig Verständnis gestoßen – nur zwölfmal führte man die Dreigroschenoper dort auf, weshalb sie in Amerika auch so gut wie keiner kennt.

Wie versprochen, sorgte Turnball dafür, daß mein Artikel veröffentlicht wurde – in einem linksgerichteten New Yorker Blatt und unter seinem Namen. »Wenn wir das unter Ihrem Namen veröffentlichen, werden Ihnen sämtliche gesellschaftlichen Türen verschlossen sein, und Sie sind erst zweiundzwanzig.« Trotzdem wußte jeder an meinem Institut, daß der Artikel meinen persönlichen Fall behandelte, und das brachte das Faß zum Überlaufen. Zuvor hätte ich mit einer raschen Umarbeitung meiner Abschlußarbeit vielleicht noch etwas retten können, doch jetzt ließ mein Professor mich erbarmungslos durchfallen. Er stellte mich vor die Wahl, das Jahr zu wiederholen oder ohne Abschluß die Uni zu verlassen. Trotzig entschied ich mich für letzteres.

Ohne Abschluß und noch immer verärgert über meinen Professor, arbeitete ich danach eine Zeitlang als freie Mitarbeiterin bei einigen kleinen linken Blättern, bis Turnbull mich anrief und fragte, ob ich nicht als seine Assistentin für die *Saturday Evening Post* arbeiten möchte.

»Wollen Sie für die bereits Bekehrten schreiben?« wehrte er meine Einsprüche ab. »Schreiben Sie für ein Magazin, das auch wirklich gelesen wird, und nicht für diese intellektuellen Käseblättchen. Ihr Freund Brecht hätte Sie dafür verachtet, daß Sie die Massen so schnell aufgeben. Kommen Sie mit mir nach Europa, dann zeige ich Ihnen, wie die Arbeit eines ernstzunehmenden Reporters aussieht.«

Es ist sechs Uhr morgens am dritten Tag unserer Reise. Eintausend Meilen liegen hinter uns und eintausendfünfhundert Meilen vor uns. Nachdem wir die Azoren passiert haben, werden wir bis zu unserer Ankunft kein Land mehr sehen – nicht einmal eine Sandbank.

Ich laufe in unser Restaurant, um für Johanna und mich Croissants zu holen. Da begegne ich Jack. Unter dem Arm hat er sein ewiges Manuskript. Und plötzlich lache ich laut los.

»Hallo Jack. So früh schon auf den Beinen?«

Skeptisch sieht er mich an. Er traut meiner guten Laune nicht. Dafür war ich zu schroff zu ihm letzte Nacht.

»Ich habe was für Sie, Jack. Hören Sie zu: In einer New

Yorker Rezension von 1933 stand, die Dreigroschenoper sei genauso humorlos wie Hitler.«

»Genauso humorlos wie Hitler?« Er braucht eine Weile, um die unfreiwillige Komik zu begreifen. Dann brüllt er los vor Lachen, und unter Tränen schluchzt er: »Ach, Alison, wie konnten Sie mein Buch bloß für abstoßend halten!«

Johanna

Kurz vor Sonnenaufgang. Das Blau des Horizonts wird gelber. Bis das Rot der Sonne hervorsticht. Rot muß nicht unbedingt billig sein – das weiß ich, Linnerl. Trotzdem hat dein Lippenstift etwas Nuttenhaftes an sich. Du würdest gut daran tun, ihn nicht zu benutzen, wenn ich komme. Und wenn du mich weiter ›Linnerl‹ zu dir sagen läßt, könnten wir uns vielleicht aneinander gewöhnen.

Der Lippenstift – und das Vorsprechen beim Kindertheater in Berlin. Damit hätte sie beinahe angefangen, die Erfolgsstory meiner ach so berühmten Tochter.

»Führen Sie uns vor, was Sie wollen, Hauptsache, es gefällt den Kindern«, sagten sie zu dir, und so bist du über ein unsichtbares Seil getanzt, so wie du es damals gelernt hattest, in dem kleinen Zirkus vor unserer Wohnung. Mit dem Lippenstift hattest du dich als Clown zurechtgemacht, und jetzt sangst du in Berlin die Lieder, die sie dir im Zirkus beigebracht hatten.

Die Theaterleute waren begeistert. Dann ertönte eine sanfte Stimme aus dem Orchestergraben: »Was darf ich für Sie spielen, Fräulein Lenja?« Das war Herr Weill, doch ihr kanntet euch damals noch nicht.

»Die blaue Donau«, sagtest du – das Lied, das du als Kind die ganze Zeit gesungen hattest. Und jetzt konntest du gar nicht mehr aufhören zu singen und zu tanzen. »Danke, Fräulein Lenja«, sagten sie. »Danke, das reicht.« Doch du tanztest weiter, warst wieder in deinem kleinen Zirkus, rochst das Popcorn, hörtest die blecherne Trompete und das begeisterte Geklatsche der Nachbarn, denn ein kleines traurig aussehendes Mädchen bewegt die Leute – auch bei uns in der Ameisgasse. Ich kann mir vorstellen, mit wieviel Freude du bei der Sache warst, und wen wundert es, daß die Männer vom Theater dich sofort mochten. »Sehr schön, Fräulein Lenja, sehr schön, aber das reicht jetzt wirklich. Sie kriegen ja die Stelle.«

Weißt du noch, wie das war, als sie dich das erste Mal ›Lenja‹ nannten? Kamst du dir nicht vor wie eine Fremde? Auch für mich bist du wie eine Fremde, wenn ich dich ›Lenya‹ nennen soll, gar mit Ypsilon. Viel hast du erreicht mit deinem neuen Namen, doch das hat nichts mit mir zu tun. Für mich bleibst du das ›Linnerl‹.

Revy war dir damals gefolgt nach Berlin, dein Schweizer Theaterdirektor. Du hingst noch immer an ihm, selbst wenn es nur aus Dankbarkeit war. Jetzt wollte er Direktor des berühmten Kindertheaters werden, und sein verrückter Plan war, daß ihr beide dort arbeiten würdet. Doch am Ende wollte man ihn dort nicht.

Freudestrahlend liefst du über den Berliner Kurfürstendamm, der prächtigsten Straße Europas, denn an der Gedächtniskirche wart ihr verabredet, das Mondgesicht und du. An feinen Herrschaften ranntest du vorbei, an den ersten Automobilen, und übermütig gabst du dem Pferd im Zaumzeug einen freundlichen Klaps. Das sah man gar nicht gern im stolzen Berlin, denn wütend stieg der Kutscher vom Bock und rannte mit der Peitsche hinter dir her, und da flohst du direkt in Revys Arme. Der war ein feiner Herr, und so ließ der Kutscher dich in Frieden.

»Ich habe die Stelle bekommen, hörst du, ich habe sie bekommen!« riefst du, so überglücklich warst du.

Revy sah deinen triumphierenden Blick und zuckte zusammen. »Sie wissen, daß du nur mit mir zusammen dort anfängst?«

»Ich bin mir nicht sicher. Ist das so wichtig?«

»Nun ja, ich habe die Stelle nicht bekommen, sie gaben sie dem Sohn eines einflußreichen Produzenten.«

»Aber das ist ungerecht!«

»Ja, das ist ungerecht, aber so läuft das in Berlin.«

»Und ohne dich wäre es natürlich schlecht, wenn ich …«

»Ja«, sagte er. »Das wäre schlecht.« Dann küßte er dich rasch, damit du es dir nicht anders überlegst.

Die Gaslaternen und die Theaterlichter gingen an, die Cafés füllten sich, und die Linden leuchteten im Abendrot. Berlin war eine wunderschöne Stadt, und du standest mittendrin – mit dem Angebot eines berühmten Kindertheaters in der Tasche. Noch ein letztes Mal gehorchtest du dem Mann, ohne den du nicht geworden wärst, was du jetzt bist. Dann hast du ihn fallenlassen wie alle anderen. Denn keiner konnte dich aufhalten.

Artikel / Erster Teil / *Wer überquert neuerdings den Atlantik?*

»Lotte Lenya wuchs in einer kleinen Wohnung in Penzing auf, einem der ärmsten Stadtteile Wiens. Die Menschen in Penzing sind stolz auf ihre Herkunft, so lebt auch Lenyas Mutter, Johanna Blamauer, noch immer in derselben Wohnung wie damals – obwohl ihre Tochter und deren Mann, Kurt Weill, sie finanziell großzügig unterstützten.

Als Kind schlief Lenya allein in der Küche, in einer Orangenkiste, die man mit Hilfe eines Strohsacks in ein Bett umgewandelt hatte. Ihre drei Geschwister teilten sich mit den Eltern das Schlafzimmer. Wenn man bedenkt, wie isoliert sich die kleine Lenya vorkommen mußte, überrascht es nicht, daß sie oft von Alpträumen geplagt wurde und mitten in der Nacht aufwachte.

Mit fünfzehn schickte ihre Mutter sie nach Zürich, von wo sie aber bald zurückkehrte, weil sie wieder bei ihren Eltern in Wien wohnen wollte. Doch das ließ ihre Mutter nicht zu und schickte sie nochmals nach Zürich. Als Grund dafür gibt Frau Blamauer an …«

Aber so weit sind wir noch nicht.

Artikel / Erster Teil / *Wer überquert neuerdings den Atlantik?* / Zweiter Entwurf

»Lotte Lenya und ihr jüngst verstorbener Mann Kurt Weill haben am eigenen Leib einen beispiellosen Exodus miterlebt. Nie zogen in einem solch kurzen Zeitraum so viele überdurchschnittlich gelehrte und begabte Menschen von einem Land in ein anderes. Daß Amerika ab 1933 zum kulturellen Zentrum der westlichen Zivilisation wurde, verdanken wir diesen Menschen.«

Auch nicht schlecht.

Katzenkopf

Weißt du, ich sitze hier unten. Ich sitze schon ganz lange hier unten, direkt vor dem Zelt. Ich bin über den Zaun geklettert und habe mein Höschen zerrissen, hoffentlich schimpfst du nicht, Mami. Ich warte hier, bis sie aufwachen. Bitte wacht doch endlich auf! Am liebsten würde ich ins Zelt gehen und sie wecken, aber das traue ich mich nicht.

Es ist kalt hier. Nicht mehr so kalt wie vorhin, als es dunkel war, aber ein bißchen friere ich noch. Nur meine Hände sind warm, denn da sitze ich drauf. Die Laternen sind noch an. Erst wenn sie ausgehen, ist es richtig Tag. Dann stehen sie hoffentlich auf.

Jetzt schnarcht einer ganz laut in dem Zelt. Ist es in der Nacht nicht zu kalt darin? Ihr kleines Baby friert bestimmt. Komm zu mir, kleines Baby, schlafe bei mir in der Kiste. Da ist es warm und riecht nach Stroh. Aber ich weiß, bei euch ist es ja viel schöner.

Mit der Hand wische ich die Bühne trocken. Wenn sie mich dabei sehen, freuen sie sich bestimmt. Dann darf ich wieder aufs Seil. Ich bin eine richtige kleine Seiltänzerin, haben sie gesagt. Na, meine Kleine, willst du das auch mal probieren? hat die dicke Frau mich gefragt. Und schon beim zweiten Mal hat es geklappt. Da lachten alle und klatschten ganz laut. Das hat Spaß gemacht, ganz großen Spaß!

Höher, macht es höher, rief ich und lief über das Seil, es war mir egal, wie hoch es hing, ich sehe ja nicht nach unten.

Und wieder klatschten alle und konnten nicht glauben, was ich da zeigte – und ich konnte nicht glauben, wieviel Spaß das machte. Eine richtige Attraktion bist du, meine Kleine. Komm, wann du willst, für dich ist der Eintritt frei.

Wenn ich herunterfalle, tut das nicht weh. Hoch, hoch, rufen sie, und schwupps bin ich wieder auf dem Seil. Ich weine nicht, wenn ich auf den Boden falle, ich weine vor Freude, weil es so schön hier ist und die Leute so nett zu mir sind.

Nur einmal bekam ich Angst. Da gingen die Lichter aus. Sind sie mir böse? Wollen sie mich verprügeln? Doch es hatte nichts mit mir zu tun, das Licht ging wegen der dicken Frau aus. Die kletterte die Leiter hoch und stellte sich aufs Seil. Dann nahm sie das Seil in den Mund und ließ sich durch die Manege gleiten. Ganz viele bunte Lichter gingen an, und in ihrem Kleid sah sie aus wie ein wunderschöner Schmetterling. Ich kann nicht glauben, daß es vor unserem Haus etwas so Wunderbares gibt.

Geh zu deiner Mutti mit deinem Kleidchen und den Schleifchen im Haar, das wird ihr gefallen. Sag ihr, sie soll uns besuchen, dann kann sie dich auf dem Seil bewundern.

Das Küchenfenster ist dunkel. Ich weiß, daß Mami nicht schläft, keiner von uns schläft nach dem Lärm in der Nacht. Sie drückt mich und küßt mich, und bringt mich zurück in die Kiste. Auf der bügelt sie am Morgen die Wäsche.

Mami sagt, sie hat keine Zeit für den Zirkus.

III. Sex (oder Drahtseil)

Johanna

Die Sonne steht erst fünf Minuten über dem Wasser. Schon zerreißt das Klacken von Alisons Schuhen die Stille. Konzentriert transportiert sie zwei Tassen Tee über das Deck. Sie stellt sich wortlos neben mich und überreicht mir eine Tasse.

»Sie fahren das erste Mal nach Amerika, nicht wahr?« Fröstelnd hält sie ihre Tasse in beiden Händen. Ein Eingeständnis von Schwäche – doch so etwas bekümmert sie nicht.

»Ja, das ist das erste Mal.«

»Ich nehme an, Lenya hat Sie ab und zu besucht, nachdem sie nach Amerika gegangen ist«, sagt sie und nippt an ihrer Tasse.

»Nein, sie hat mich nicht besucht.«

»Soll das heißen, Sie haben sich fünfzehn Jahre lang nicht gesehen?«

»Kommt Ihnen das lang vor?«

»Allerdings kommt mir das lang vor«, sagt Alison. »Aber nach ihrer Abreise nach Zürich haben Sie sich doch wiedergesehen, nicht wahr?«

»Habe ich Ihnen von Zürich erzählt?« frage ich überrascht.

»Das stand in dem Brief. Und gestern sprachen Sie von einem ›Desaster in Zürich‹.«

»Oh.«

»Wie oft haben Sie sich nach ihrer Rückreise gesehen?« fragt sie.

»Fünf- oder sechsmal, genau weiß ich das nicht mehr.«

»Fünf- oder sechsmal im Jahr?«

»Nein, insgesamt.«

»In sechsunddreißig Jahren haben Sie sich nur fünf- oder sechsmal gesehen?«

»Linnerl zog damals aus und begann ihr eigenes Leben. Was ist daran so ungewöhnlich? Danach reiste sie durch die ganze Welt, sollte sie mich da jedes Wochenende besuchen?«

»Auf jeden Fall scheint mir dieser Besuch sehr wichtig zu sein – nach einer so langen Zeit. Und natürlich hat Lenya Fragen an Sie, sie wird sogar eine ganze Menge Fragen an Sie haben.«

»Glauben Sie?«

»Ja sicher, Johanna. Freuen Sie sich denn gar nicht, sie zu sehen? Seit damals ist so viel passiert, und es gibt so viel, das sie sich zu erzählen haben. Vielleicht will sie wirklich, daß Sie zu ihr ziehen. Und warum eigentlich nicht, Johanna? Sie haben doch so viel nachzuholen.«

Nachzuholen? Ich beiße in mein Croissant und strecke den Ellbogen aus. Alison macht einen Schritt zurück, es ist zu eng für zwei Personen zwischen den Rettungsbooten. Mit achtzig Jahren soll ich noch nach New York ziehen? Ist das Linnerls große Frage, die sie mir nicht am Telefon stellen konnte? Vielleicht will sie sogar, daß ich mich um ihren Garten kümmere, mit dem sie allein nicht zurechtkommt. Ich gehe nicht mehr gern nach draußen in meinem Alter, hat sie das vergessen?

»Haben Sie je überlegt, woanders hinzuziehen?« fragt Alison und kaut erwartungsvoll an ihrem Füller.

Sie merkt nicht, wann sie die falschen Fragen stellt. Seit fünfzig Jahren wohne ich in meiner Wohnung, in der es jetzt dank meiner spendablen Tochter sogar eine Toilette gibt. Nichts in der Welt wird mich dazu bewegen, noch einmal umzuziehen. Linnerl ging fort, um ihr Leben zu leben, das akzeptiere ich. Ich lebe mein Leben, indem ich bleibe – auch das muß man akzeptieren.

Jetzt habe ich auch eine Frage an Alison: »Haben Sie je überlegt, sich von Ihrem komischen Füller zu trennen?«

Alison macht große Augen. Wer hätte gedacht, daß man sie so überraschen kann? Verlegen nimmt sie den Stift aus dem Mund.

»Ich würde mich schon ganz gern von ihm trennen«, sagt sie schüchtern und denkt einen Augenblick nach. Dann hält sie den Füller mit ausgestrecktem Arm über die Reling.

»Na los! Sie brauchen ihn nur loszulassen«, ermuntere ich sie.

Sie kneift die Augen zusammen und hält den Füller nur noch mit Daumen und Zeigefinger. In seinem Plastikschaft sehe ich eine Frau, die ihr Kleid fallen läßt – sie sieht aus wie eine Frau in den Zeitschriften, die Männer gern lesen. Gehört Alison zu den Frauen, die keine Männer mögen?

Dann zieht sie den Arm wieder ein. Sie lacht ein bißchen hysterisch und steckt den Füller in ihre Tasche. Sie gibt sich geschlagen. Jetzt hört sie hoffentlich auf, dumme Fragen zu stellen.

»Was haben Sie eigentlich für eine Wohnung?« fragt sie weiter. Ich habe mich geirrt, das Verhör ist noch nicht zu Ende.

»Das heißt, wenn die Frage nicht zu persönlich ist«, fügt sie rasch hinzu.

Nicht zu persönlich? Seit wir uns kennen, stellt Alison nur persönliche Fragen.

»Eine sehr kleine Wohnung«, antworte ich.

Glaubt sie, ich weiß nicht, wie sie aufgewachsen ist? Ihre Eltern werden ein großes Haus haben, vielleicht so groß wie Linnerls: mit zehn Zimmern und einem riesigen Garten. Doch ein Haus ist immer so groß wie die Erfahrungen, die man dort macht. Ob ein Zimmer oder zehn, das spielt keine Rolle. Doch das wird Alison nie begreifen.

»Und wie sieht sie aus?«

»Also gut, Alison«, sage ich. »Ich werde Ihnen meine Wohnung beschreiben. Sie wird Ihnen nicht gefallen, aber Sie müssen ja auch nicht darin wohnen.« Ich trinke einen Schluck Wasser aus der Flasche, die Alison mir reicht. Ich habe schon einen trockenen Hals vom vielen Reden.

»Unser vorderes Zimmer ist die Küche. Früher war sie zugleich unser Waschraum. Inzwischen habe ich ein kleines Badezimmer einbauen lassen, aber manchmal gehe ich nachts immer noch in den Hausflur. Das hintere Zimmer ist etwas kleiner – das ist unser Schlafzimmer.«

»Wie viele Zimmer haben Sie denn insgesamt?«

»Zwei Zimmer, Alison. Nur zwei Zimmer.«

Alison sieht mich ungläubig an. Es gibt viele Dinge, die sie nicht glauben würde.

»Dort, wo Sie wohnen, Alison, gibt es da Mauern vor den Fenstern?« frage ich.

»Mauern? Natürlich hat nicht jedes Fenster eine schöne Aussicht, aber ich weiß, was Sie mir sagen wollen. Ich kann mir gut vorstellen, wie Sie gewohnt haben. Ich bin längst nicht so verwöhnt, wie Sie denken, Johanna.«

»Alison, warum warten Sie nicht, bevor Sie so etwas sagen? Sie könnten Ihre Meinung noch ändern. Also hören Sie zu. Das hintere Zimmer, unser Schlafzimmer, hat nur ein einziges Fenster. Einen halben Meter davor steht eine Mauer, und das Fenster sauberzuhalten war von Anfang an hoffnungslos. So kam gleich ein Vorhang davor, den ich immer zugezogen lasse. Vorhänge kann man waschen und bügeln, außerdem halten sie die Kälte ab.

In der Küche haben wir drei Fenster. Durch das eine sieht man die Bierstube auf der anderen Straßenseite. Zwei Weltkriege hat sie überstanden und drei Generationen – und sie wird auch mich und meinen Heinisch überdauern. Im Sommer stehen die Nutten davor, und ein Gestank dringt nach draußen, daß ich die Fenster schließen muß, um atmen zu können.

Durch das Fenster daneben sieht man unseren kleinen Stadtpark. Viel hat sich auch dort über die Jahre nicht verändert. Die Blumenbeete sind bunter als während der Kriege, und ab und zu werden neue Blumensorten gepflanzt. Aber ich mache mir nichts aus Blumen. Linnerl hat mich da falsch verstanden, als sie von meinen Töpfen schrieb. Ich wollte nie einen Garten haben, die drei Pflanzen auf meinem Fensterbrett reichen mir. Was soll ich mit Tulpen? Die sind genauso rot wie Linnerls Lippenstift, und darauf kann ich verzichten.

Auf der anderen Seite der Küche ist das dritte Fenster, das auf einen zertrampelten Rasen führt. Vor kurzem hat man einen Zaun darum gezogen. Vor diesem Fenster hat Linnerl als Kind gesessen und stundenlang auf den Rasen gestarrt.«

Ich drehe mich zu Alison um und sage: »Als Kind hatten Sie sicher besseres zu tun, als aus dem Fenster zu gucken, nicht wahr?«

»Ich habe mich als Kind nicht besonders wohl gefühlt«, sagt sie mit ernster Stimme.

»Linnerl war damals vier. Ein vierjähriges schweigsames Kind, das den ganzen Tag aus dem Fenster sah. Sie wünschte sich den Zirkus zurück, denn auf dem Rasen kampierte früher mal ein Zirkus – ein sehr kleiner Zirkus mit ein paar Ponys und einem lumpig gekleideten Clown. Doch für unsere Ameisgasse war das eine Sensation. Und für Linnerl bedeutete es die Welt.«

»Sie haben sich zusammen mit ihr eine Zirkusvorstellung angesehen?« fragt Alison gerührt.

»Linnerl nahm sogar selber an den Vorstellungen teil. Die Zirkusleute ließen sie zum Spaß auf dem Seil laufen, denn Linnerl konnte ganz gut das Gleichgewicht halten. Alle waren begeistert und klatschten, und Linnerl strahlte vor Glück, wie ich sie nie hatte strahlen sehen.

Einmal führte sie mir sogar ein Kunststück in unserer Küche vor, auch das werde ich nie vergessen. In unserer Wohnung hing damals eine Wäscheleine, die vom Schlafzimmer bis in die Küche ging. Linnerl nahm Franzens Hosenträger und warf sie über die Leine. ›Mami, ich bin jetzt ein wunderschöner Schmetterling‹, sagte sie und wollte mir etwas zeigen, das sie bei den Zirkusleuten gesehen hatte. Sie kletterte auf einen Stuhl, biß in die Hosenträger und sprang herunter. Doch sie landete mit dem Gesicht auf dem Boden, und neben ihr lag ein Milchzahn.

Sie stand auf und wollte es noch mal versuchen, und hätte ich sie nicht festgehalten, wäre sie wieder gesprungen. Können Sie sich das vorstellen, Alison? Mit vier Jah-

ren schon ein solch starker Wille? Was tun mit einem solchen Kind?«

Alison macht ein schmerzverzogenes Gesicht und
schmunzelt.

Jedesmal wenn ich aus unserem Fenster auf den Rasen
schaue, habe ich das Zirkuszelt vor Augen – auch heute
noch. Dann sehe ich Linnerl. Immer und immer wieder
klettert sie aufs Seil. So lange, bis sie nicht mehr her-
unterfällt.

Alison

Ein lautes Sirenengeräusch ist plötzlich zu hören. Ich
schaue an Johanna vorbei auf das Oberdeck, auf das einige
Passagiere herausgelaufen kommen. Ein Gefühl panischer
Angst überkommt mich. Dann erinnere ich mich: Für
heute vormittag war ein Probealarm angekündigt.

Aus den Lautsprechern weist man uns dreisprachig an,
in den Tanzsaal zu gehen, der mir allerdings nicht der ge-
eignetste Sammelpunkt zu sein scheint. Sollte ich im
Ernstfall einfach zu den Rettungsbooten rennen?

Nervös laufe ich los und kann nicht fassen, wie viele
Leute noch in ihren Liegestühlen sitzen. Trotzdem ver-
stopfen schon genug Passagiere die Treppen. Was wird
hier nur los sein, wenn es wirklich einmal brennt?

Am Eingang des Tanzsaals steht Jack, freudig winkt er
zu mir herüber; irgendwo in dem Gedränge ist auch Mrs.
Emerald auszumachen – wir Amerikaner nehmen diese
Übungen sehr ernst. In Europa bauen sie Häuser aus
Stein, da kennt man die amerikanische Furcht vor Feuer
nicht.

Inzwischen passen kaum noch Leute in den kleinen Saal, und ich komme mir vor wie damals in der muffigen Turnhalle meiner Grundschule. Da hatte es auch einen Probealarm gegeben, und etwas sehr Peinliches war mir passiert. Aber daran denke ich jetzt besser nicht …

Johanna

Der Feueralarm ist zu Ende. Langsam kehrt Ruhe ein auf dem Schiff. Nur Alison kommt aufgeregt die Treppe heraufgeklackert. Sie trägt eine Schwimmweste und schimpft mit mir.

»Diese Übungen werden nicht zum Spaß durchgeführt, Johanna. Wenn wirklich mal was passiert, wissen Sie nicht, was zu tun ist. Das Schiff ist schon einmal gesunken, und das kann wieder geschehen!«

Sie zieht die Schwimmweste aus und legt sie auf den Kasten neben den Rettungsringen. Dann holt sie Papier und Bleistift aus ihrer Tasche – geht das Interview jetzt weiter?

»Johanna, Sie sagten, daß Lenya in einer Holzkiste schlief. Und daß Sie ein Brett darauf legten. Warum?«

»Tagsüber bügelte ich auf der Kiste«, antworte ich.

»Und das Brett lag auch nachts auf der Kiste?«

»Ja, warum nicht. Wo sollten wir es sonst hinlegen?«

»Aber es ist doch unheimlich, in einer abgedeckten Kiste zu schlafen. Hat Lenya denn keine Angst gehabt?«

»Haben Sie oft Angst, Alison?« frage ich zurück.

»Allerdings«, sagt sie. Dann blickt sie mich unsicher an. »Ich habe sogar Ängste, über die Sie lachen würden.

Können Sie sich vorstellen, daß ich oft die ganze Nacht lang wach bleibe, nur weil ich Angst davor habe einzuschlafen?«

»Ich kann mir vorstellen, daß Sie nachts gern lange aufbleiben.«

»Tue ich aber nicht, Johanna.«

»Haben Sie denn keine wirklichen Ängste?« frage ich. »Hatten Sie nie Angst vor Hunger oder Kälte?«

»Ich habe Angst vor Ihnen, Johanna. Ist das eine wirkliche Angst?«

»Ich kann Ihnen nichts tun«, sage ich.

»Und ich habe Angst davor, Sie bestimmte Sachen zu fragen«, fügt sie hinzu.

»Das hat nichts mit Angst zu tun, das ist Ihre Neugier. Sie wollen Dinge von mir wissen, die ich Ihnen nicht sagen kann – oder will.«

Ich sehe über die Reling und staune, wie friedlich die modrige See vor uns liegt. Manchmal begleiten uns ein paar Möwen. Dann fliegen sie wieder fort. Heißt das, daß irgendwo Land in der Nähe ist?

»Aber fragen Sie nur, Sie geben ja doch keine Ruhe«, sage ich nach einer Weile. Ich wünschte nur, Linnerl hätte Angst davor, mich bestimmte Dinge zu fragen – doch Linnerl hat schon lange keine Angst mehr.

»Letzte Nacht sprachen Sie von einem ›Desaster in Zürich‹. Ist das der Grund, warum Lenya aus Zürich zurückkam?«

»Nein, das Desaster kam erst Jahre später.«

»Was war dann der Grund?«

»Der Grund war meine Schwester Sophie.«

»Was genau ist passiert?« fragt Alison gierig.

Wieder reicht sie mir die Wasserflasche, damit ich keine

trockene Kehle bekomme. Ich nehme einen kräftigen Schluck. Dann erzähle ich ihr, was damals passierte.

»Sophie arbeitete früher im Haus eines Schweizer Doktors. Ab und zu besuchte sie uns, und eines Tages bot sie mir an, Linnerl mit nach Zürich zu nehmen. Sie könne ihr vielleicht eine Stelle als Hausangestellte besorgen, sagte sie – sogar die teure Fahrkarte streckte sie vor.

Ein paar Monate später erfuhr ich, was wirklich passiert war. Wir hatten gerade einen Rohrbruch zu dieser Zeit, und es war reiner Zufall, daß ich Sophies Anruf erhielt. Ganze zwei Wochen war kein Wasser aus den Leitungen gekommen – ich weiß nicht, ob Sie sich das überhaupt vorstellen können –, aber für mich als Wäscherin bedeutete das eine Katastrophe. Ich mußte die Pumpe auf der Straße benutzen, und tagaus, tagein schleppte ich die schweren Eimer ins Haus. Meine Hände waren so blutig, ich konnte bald nichts mehr anfassen, ohne es noch einmal waschen zu müssen. Irgendwann platzte ich vor Wut und schlug mit den Fäusten an die Tür unserer Hausmeisterin.

›Es kann doch wohl nicht wahr sein, daß es in diesem Drecksloch seit zwei Wochen kein Wasser gibt‹, fuhr ich die kleine Frau an. Sie hatte wohl wirklich Angst vor mir bekommen, denn im nächsten Augenblick sagte sie, meine Schwester hätte bei ihr angerufen – und daß ich ihren Apparat benutzen könne, um sie zurückzurufen. Die Hausmeisterin war die einzige in unserer Straße mit einem Telefon; noch nie hatte sie mich ihren Apparat benutzen lassen.

Als ich anrief, war meine Schwester gleich am Apparat und schrie: ›Linnerl ist auf der Straße, Johanna. Der Arzt hat sie bei mir gesehen!‹

›Was soll das heißen, der Arzt hat sie bei dir gesehen? Hat sie bei dir gewohnt? Hattest du ihr denn keine Arbeit besorgt?‹ fragte ich.

›Hör zu, Johanna. Das mit der Arbeit hat nicht geklappt, und ich mußte sie heimlich bei mir unterbringen.‹

Na, sehr schön, dachte ich. Kein Wunder, daß der Doktor sie gesehen hatte. Ein Kind wie Linnerl einzusperren war unmöglich – das hätte ich ihr gleich sagen können.

›Linnerl kann zehnmal besser kochen und waschen als du‹, fauchte ich sie an. ›Warum hast du ihr keine Arbeit besorgt, du dummes Stück? Und was geht da überhaupt vor sich bei dir und deinem Doktor? Warum war Linnerl in deinem Zimmer?‹

›Ist das der Dank, Johanna? Drei Monate hat Linnerl hier umsonst gewohnt. Und verpflegt habe ich sie auch von meinem Geld – Geld, das du gespart hast. Aber jetzt ist sie allein auf der Straße, und keiner weiß, wo sie steckt!‹

Wütend schmiß ich den Hörer auf die Gabel, sogar die Hausmeisterin zuckte zusammen. Dann brachte sie mich zurück zur Tür. Im Flur sahen wir die Leute mit Wassereimern auf und ab laufen – glauben Sie, die Hausmeisterin hätte sich geschämt bei diesem Anblick? Es war eine Schande.«

Alison sieht mitgenommen aus. Hat sie noch nie einen Rohrbruch erlebt? Oder ist es neu für sie, daß Schwestern sich streiten?

»Und ist Linnerl etwas zugestoßen?« fragt sie besorgt.

»Aber nein. Irgendwann stand sie bei mir in der Tür und war froh, wieder zu Hause zu sein.«

Alison nagt an ihrem Bleistift. »Das muß ein sehr rührender Moment gewesen sein«, sagt sie. »Wissen Sie, ich kann mir gut vorstellen, wie man sich fühlt, wenn man ganz auf sich gestellt ist und dann plötzlich nach Hause kommt, aber ...«

»Aber?« Alison braucht manchmal ewig, um ihre Sätze zu Ende zu sprechen.

»Also, ich kann ja verstehen, daß Sie Ihre Tochter zu Ihrer Schwester fahren ließen, weil Sie dachten – entschuldigen Sie, daß ich das so sage –, daß es ihr dort besser ginge als bei Ihnen. Aber nachdem sie aus Zürich zurückgekommen war, warum haben Sie sie wieder dorthin zurückgeschickt?«

»Wer sagt denn, daß ich sie ›geschickt‹ habe?«

»Na ja, so stand es in dem Brief.«

»Ich habe sie nicht wieder nach Zürich geschickt.«

»Dann wollte Lenya von sich aus wieder dorthin? Obwohl sie keine Bleibe und keine Arbeit hatte und erst fünfzehn war?«

»Wie alt sind Sie, Alison?«

»Ich bin fünfundzwanzig.«

»Fünfundzwanzig. Und Sie wohnen noch bei Ihren Eltern?«

»Ja, aber wenn ich zurückkehre ...«

»Wissen Sie, wie alt ich war, als ich von zu Hause auszog? Ich war vierzehn.«

»Das war sicher auch nicht einfach für Sie, Johanna.«

»Nicht alles im Leben ist einfach, Alison. Und Linnerl war damals fast sechzehn, da war es normal, daß sie sich ihre eigene Unterkunft suchte. Seit Franz ausgezogen war, übernachteten bei mir in der Küche zwei Untermieter – sie konnte also sowieso nicht gleich wieder bei mir wohnen.«

»Ihr Mann war damals ausgezogen?« will Alison wissen. Heute ist sie ein richtiger Bluthund. Ich hätte Franz nicht erwähnen sollen.

»Franz ging, als Linnerl in Zürich war.«

»Darf ich fragen, warum?«

»Warum, warum – geschieht es in Ihrem Land nicht, daß Männer manchmal einfach ausziehen?«

»Doch, natürlich«, sagt sie leise.

»Dann fragte ich Linnerl, ob sie wieder in der Hutfabrik arbeiten wollte, wo sie nach der Schule gearbeitet hatte. Aber die drei Monate Faulenzen hatten sie verwöhnt, und sie wollte dort nicht mehr arbeiten. So entschloß sie sich, nach Zürich zurückzufahren.«

»Aber vielleicht wäre sie bei Ihnen zu Hause glücklicher gewesen.«

»Ach, Alison. Niemand war damals glücklich. Arbeiten und Geld verdienen, das war damals wichtiger. Und Linnerl dachte, in Zürich bekomme man eine bessere Arbeit als in Wien.«

»Und Sie haben sie wirklich nicht gezwungen zurückzufahren?«

»Aber nein, Alison. Damals fing der Krieg gerade an, es war 1914. Die Züge waren voll von Soldaten, und jeder ahnte, was Österreich bevorstehen würde. In der Schweiz war Linnerl besser aufgehoben. Deshalb gab ich ihr auch das Geld für den Zug.«

»Sie gaben ihr Geld?«

»Wie sonst hätte sie zurückfahren sollen? Ich bat alle meine Kunden um einen kleinen Vorschuß, und es kam auch genug Geld zusammen. Natürlich sorgte ich mich ein bißchen wegen der Soldaten. Der Zug war voll von ihnen, und sie benahmen sich wie die Rabauken. Einer pinkelte sogar aus dem Fenster. Aber Linnerl wußte, wie mit solchen Rüpeln umzugehen war, das hatte sie schon in der Bierstube gelernt, und die Soldaten waren ja kaum älter als sie.«

»Aber das stelle ich mir schrecklich vor, Johanna. Sie reiste ganz allein als Frau unter all den wilden Soldaten?« Alison ist erschüttert.

»Eine andere Möglichkeit gab es nicht, nach Zürich zu kommen.«

Der Zirkus, das Seil, die Rückreise nach Zürich. Wie weit das alles zurückliegt – und doch erinnere ich mich an jedes Detail. Vier Tage brauchte sie von Wien nach Zürich, denn an jedem Bahnhof hielt der Zug, um neue Soldaten einzuladen. Die Tasche hatte man ihr in dem Gedränge geklaut, doch das Geld, das ich ihr gab, hatte sie in ihren Socken versteckt; sie war zu klug für die Soldaten.

Wenn du fällst, dann stehst du wieder auf. So war das schon damals im Zirkus gewesen. Und darin unterscheiden wir uns, Linnerl, geborene Karoline Wilhelmine. Denn wenn ich einmal falle, dann weiß ich, ich stehe nicht wieder auf. Ich wünschte mir, du wärst schon damals mit den Zirkusleuten fortgezogen – und nicht erst als der Krieg begann und auch Franz weg war.

Mit fünfzehn warst du klug genug, meinen Rat zu befolgen. Jetzt bist du zweiundfünfzig. Das ist alt genug, Linnerl, um zu wissen, daß manche Dinge besser ungesagt bleiben.

Alison

Irgend etwas ist faul an Lenyas Rückreise nach Zürich. Die Gründe, die Johanna nennt, machen Sinn – doch ich spüre, daß mehr dahintersteckt als allein die Sorge vor dem Krieg. ›Du schicktest mich mit dem Zug zurück nach Zürich‹, schreibt Lenya in ihrem Brief. Und sie zitiert Johanna mit den Worten: ›Und wenn du's irgendwie schaffen kannst, komm nimmer zurück!‹

Zurückkommen? Was meinte Johanna damit, sie solle nicht zurückkommen? Sollte sie *nie* mehr zurückkehren? Irgend etwas verbirgt Johanna vor mir – da bin ich mir sicher.

»Wann geschah denn das Desaster, von dem Sie sprachen?« frage ich.

»Das war erst nach dem Krieg, 1919. Aber das ist eine lange Geschichte, Alison«, antwortet sie mir mit einem müden Blick.

»Erzählen Sie sie mir?« frage ich. Ich versuche, so aufmunternd wie möglich zu klingen.

Johanna

»Ich hatte längere Zeit nichts mehr von Linnerl gehört«, erzähle ich der nimmersatten Alison. »Da erhielt ich einen Brief von meiner Schwester Sophie. Sie schrieb, Linnerl wäre in Schwierigkeiten, doch was genau vorgefallen war, erwähnte sie nicht. Also schickte ich Linnerl einen Brief und fragte, was passiert sei. Eine Woche später brachte mir der Briefträger ein Einschreiben – von Linnerl. In dem Umschlag befand sich eine Fahrkarte Erster Klasse nach Zürich und ein paar Geldscheine: in etwa die Summe, die ich an fünf Arbeitstagen verdiente. Auf dem Zettel, den sie beigelegt hatte, stand, ich solle sie so schnell wie möglich besuchen. Ihre Schwierigkeiten erwähnte sie mit keinem Wort.«

Alison sieht von ihrem Schreibblock auf. »Sie sehen«, sage ich, »Fahrkarten zu verschicken war schon immer eine von Linnerls Lieblingsbeschäftigungen.« Sie nickt nachdenklich.

»Der Krieg war noch nicht lange zu Ende, den meisten Leuten ging es nicht sonderlich gut, müssen Sie wissen. Linnerl schickte mir Geld und eine teure Fahrkarte. In was für Schwierigkeiten sie auch steckte, dachte ich, allzu groß konnten sie nicht sein.«

»Und? Sind Sie nach Zürich gefahren?« fragt Alison gespannt.

»Ja, ich nahm mir fünf Tage frei und besuchte sie. Als ich sie am Bahnsteig sah, merkte ich gleich, daß sie jetzt zu den feinen Leuten gehören wollte: Obwohl es sehr warm war, mußte sie einen teuren Pelzmantel tragen. Dann führte sie mich aus der Bahnhofshalle heraus zu einer großen schwarzen Limousine, und ich dachte: Das paßt ja zu dir, Linnerl – immer so viel Aufsehen erregen wie möglich. In dem Wagen warteten zwei Männer auf uns. Ein Chauffeur, der sogleich aufsprang, um meinen Koffer zu verstauen, und Linnerls Begleiter – der ›Baron von Beust‹, wie sie ihn mir vorstellte. Bevor wir einstiegen, rief sie so laut, daß es alle hören konnten: ›Ach, Mutter, wie glücklich ich bin, daß du endlich bei uns bist.‹ Sie umarmte mich überschwenglich und küßte mich.

›Mutter‹ hatte sie früher nie zu mir gesagt, auch ihre

heftige Umarmung war mir neu. So begrüßten sich also Mutter und Tochter aus gehobeneren Verhältnissen. Dann schob sie mich auf die Rückbank des Wagens und flehte mich mit den Augen an, keine dummen Fragen zu stellen.

Natürlich durchschaute der Baron ihr Theater, daran zweifelte ich nicht eine Sekunde. Er war ein sehr höflicher, elegant gekleideter Mann Mitte Fünfzig, der eine stark getönte Brille trug. Es war seltsam, in sein freundliches Gesicht zu sehen, ohne seine Augen erkennen zu können. Vom Vordersitz aus lauschte er Linnerls schwärmerischem Vortrag über die Schweizer Landschaft und Sehenswürdigkeiten; ab und zu drehte er sich schmunzelnd zu uns um. Wir dürften etwa im gleichen Alter gewesen sein – ich war damals auch schon über Fünfzig –, und einen Moment lang stellte ich mir vor, Linnerl wäre unsere gemeinsame Tochter: Um sie nicht zu kränken, taten wir so, als wäre ihre kleine Komödie wahr.

Die Villa des Barons war so protzig, wie ich nach Anblick seines Wagens erwartet hatte. Auf einem kleinen Hügel gelegen, bot sie eine wunderbare Aussicht auf einen See und einen großen Garten, auf den er sehr stolz war. Ich schlief in einem der vornehm eingerichteten Gästezimmer – der Seidenbezug meiner Decke war so glatt, daß sie mir nachts sogar vom Bett rutschte. Auch Linnerl hatte ihr eigenes Zimmer, und die ganze Zeit über waren wir nicht einen Moment lang unter vier Augen. Zu den Mahlzeiten saßen wir zu dritt oder mit weiteren Gästen im Salon; auf den Rundfahrten begleitete uns der Baron, und am Nachmittag waren wir alle zusammen im Garten. Linnerl hatte mich kommen lassen, um mich zu beeindrucken – nicht, um mit mir zu reden.

Nun, ich kann nicht sagen, daß die fünf Tage unangenehm für mich waren. Wäre ich länger geblieben, hätte ich mich sogar an die frische Luft, die sauberen Handtücher und das gute Essen gewöhnen können. Stellen Sie sich vor, Alison, sogar meine Wäsche wurde für mich gewaschen! Und das, nachdem ich ein Leben lang als Wäscherin gearbeitet hatte! Allerdings waren meine Kleider nicht sonderlich gut gebügelt. Wäre ich so nachlässig bei meiner Arbeit gewesen, hätte ich vermutlich alle meine Kunden verloren. Deshalb fragte ich Linnerl: ›Soll ich nicht besser selber meine Kleider bügeln?‹

Sie sah mich strafend an und zischte: ›Willst du meinen Patron beleidigen? So etwas gehört sich doch nicht!‹

›Deinen was?‹ fragte ich.

›Meinen Patron. Der Baron ist ein Patron der Künste.‹

›Und was ist das?‹

›Das bedeutet, er liebt die Künste und nimmt sich junger Künstler und Künstlerinnen an, um sie zu fördern‹, erklärte sie mir.

›Danke, jetzt verstehe ich‹, sagte ich knapp. Bei uns in Penzing hießen diese Herren anders.

Wenn ich Linnerl auf ihre angeblichen Schwierigkeiten ansprach, wich sie mir jedesmal aus und erzählte dann von ihrer Arbeit am Theater. Auch der Baron schien ihr Verhalten merkwürdig zu finden. Oft sah er sie ermahnend an, manchmal tuschelten sie sogar.«

»Lenya war damals schon am Theater?« unterbricht mich Alison.

»Ja, war sie. Aber so weit sind wir noch nicht. Gedulden Sie sich noch einen Moment. Am letzten Tag meines Besuchs klopfte die Hausangestellte an meine Zimmertür und richtete mir aus, der Baron erwarte mich auf der

Terrasse – Linnerl war an dem Nachmittag gerade auf einer Theaterprobe. Auf der Terrasse fiel mir gleich der beladene Tisch auf, den der Baron mit allen möglichen Köstlichkeiten hatte decken lassen: mit Gebäck, Marmelade, Pralinen, Schokolade und anderen leckeren Sachen. Diese *Patrone der Künste* schienen ausgezeichnete Verbindungen zum Schwarzmarkt zu haben, dachte ich. Der Baron sprang auf, küßte meine Hand und tat so feierlich, als wolle er mir jeden Moment einen Heiratsantrag machen.«

»Ihnen einen Heiratsantrag machen?« fragt Alison verblüfft.

Ich sehe ihr mit starrem Blick in die Augen. »Halten Sie das für einen so abwegigen Gedanken, Alison?«

Sie streicht verlegen über ihren Bleistift. »Nein, natürlich nicht«, sagt sie leise. »Aber bitte, erzählen Sie weiter.«

»Der Baron goß mir eine Tasse Kaffee ein und sagte in seiner heiseren Stimme – seine Heiserkeit hing mit seiner seltenen Krankheit zusammen, hatte mir Linnerl erzählt: ›Meine liebe Frau Johanna, wie sehr ich mich freue, daß Sie mich mit Ihrer Gesellschaft beglücken. Wie Sie wissen, hat Ihr reizendes Fräulein Tochter heute nachmittag eine Verpflichtung am Theater und kommt erst gegen Abend wieder zurück. Daher will ich die Gelegenheit nutzen – ich sage es ganz ohne Umschweife –, um mit Ihnen über ihre Schwierigkeiten zu sprechen. Natürlich tue ich das im vollen Einverständnis mit Ihrer Tochter, ja, sie hat mich sogar gebeten, Sie über die Sache endlich aufzuklären.

Lassen Sie mich damit beginnen, wie sehr ich Fräulein Karoline bewundere. Sie ist nicht nur eine der begabtesten

Schauspielerinnen, die ich je gesehen habe, sondern auch ein ganz vortrefflicher und liebenswürdiger Mensch. Und wem kann dafür mehr zu danken sein als der liebenden und sorgenden Mutter, die sie aufgezogen hat? Wie wichtig die Kindheit für unsere Charakterbildung ist, das ist ja hinreichend belegt, und deshalb, meine liebe Frau Johanna, kann Ihnen gar nicht genug Anerkennung ausgesprochen werden. Fräulein Karoline erzählte mir oft von ihrer glücklichen Kindheit in Wien, von der Geborgenheit, die sie im engen Kreis der Familie erfuhr. Auch lobte sie Ihre Hellsichtigkeit, mit der Sie ihr Talent sofort erkannten und förderten. Und in der Tat: Eine solche Begabung will früh erkannt sein – oder sie verkümmert. Manchmal wünsche ich mir nichts sehnlicher, als ein vergleichbares Talent zu besitzen. Aber ach, meine Begabungen sind allesamt sehr mittelmäßig.

Als ich sie das erste Mal sah, war ich sofort beeindruckt davon, wieviel Leidenschaft sie in ihre Stimme und Mimik legt, ohne die Präzision ihrer Bewegungen darüber zu vernachlässigen. Eine solche Fähigkeit ist äußerst selten, müssen Sie wissen, liebe Frau Johanna. Überrascht es da, daß sie selbst in den kleinsten Rollen alle Blicke auf sich lenkt?

Nun, ich konnte nicht umhin, ein so vielversprechendes Talent näher kennenzulernen, und so lud ich sie zu einer meiner kleinen Abendveranstaltungen ein. Sehr zur Überraschung meiner übrigen Gäste, muß ich hinzufügen, zu denen die angesehensten Leute der Stadt gehören. Auch Ihr Fräulein Tochter wirkte im ersten Moment etwas, nun ja, verwirrt unter meinen illustren Gästen – Sie müssen wissen, daß man in unserem biederen, nicht sehr weltoffenen Zürich Ballerinen und Schauspielerinnen nicht gerade zur Hautevolee rechnet. So saß sie zu Beginn des Abends ganz allein an ihrem Tisch. Und nochmals muß ich Sie zu Ihrer ausgezeichneten Erziehung beglückwünschen, liebe Frau Johanna, denn ohne ihre makellosen Manieren wäre es ihr niemals gelungen, diese kränkende Situation so vorbildlich zu meistern. Ihre charmante und zurückhaltende Art ließ den Hochmut meiner Gäste bald schmelzen, und am Ende wetteiferten die vornehmsten Herren darum, mit ihr anstoßen zu dürfen. Erst achtzehn Jahre alt und schon eine solch gewaltige Anziehungskraft – ein wirklich ganz erstaunliches Talent‹, schwärmte der Baron, und seine Stimme wurde mit jedem Wort heiserer.

Linnerl war damals übrigens schon einundzwanzig. Das können Sie auch gleich aufschreiben, Alison.

Dann erzählte der Baron weiter: ›Glücklicherweise erweiterte das Theater mit der Zeit sein Repertoire, so daß Fräulein Karoline immer größere Rollen bekam. Sehen Sie, liebe Frau Johanna: Die Ballettkunst ist doch eine sehr verstaubte Angelegenheit aus dem letzten Jahrhundert, und gäbe es nicht diese neue Technik nach Dalcroze, die Ballett- und Theaterelemente miteinander vereint, würde sie in ihrer archaischen Form bald untergehen. Nun ist es so, daß Fräulein Karoline wie geschaffen ist für dieses neue Balletttheater. Das hat sogar ihr unsensibler Freund Richard Revy, der Theaterdirektor, bemerkt. So dauerte es nicht lange, und aus Ihrer Tochter wurde tatsächlich eine kleine Berühmtheit.

Inzwischen ist Fräulein Karoline ein häufig gesehener Gast in meinem Haus, und ich habe sogar den Verdacht, daß viele meiner Gäste nur noch ihretwegen kommen. Wird bekannt, daß sie nicht erscheint, erhalte ich Absagen; und geht sie auf ihr Zimmer, verabschieden sich bald auch andere Gäste. Ach ja, wie Sie wissen, übernachtet Fräulein Karoline hier seit einiger Zeit. Das hängt mit der schlechten Verkehrsanbindung meines Hauses zusammen; das dürften Sie ja selber auf unseren Tagesausflügen bemerkt haben.

Wenn Fräulein Karoline jetzt auf meinen Soirees erscheint, kommt sie meist direkt von einer ihrer Vorstellungen – seien es *Die Sylphiden* oder *Der Ring*. Oft behält sie ihr hinreißendes Tanzkostüm an, und wenn ich sie dann mit ihrem Make-up und dem kunstvoll ondulierten Haar durch meine Tür kommen sehe, verschlägt es mir fast jedesmal den Atem. In ihrer arglosen Koketterie verharrt sie immer einen Moment auf der Schwelle, bevor sie eintritt, um alle Blicke auf sich zu ziehen. In diesem kurzen Moment liegt so viel Schönheit und Anmut, daß ich eines Tages – verzeihen Sie die sentimentale Offenbarung – tatsächlich noch in Ohnmacht fallen werde.

Trotz ihrer harten Arbeit am Theater bringt sie die Energie auf, uns gelegentlich eine kleine Kostprobe ihrer Kunst zu geben. Entweder führt sie uns ein paar neue Tanzschritte vor, oder sie sagt uns ein Gedicht aus ihrem reichen literarischen Wissensschatz auf. Manchmal singt sie uns auch mit ihrer wunderbaren Stimme ein Lied; sie behauptet ja, nie ernsthaft Gesangsunterricht genommen zu haben, aber wir kennen ja beide ihre Bescheidenheit‹, hüstelte er. Dann mußte er sich fünf Minuten lang ganz fürchterlich räuspern. Ich blickte währenddessen höflich auf meine Schuhe.

Bevor er seinen Lobpreis auf Linnerl wieder aufnehmen konnte, fragte ich: ›Könnten wir jetzt langsam auf Linnerls Schwierigkeiten zu sprechen kommen?‹

Er wischte mit dem Taschentuch über seine blasse Stirn und sagte: ›Ganz recht, liebe Frau Johanna, sofort.‹ Seine Stimme war nicht weniger heiser als zuvor.

›Wie Sie sich vorstellen können, findet ein solches Talent wie das Ihrer Tochter nicht nur Bewunderer, sondern auch Neider. Und es bricht mir das Herz zu sehen, wieviel Unheil diese Neider über aufrichtige Menschen wie Fräulein Karoline bringen können. Unser Tschechow hat es auf den Punkt gebracht: ›Nicht Verbrechen und Verbrecher richten die Welt zugrunde, sondern niedere Empfindungen wie Neid und Eifersucht.‹ Ich sage unser Tschechow, weil er Fräulein Karolines Lieblingsautor ist und sie mir nachts oft aus seinem Werk vorliest.

Aber lassen Sie mich weitererzählen. Wie nun die Gerüchte in die Welt gekommen sind, ist nicht mehr genau nachvollziehbar, doch ich vermute, Madame Ruvina, die Leiterin des Balletts, und ihre eifersüchtige Primaballerina hatten ein starkes Interesse daran, Fräulein Karoline zu diskreditieren. Dabei ist Fräulein Karoline die einzige, die mit der modernen Tanztechnik etwas anfangen kann; ohne ihre Phantasie und sprühende Energie wären die neuen Stücke eine einzige Blamage gewesen.

Meine liebe Frau Johanna, wie Sie wissen, bin ich ein leidenschaftlicher Liebhaber und Förderer der Künste. Ich habe alle bedeutenden europäischen Kulturveranstaltungen besucht und war stets in dem Glauben, daß begabte Künstler nichts so sehr wie ihre Kunst lieben. Doch die Wahrheit ist: Die meisten lieben nur sich selbst, und ihre Ruhmes- und Geldgier treibt sie zu den schmählichsten Verbrechen an.

Fräulein Karoline ist eine der wenigen Ausnahmen, die es Gott sei Dank noch gibt. Selbst wenn einige Kritiker die Aufrichtigkeit ihrer Liebe zur Theaterkunst bezweifeln und mich als senilen Mann hinstellen, der sich verliebt hat und nicht mehr weiß, was er tut. Ja, wie sollte ich denn leugnen, eine so großartige Künstlerin wie Fräulein Karoline zu lieben? Wie könnte man sie nicht lieben? Jeder, der das Glück hatte, sie auf der Bühne zu sehen, ist sofort ergriffen von ihr. Wer ist diese hinreißende Künstlerin, die Zürich in einer Nacht erobert hat? wurde überall geflüstert; bald tuschelte man, daß Revy sie entdeckt und gefördert habe, daß sie die Werke von Ibsen, Strindberg und Tschechow in nur einem Monat verschlungen habe und daß sie geschworen haben soll, ihr ganzes Leben der Theaterkunst zu widmen. Wie kann man einen solchen aufopferungsbereiten jungen Menschen nicht lieben?

Meine liebe Frau Johanna, ich stamme aus einer alten aristokratischen Familie und bin ein Mann von Ehre, und was ich für Ihr Fräulein Tochter empfinde, ist die reinste und edelste aller Formen der Liebe. Sollte Ihnen je eins der niederträchtigen Gerüchte begegnen, die man über mich verbreitet, werde ich nicht eher ruhen, bis ich Sie von der Aufrichtigkeit meiner Gesinnung überzeugt habe.

Ich wünschte nur, dasselbe ließe sich von Herrn Revy sagen, dessen Nachlässigkeit wir die jetzige Situation zu verdanken haben. Ich weiß nicht, inwieweit Sie unterrichtet sind, liebe Frau Johanna. Doch er war es, der Fräulein Karoline mit ihrem Vertrag am Theater ein Ausländervisum besorgt hatte – was ein Fehler war. Denn bekanntlich sind die Schweizer nicht gut auf Ausländer zu sprechen. Wäre es nach mir gegangen, hätte ich für Fräulein Karoline sofort einen anderen Aufenthaltsstatus arrangiert.

Von einem in Rechtsfragen unbeschlagenen Theaterdirektor hätte man diese Voraussicht wohl auch nicht erwarten können. Aber es ist auch nicht so, daß Herr Revy aus seinen Fehlern lernen würde. Denn statt die Angelegenheit herunterzuspielen und der Vergeßlichkeit der Ausländerbehörde ein wenig nachzuhelfen, macht er einen solchen Wind um die Sache, daß ein Eklat kaum noch abwendbar erscheint. Ja, Herr Revy ist so aufgebracht, daß er wie ein blindes Huhn gegen die gesamte Kulturpolitik seines Landes anrennt – natürlich schafft er sich so nur Feinde.

Bedauerlicherweise ist Fräulein Karoline die Leidtragende dieses ganzen Unfugs, und sie ist nervlich zu angespannt, um selber mit Ihnen zu reden. Anfangs wollten wir Sie natürlich nicht unnötig beunruhigen, doch mittlerweile wird unser Rechtsstreit in allen Zeitungen breitgetreten; so hielt ich es für das beste, Sie nicht länger im unklaren zu lassen. Denn kennt man die wahren Ursachen dieser Auseinandersetzung – Neid und Mißgunst, ich sagte es Ihnen bereits –, kann man die Engstirnigkeit der Schweizer Polizei nur belächeln. Trotzdem war ich natürlich empört, als ich die falsche Wiedergabe meiner Bemerkung in dem Polizeibericht las.‹

›Polizeibericht?‹ fragte ich. Linnerl hatte also Schwierigkeiten mit der Polizei, dachte ich. Hatte Franz doch recht gehabt, als er sagte, Linnerl würde in der Schweiz nur Ärger bekommen?

›Oh, verzeihen Sie, liebe Frau Johanna‹, sagte er. ›Vielleicht habe ich mich nicht deutlich genug ausgedrückt. In die Sache ist inzwischen auch die Polizei verstrickt – ja, leider. Doch ich habe meine besten Anwälte auf den Fall angesetzt, und unser Kampf ist noch lange nicht verloren.

Die beste Chance, die wir hatten, war, eine Verleumdungsklage gegen Madame Ruvina einzureichen, die mit ihren Intrigen die ganze Theaterleitung auf ihre Seite gebracht hatte. Als man mir dann Einsicht in den Polizeibericht gewährte, traf es mich wie der Schlag. Aus meinen Worten war die bizarrste Lügengeschichte gesponnen worden, die man sich denken konnte, und auch die Aussagen der anderen Befragten schienen mir mehr als zweifelhaft zu sein. So kam mir der Gedanke, die Befragten selber aufzusuchen – denn wäre es mir gelungen zu beweisen, daß auch ihre Aussagen völlig verdreht wiedergegeben worden waren, hätte der Fall sofort eingestellt werden müssen.

Es ist mir außerordentlich peinlich, diese infamen Lügen vor Ihnen zu wiederholen, doch Sie sollen wissen, mit wieviel Heimtücke man Fräulein Karoline und mich in Verruf zu bringen versucht. *Das ganze Land würde aufatmen, wenn ein gewisses Fräulein Blamauer Zürich wieder verlassen würde* sind die Worte, die ich laut Polizeibericht gesagt haben soll. Ausgerechnet ich, der ich als Kunstförderer die Schirmherrschaft über Ihr begabtes Fräulein Tochter angetreten habe, sollte ein Interesse daran haben, daß sie die Schweiz wieder verläßt? Absurd!

Nun, ich will nicht abstreiten, daß es einen Anlaß gab, der Lügen und Klatsch angeregt haben mochte. Doch die Situation ist völlig verkehrt wiedergegeben worden! Eines Abends nämlich – Fräulein Karoline hatte unserer Gesellschaft gerade eine atemberaubende kleine Szene aus ihrem neuen Stück vorgeführt – war ich so entzückt, daß ich auf sie zuging und sie umarmte. Fräulein Karoline reagierte ein wenig gereizt an jenem Abend und stieß mich mit gerötetem Kopf von sich weg – ganz zum Erstaunen meiner anderen Gäste. Selbstverständlich war das ihr gutes Recht, denn private Zuneigung und öffentliches Auftreten hatte sie immer streng getrennt. Ich weiß nicht, warum ich damals gegen diese Abmachung verstieß, vielleicht hatte ich zu viel Champagner getrunken. Jedenfalls wandte ich mich im nächsten Moment einem engen Bekannten zu, und da fielen eben jene unseligen Worte, die dann im Polizeibericht völlig falsch wiedergegeben wurden. Ich war so erregt in jenem Moment, daß ich tatsächlich so etwas in der Art sagte, daß ich aufatmen würde, wenn Fräulein Karoline die Stadt verließe. Aber das waren schnell dahingesagte, völlig harmlos gemeinte Worte. Ich bitte Sie!‹

›Wie kam es denn überhaupt zu dem Polizeibericht?‹ fragte ich.

›Ein Polizeibericht ist immer dann erforderlich, wenn es um eine Ausweisung geht. Die Ausländerbehörde hat beschlossen, daß Fräulein Karoline das Land verlassen muß. Ja, es ist wirklich ungeheuerlich, was sich hier zuträgt, und ich werde alles daransetzen, diese schamlose Verleumdungskampagne zu stoppen.‹

Mich überraschte nicht, daß Linnerl wieder einmal für Aufsehen gesorgt hatte; daß sie gegen das Gesetz verstoßen hatte, bezweifelte ich aber. Oder war es verboten, mit einem dreißig Jahre älteren Mann zusammenzuwohnen?

›Was wirft man meiner Tochter denn vor?‹ fragte ich. ›Ich glaube nicht, daß der Neid der anderen Schauspielerinnen die Polizei interessiert.‹

Der Baron lächelte und zeigte seine strahlend weißen Zähne – das bei weitem Gesündeste an ihm. ›Wie ähnlich Sie ihr doch sind‹, sagte er. ›Dieselbe unverbildete direkte

Art! Und natürlich haben Sie recht: Ihrer Tochter ist nicht das Geringste vorzuwerfen. Dennoch bezeichnen einige Leute sie als ›unerwünschte ausländische Person‹. Man bezichtigt sie keines wirklichen Verbrechens, doch was das Betragen ihrer Ausländer angeht, sind die Schweizer äußerst penibel. Wußten Sie, daß es ausreicht, einem Ausländer *schlechtes Benehmen* nachzuweisen, um ihn aus dem Land zu werfen? Und so lautet denn auch die Kritik an Fräulein Karoline: Sie habe sich in der Schweiz *schlecht benommen*. Klingt, als wären wir wieder in der Schule, nicht wahr? Wäre die Sache nicht so ernst, könnte man über diese Kindereien auch nur lachen. Der Polizeibericht nun listet alle Adressen auf, unter denen Fräulein Karoline während ihrer sechs Jahre hier wohnte, und stellt die höchst unglaubwürdige Behauptung auf, daß jeder ihrer Vermieter sie wegen schlechten Betragens hinausgeworfen habe.‹

Ich muß bestürzt ausgesehen haben, denn im nächsten Augenblick sagte er: ›Liebe Frau Johanna, Ihrem ausdruckslosen Gesicht sehe ich an, wie schockiert Sie sind. Sie verfügen über dieselbe Fähigkeit wie Ihre Tochter, über dieselbe subtile Körpersprache, mit der Fräulein Karoline ihr Publikum hypnotisiert. Bereits die leiseste Andeutung einer ihrer Gesten genügt, und schon geht ein Raunen durch den Zuschauersaal. Bei Ihnen ist es nicht anders. Das kaum wahrnehmbare Zucken Ihrer Augenbraue verrät mir, welch ungeheure Qualen eine Mutter durchleidet, wenn sie von den schmutzigen Intrigen gegen ihre Tochter erfährt.

Es waren die Ehrenzweigs, bei denen Fräulein Karoline als erstes Unterkunft bezog. Die Ehrenzweigs sind ehrliche, hart arbeitende Leute, und sie hätten nicht zufriedener sein können mit ihrer neuen Untermieterin. Sie wohnen in einem bescheidenen Etablissement in der Nähe des Theaters, wo Herr Ehrenzweig seiner Arbeit als Theaterfotograf nachgeht. Sie ließen Fräulein Karoline in ihr kleines Dachgeschoßzimmer ziehen; als Entgelt hielt sie die Wohnung sauber und machte ihnen Frühstück. Frau Ehrenzweig ist eine sehr liebe Frau, und sie war sehr glücklich darüber, eine neue Freundin in Fräulein Karoline gefunden zu haben. Ja, es war, als gehörte sie zur Familie, sagten sie mir. Frau Ehrenzweig nähte ihr Kleider, und Herr Ehrenzweig fand einen Ballettlehrer für sie; er steuerte sogar Geld für ihren Tanzunterricht bei. Und nun behauptet man, ausgerechnet die Ehrenzweigs hätten sie wegen schlechten Benehmens vor die Tür gesetzt?

Ich glaube nicht, daß sie auch nur aus einer ihrer Wohnungen herausgeworfen wurde – doch ausgerechnet den Ehrenzweigs diese Lüge zu unterstellen, ist wirklich ein starkes Stück. Als ich den beiden vorlas, was sie laut Polizeibericht über Fräulein Karoline gesagt haben sollen, lief Herr Ehrenzweig vor Entrüstung rot an. Von ›Schlampigkeit‹ war die Rede und von – bitte erschrecken Sie jetzt nicht, Frau Johanna – ›hurenhaftem Benehmen‹. Allein schon der Wortwahl wegen gehört der Verfasser des Berichts ins Gefängnis!

Die Ehrenzweigs erklärten sich sofort bereit, eine schriftliche Gegenaussage zu machen. Doch glauben Sie, die Polizei hätte ihnen ein Wort geglaubt? Man beschuldigte mich sogar, die Ehrenzweigs bestochen zu haben. Also suchte ich auch alle anderen ehemaligen Vermieter auf; doch alle bekamen es mit der Angst zu tun. Zwar sagten sie, was in dem Bericht stehe, sei übertrieben, doch zu einer schriftlichen Gegenaussage war keiner bereit.

Übrigens heißt es in dem Bericht auch, daß Fräulein Karoline Formulierungen wie ›dämliche Schweizer Hornochsen‹ gebraucht haben soll. Sie müssen wissen, uns Ausländern kommen derlei Formulierungen gar nicht so abwegig vor, wenngleich wir sie natürlich niemals benutzen würden. In der Tschechoslowakei sind wir internationalen Gästen gegenüber viel aufgeschlossener. Sie schauen so fragend – hatte ich nicht erwähnt, daß ich aus der Tschechoslowakei komme? Sie können sich gar nicht vorstellen, wie sehr ich mein Land vermisse. Aber hier ist die Luft besser, und meine Gesundheit verlangt mehr Sauerstoff, als mein Land zu bieten vermag.‹

›Muß Linnerl jetzt die Schweiz verlassen?‹ fragte ich.

›Ja, liebe Frau Johanna, sie muß‹, antwortete er. ›Das heißt, ein bißchen Zeit haben wir noch. Doch die Ausreiseverordnung liegt bereits vor. Möchten Sie sie einmal sehen?‹

Er zog einen gefalteten Bogen Papier aus seinem Jackett und legte ihn vor mir auf den Tisch. Ich zögerte einen Moment, da ich keine sehr gute Leserin bin – außerdem lese ich nicht gern Briefe, die in Amtssprache abgefaßt sind.

›Soll ich Ihnen den Zettel vorlesen?‹ fragte er höflich.

›Ich kann lesen‹, sagte ich.

›Natürlich können Sie das‹, sagte er sehr freundlich. ›Aber sehen Sie, wie klein die Schrift ist. Außerdem setzt die Dämmerung schon ein, bemerke ich gerade – ach, wie sehr ich es genossen habe, mit Ihnen so lange geplaudert zu haben. Selbstverständlich will ich nicht, daß Sie sich Ihre Augen verderben ... Ihre wunderschönen Augen, wenn ich Ihnen dieses Kompliment machen darf, liebe Frau Johanna. Karoline hat sie mir oft beschrieben – das satte Grau Ihrer Iris. *Meine Mutter ist so schön,* hatte sie zu mir gesagt. *Du wirst nicht glauben, daß ich ihre Tochter bin.*

Ach, Fräulein Karoline hat so viel von Ihnen erzählt. Sie müssen wissen, ich leide unter chronischer Schlaflosigkeit, und oft erzählen wir uns nächtelang aus unserem Leben. *Meine Mami wiegte mich vorm Schlafengehen immer in ihren sanften Händen und summte ein Lied,* hatte sie mir eines Nachts ins Ohr geflüstert. *Ich sah so lange in ihre wunderschönen grauen Augen, bis ich einnickte.* Verzeihen Sie mir, daß ich in einem so vertraulichen Ton mit Ihnen rede. Aber seit jener Nacht träume auch ich von Ihnen, liebe Frau Johanna. Ich sehe Ihre wunderbaren Augen vor mir und spüre eine Geborgenheit, wie ich sie zuvor nicht gekannt hatte. Mir ist, als würden wir uns schon sehr lange kennen.‹«

Ich blicke herab zu Alison, die noch immer auf dem Kasten neben den Rettungsringen sitzt und alles fleißig mitschreibt. Warum hat Linnerl mich nicht wenigstens aus ihren Gutenachtgeschichten herausgelassen, frage ich mich. *Sanfte Hände.* Die hatte sie oft genug zu spüren bekommen, wenn sie nicht machte, was ich sagte. *Wunderschöne graue Augen.* Ich kann mich nicht erinnern, wann wir uns das letzte Mal direkt in die Augen gesehen haben.

»Haben Sie sie wirklich jede Nacht in den Schlaf gesungen, Johanna?« fragt Alison.

»Natürlich nicht. Doch wer in einer Märchenwelt lebt, muß Märchen erzählen. Wie sonst hätte sie sich einen Baron angeln können, der sie gegen die ganze Schweiz verteidigte? Aber warten Sie, bis Sie den Rest der Geschichte gehört haben, Alison.«

Johanna wirkt ziemlich aufgedreht nach ihrer langen Erzählung – so kannte ich sie bisher noch nicht. Nur fünf- oder sechsmal hat sie ihre Tochter in den letzten siebenunddreißig Jahren gesehen. Wie oft wird sie in dieser Zeit an sie gedacht haben? Und wie gut kann sie sich an die wenigen Male erinnern?

»Für Linnerl selbst war die Situation natürlich längst nicht so dramatisch, wie der Baron sie geschildert hatte«, fährt Johanna nach ein paar tiefen Atemzügen fort. »Schließlich versteht sie es, aus jeder Lebenslage ihren Vorteil zu ziehen. Seltsamerweise brachte sie eine mißliche Lage jedesmal weiter. Und das Desaster in Zürich? Na ja, wahrscheinlich genoß sie sogar den ganzen Wirbel um ihre Person. Nur um den Baron tat es mir leid, der hatte sich wirklich Sorgen um ihre Zukunft gemacht. Und daß das Ballett sie nicht länger wollte – wen wundert es bei Linnerls kurzen Beinchen und klobigen Füßen? In unbeweglicher Pose ins Publikum zu starren war eine ihrer Stärken, hatte der Baron gesagt. Nun, das war ihr gerade noch zuzutrauen.«

Wieder zieht Johanna über Lenyas tänzerische Fähigkeiten her. Es ist ihr sehr wichtig, ihre Begabung kleinzureden. Lenyas ganzen Erfolg führt sie allein auf ihre Dreistigkeit zurück. Warum nur?

Das Signal vom Diagrammraum ertönt. Das bedeutet, in einer Viertelstunde wird die Flagge gehißt.

»Und? Wurde sie am Ende wirklich ausgewiesen?« frage ich unruhig und schaue auf meine Uhr.

Johanna spürt meine Nervosität. Das sehe ich daran, wie sie ihren Kopf leicht zur Seite neigt. Ihr feines Gehör registriert jeden Tonwechsel in meiner Satzmelodie. Sie genießt das Gefühl von Überlegenheit, das ihr meine Ungeduld verschafft, und läßt sich bewußt Zeit mit ihrer Antwort.

»Der tschechische Baron gab sie nie auf«, sagt sie schließlich. »Sechs Jahre später hielt er in einem Telegramm um ihre Hand an, obwohl sie sich in der Zwischenzeit nicht wiedergesehen hatten. Soweit ich weiß, hat Linnerl ihm nicht einmal geantwortet.«

Johanna schaut zu mir herab. Etwas Sonderbares liegt in ihrem Blick, so als wäre mir etwas entgangen. Oder gefällt ihr nicht, daß ich wieder an meiner Schwimmweste herumspiele? Sie sieht fast gekränkt aus. Da fällt mir ein, was es sein könnte.

»Der Baron hatte sich in Sie verliebt, nicht wahr, Johanna?« frage ich.

»Nicht verliebt«, antwortet sie und errötet ganz leicht.

»Aber Sie gefielen ihm, nicht wahr?«

»Ja.«

Wieder sehe ich auf meine Uhr. Ich will das Hissen der Flagge und den französischen Steward nicht verpassen.

»Und Sie hätten vom Alter her besser zu ihm gepaßt als Lenya.« Sie nickt. Ihr Gesicht ist völlig ausdruckslos. Hat sie je über diese Angelegenheit gesprochen?

»Und? Waren Sie in ihn verliebt?« frage ich.

»Aber nein«, sagt sie.

»Doch Sie hätten ihn sympathisch genug gefunden, um ihn zu heiraten?«

»Er war sympathisch, das stimmt. Aber ich hätte ihn nie geheiratet«, antwortet sie mit entschiedener Stimme. Ich kann es nicht glauben: Nur ein kleines Wort, und Johanna hätte ein völlig neues Leben beginnen können.

Sie wäre reich gewesen und hätte viele interessante Leute kennengelernt. Mußte sie denn partout allen beweisen, daß sie anders war als Linnerl – daß man sie nicht kaufen konnte?

Zum letzten Mal ertönt das Signal vom Navigationsdiagramm. Jetzt muß ich mich beeilen, wenn ich noch rechtzeitig kommen will.

Ich stehe auf und sage: »Ich begreife einfach nicht, warum Sie diese Gelegenheit nicht genutzt haben, Johanna.« Dann laufe ich um die Brücke, und diesmal nehme ich sogar die engen Innentreppen, um Zeit zu sparen.

Lächelnd begrüßt mich der französische Steward. In der Hand hält er das rote Fähnchen, das heute wieder umgesteckt wird. Die Flagge flattert bereits im Wind. Es ist der dritte Tag unserer Reise. Zweitausend Meilen liegen jetzt hinter uns.

»Wir sind sehr schnell«, sagt er in seinem warmen französischen Akzent. »Das liegt an der ruhigen See. Sonst brauchen wir für diese Strecke sechs Stunden länger.«

Ich bin beruhigt, daß alles so reibungslos verläuft, und gönne ihm seine Freude an dem neuen Geschwindigkeitsrekord. Dann stelle ich artig meine Uhr um. Unsere Reise ist nur eine Frage der Zeit, des geduldigen Ausharrens. Während die Navigation in den Händen erfahrener Seeleute liegt, brauche ich nur abzuwarten und die Stunden zu zählen. Das ist etwas anderes, als einen Baumstamm zu überqueren. Etwas ganz anderes.

Da kommt Jack, auch er hat den Diagrammraum inzwischen entdeckt. Ich habe ihm davon nichts erzählt.

»Verpassen Sie nicht Ihr Mittagessen«, ruft er schon von weitem. Dann kommt er näher und hechelt: »Ich habe Sie überall gesucht, Alison.«

»Ich lasse das Mittagessen heute ausfallen«, antworte ich kühl.

»Wenn Sie meine Einleitung nicht lesen, werde ich sie Ihnen die nächsten drei Tage lang vorlesen müssen«, sagt er kichernd. »Ich habe sie noch einmal gründlich überarbeitet, jetzt wird sie Ihnen ganz sicher ...«

»Schmeißen Sie sie in mein Zeitungsfach, Jack. Im Moment habe ich keine Zeit dafür.«

Vor Freude zieht er so heftig an meinem Arm, daß wir beinahe die Treppen herunterstürzen.

»Lassen Sie mich doch los, Jack«, rufe ich erschrocken. »Oder wollen Sie, daß wir die letzten Tage unserer Fahrt im Gipsverband verbringen? Ich lese ja Ihre Einleitung – aber jetzt lassen Sie mich doch bitte in Ruhe!«

»Ich muß Ihnen eine kleine Anekdote erzählen«, redet er einfach weiter. »Eine wahre Anekdote natürlich, ich schreibe nur Sachen, die wahr sind. Ein jüdischer Schriftsteller – Egon Friedell, vielleicht sagt Ihnen der Name etwas – saß gerade an seinem Schreibtisch, als er durch sein Fenster im zweiten Stock zwei Soldaten der Sturmabteilung auf sein Haus zukommen sah. Es war bereits 1938, und zwei SA-Soldaten vor dem Haus eines Juden verhießen nichts Gutes. Als sie an seine Haustür klopften, geriet Friedell in Panik und sprang aus dem Fenster. Er hatte nicht gewußt, daß eins der Naziarschlöcher ein Verhältnis mit seiner Hausangestellten hatte. Sie waren nur gekommen, um mit ihr auszugehen. Ja, sie hatten nicht einmal gewußt, daß Friedell Jude war. Ein tragischer Irrtum.«

Niemand wird dieses kranke Buch kaufen, denke ich.

»Von ›Tragik‹ in diesem Zusammenhang zu sprechen

149

mag unangemessen erscheinen, doch fällt Ihnen eine bessere Vokabel für diesen Irrsinn ein?«

Ich runzle angewidert die Stirn.

»Nicht wahr, Alison, die Geschichte geht Ihnen durch Mark und Bein – man sieht es Ihnen an. Dabei gibt es viele solcher Ereignisse, bei denen einem das Lachen im Hals steckenbleibt. Und hat man sie einmal gehört, wird man sie nie wieder vergessen. Und genau das ist mein Anliegen: Das Grauen des Dritten Reichs darf niemals in Vergessenheit geraten! Diese kleine Anekdote stammt übrigens aus meinem Abschnitt *Tragische Irrtümer*.«

»In der Tat, Jack, Ihre Geschichten sind wirklich zu widerlich, um sie zu vergessen. Wenn Sie mich jetzt entschuldigen würden …«

»Keine Sorge, Alison. Sie werden sich schon mit meinem Buch anfreunden. Am Ende werden Sie mich sogar bitten, Teile daraus in Ihrem Magazin veröffentlichen zu dürfen«, grinst er. Dann läßt er mich endlich allein.

Ist das also der Grund, warum Jack mir die ganze Zeit sein Buch aufdrängt? Ist er wirklich so naiv und glaubt, ich würde ihm helfen, Auszüge in der *Saturday Evening Post* zu veröffentlichen? Außerdem ist es längst fraglich, ob ich überhaupt bei der *Post* bleibe.

Johanna

Warum ich nicht den tschechischen Baron geheiratet habe? Ist das eine von Linnerls vielen Fragen? Sie hat meinen Franz und meinen Heinisch nie gemocht. Immer hat sie nach etwas Besserem für mich gesucht. Und jetzt will auch Alison wissen, warum ich ihn nicht geheiratet habe. Warum war ich so bescheuert und lebte weiter in meinen ärmlichen zwei Zimmern, wenn ich in einer Villa hätte wohnen können?

Du weißt, daß wir uns in vielen Dingen unterscheiden, Linnerl. Wenn du in Schwierigkeiten gerätst, ziehst du einfach fort und beginnst noch mal von vorn. Bei mir ist es anders: Ich habe meine Schwierigkeiten immer durchgestanden – deshalb wohne ich noch immer in der Ameisgasse.

Und was soll die ganze Geheimnistuerei mit deinen Fragen? Glaubst du immer noch, du könntest mich nach dreißig Jahren ändern? Soll ich jetzt vielleicht einen amerikanischen Baron heiraten?

Da kommt Alison. Jetzt geht das Verhör weiter.

»Also, ich begreife einfach nicht, wie Sie sich diese Gelegenheit entgehen lassen konnten, Johanna. Ihr Leben wäre mit einem Schlag viel einfacher gewesen«, tadelt sie mich erneut.

»Ich habe mir nie ein einfaches Leben gewünscht, Alison.«

»Hätte Lenya denn den Baron geheiratet?« will sie jetzt von mir wissen.

»Sie hat ihn nicht geheiratet.«

»Ich meine, wenn sie in Ihrer Situation gewesen wäre.«

»Sie war nie in meiner Situation.«

Komm zu mir, sagte die Spinne zur Fliege – so locktest du mich nach Zürich, genauso wie du mich jetzt nach Amerika lockst. Damals warst du nach Wien gekommen und hast dir dein Urteil über meinen Heinisch gebildet. Danach mußte ich dich und deinen Baron besuchen. Diesmal hast du mich auf einen schwankenden Ozeanriesen beordert statt in eine Limousine. Ich wollte nie ein

Stück von deinem teuren Kuchen, hörst du, Linnerl! Genausowenig wie ich je einen reichen Baron wollte. Beantwortet das deine Fragen? Darf ich jetzt nach Hause fahren?

»Es tut mir leid«, sagt Alison traurig. »Sie haben recht, diese Dinge gehen mich wirklich nichts an. Und sie haben ja auch nichts mit dem Artikel zu tun, den ich schreibe.«

Alison möchte das Märchen vom Aschenputtel hören, vom reichen Prinzen, der um die Hand der ungeliebten Stieftochter anhält. Alle mögen die Geschichten, in denen Arm und Reich zusammenfinden. Warum sollte Alison eine Ausnahme sein?

»Der Baron …«, beginne ich, aber breche gleich wieder ab. Es ist schwierig, nachzudenken und gleichzeitig zu reden. »Irgendwann steckte der Baron die Ausweisungsanordnung wieder ein und verstummte. Dann nahm er seine Brille ab, und ich sah, was er vor der Welt versteckte. Seine Augen schimmerten gelblich und standen hervor wie bei einem Frosch. Ich erschrak nicht, ich hatte schon viel Häßliches in meinem Leben gesehen. Nachdenklich betrachtete er seine Brille. Er gab mir Zeit, mich an den Anblick zu gewöhnen. Er war ganz ruhig, denn er wußte, ich war nicht so leicht aus der Fassung zu bringen.

›Die meisten Menschen sehen verlegen zu Boden, um ihren Abscheu zu verbergen‹, krächzte er heiser.

›Linnerl nicht. Sie ist anders als die meisten Leute‹, sagte ich, um ihn wieder auf unser Thema zu bringen.«

»Sie wollten von sich ablenken«, erklärt Alison mit einem vielsagenden Blick. Sie wünscht sich noch immer, daß die Geschichte mit einem Happy-End ausgeht.

»»Karoline ist anders als die meisten Leute, das ist ganz

richtig‹, sagte er. ›Und Sie sind ihr darin ganz ähnlich, Johanna.‹

›Ich werde morgen wieder abfahren, Herr Baron‹, sagte ich.

›Bitte bleiben Sie‹, stieß er aus, und ich hatte Angst, seine Augen würden jeden Moment herausfallen.

›Ich kann nicht‹, antwortete ich.

›Bitte, bitte, Johanna‹, flehte er mich an. ›Ich würde Sie auch heiraten.‹

›Mich heiraten?‹ lachte ich.

›Sie dachten wahrscheinlich, ich wollte um Fräulein Karolines Hand anhalten. Aber sie ist doch viel zu jung für mich. Außerdem wird sie irgendwann ihren eigenen Weg gehen.‹

›Und Sie denken, eine alte Frau wie ich geht nicht ihren eigenen Weg?‹

›Sie sind nicht alt, liebe Johanna. Und Sie mögen es doch hier, oder?‹

›Der Garten gefällt mir nicht besonders‹, sagte ich.

Er warf den Kopf zurück und krächzte: ›Aber liebe Frau Johanna, was gefällt Ihnen denn an meinem Garten nicht?‹

›Ich mag die vielen Farben nicht. Das sieht unnatürlich aus. So als kämen jede Nacht böse Geister, um ihn anzumalen.‹

›Geister? Vielleicht sind es ja gute Geister, die kommen, um uns zu beglücken.‹

›In der Natur habe ich noch nie so viele bunte Blumen auf einem Fleck gesehen. Das ist mir unheimlich.‹

›Wenn Sie mich heiraten, Johanna, reiße ich alles heraus, was Ihnen nicht gefällt. Wir können den ganzen Garten umgraben lassen. Ja, von mir aus können auch unbewachsene Erdschollen vor meinem Haus liegen, solange Sie nur bei mir bleiben. Machen Sie mit dem Garten alles, was Sie wollen. Auch wenn er Preise gewonnen hat und Leute aus aller Welt hierhergekommen sind, um ihn zu sehen.‹

›Wenn alle reichen Leute einen schönen Garten haben, warum müssen sie dann noch andere sehen? Wissen sie nichts Besseres mit ihrer Zeit anzufangen? Hat man auch während des Kriegs Ihren schönen Garten bewundert – als die meisten Leute nichts zu essen hatten?‹

›Ich tue alles für Sie, Johanna, wenn Sie mich heiraten‹, wimmerte er.

›Ich kann Sie nicht heiraten, Herr Baron‹, sagte ich entschlossen.

Dann setzte er seine Brille wieder auf und weinte ganz bitterlich. ›Also, nicht einmal Sie würden mich heiraten, Johanna‹, sagte er und wischte sich mit dem Ärmel die Tränen aus dem Gesicht. ›Wahrscheinlich haben Sie recht. Mein Grundstück wird wirklich von bösen Geistern heimgesucht. Wie sonst kann es sein, daß mich kein Mensch liebt oder für länger bei mir bleiben will? Die Zeit, die Fräulein Karoline hier verbracht hat – und auch Ihr kurzer Besuch, Johanna – hat wahre Wunder bewirkt. Nie war ich in meinem ganzen Leben so glücklich. Doch Sie werden mich wieder verlassen, und bald wird auch Fräulein Karoline gehen – und es gibt nichts, das ich tun könnte, um Sie beide aufzuhalten.‹

Er war so mitgenommen, daß er am ganzen Körper zitterte. Ich befürchtete schon, einen Arzt rufen zu müssen.

Dann winselte er trotzig: ›Karoline hatte gesagt, Sie würden mich mögen.‹ Er war wie ein kleiner Junge, der auf die Einlösung eines Versprechens pochte, das nie ernst gemeint war.

Ich hielt das nicht mehr länger aus und zog mich zurück in den Garten. Das dunkle Rot der Orchideengewächse ärgerte mich, und von dem Geruch der Pfingstrosen wurde mir fast übel. Die ganze Zeit dachte ich daran, was der Baron wohl mit ›nicht einmal Sie würden mich heiraten‹ gemeint hatte. Dann hörte ich Linnerls grelle Stimme nach mir rufen, und ich ging wieder zurück zur Terrasse.

›Was hast du zu ihm gesagt, Mutter?‹ schnauzte sie mich an. Sie stand hinter dem Baron auf der Terrasse und strich tröstend über sein Haar.

›Was hast *du* zu ihm gesagt?‹ fragte ich. ›Wie kommt er denn auf die Idee, daß ich ihn heiraten würde?‹

Ich ging in mein Zimmer, wobei ich sie sagen hörte: ›Jetzt kannst du dir vorstellen, wie sehr ich als Kind unter ihr litt und warum ich von zu Hause weg mußte.‹

So war das also, dachte ich. Sie hatte dem Baron die Rolle des hilflosen, bemitleidenswerten Kindes vorgespielt. Linnerl hatte einen ausgeprägten Instinkt dafür, mit welchen Geschichten sie ihre Gönner am besten beeindruckte. Allerdings verwirrte mich ihre Doppelrolle: Einerseits spielte sie das traurige Mädchen mit der gefühllosen Mutter, andererseits das Wunderkind, das die Eltern liebten und förderten. Ich fragte mich, ob auch Franz in ihren Geschichten auftauchte und welche Rolle sie ihm gegeben hatte. War er der betrunkene Nichtsnutz, der er in Wirklichkeit war? Oder hatte sie ihn zu einem Buchhalter und frommen Kirchgänger befördert? Linnerl war alles zuzutrauen.

Am nächsten Morgen frühstückten wir alle auf der Terrasse. Der Baron tat so, als wäre überhaupt nichts geschehen. Und als ich sagte, ich würde am Nachmittag abreisen, sah er mich nur schweigend an. Wahrscheinlich war er sogar erleichtert, daß ich endlich abfuhr.

Wenn er auch nicht zu den Männern gehörte, die mich interessierten, so war er doch gewiß ein sehr anständiger Mensch. Und ich hatte nicht die geringsten Zweifel, daß er alles tun würde, um Linnerl aus ihren Schwierigkeiten zu befreien. Der Baron liebte es, schöne Dinge um sich zu haben. Und er hätte auch gern eine schöne Frau an seiner Seite gehabt. Doch seine Augen – dieser klitzekleine Makel in seiner ansonsten perfekten Welt – verdammten ihn dazu, für immer allein zu sein.«

Alisons Augen sind wäßrig. Meine Geschichte scheint sie gerührt zu haben. Wer hätte gedacht, daß ich eine so gute Geschichtenerzählerin bin? Auch wenn ich natürlich nie an Linnerls Erzählkünste heranreichen werde.

Vielleicht wäre von Beust ja der richtige für Alison gewesen, wer weiß. Sie mag bestimmt einfühlsame gebildete Männer. Ich konnte mit dem wehleidigen Baron jedenfalls nichts anfangen. Die Männer, die ich gekannt hatte, besaßen zwar nicht die besten Manieren, und sie schlugen manchmal Fenster und Türen ein – aber sie waren auch heißblütige Liebhaber. Wie oft lag alles um mich herum in Trümmern, doch selbst der heftigste Sturm legte sich nach einer Weile, und Ruhe und Frieden kehrten ein. Man muß den Ärger nur durchstehen, man darf nicht davonlaufen.

Alison wird unruhig. »Was passierte dann? Blieb Lenya bei ihm wohnen? Mußte sie das Land verlassen?« Sie stellt immer fünf Fragen auf einmal, wenn sie aufgeregt ist.

»Ein paar Monate später stahl sie seine Juwelen und sein Silber und brannte mit Revy durch. Die Juwelen verkauften sie auf dem Schwarzmarkt. Sie brauchten ja Geld, um die erste Zeit in Berlin zu überleben.«

»Oh, nein«, sagt Alison entsetzt.

»Doch, so war es«, sage ich ruhig.

»Und die Polizei? Hatte man sie denn gezwungen, das Land zu verlassen?«

»Linnerl verschwand noch, bevor die Sache entschieden war.«

»Der arme Baron. Sie muß ihm das Herz gebrochen haben.«

»Linnerl sah immer nur nach vorn. Damals wollte sie unbedingt nach Berlin. Und Revy war so vernarrt in sie, daß er ihr folgte.«

»Revy war der Theaterdirektor?«

»Theaterdirektor und Linnerls Liebhaber.«

»Und was wurde aus dem Baron?« fragt Alison besorgt.

»Er verzieh ihr und verteidigte sie sogar noch Monate später gegen die Schweizer Behörden.«

»Der Baron kann einem wirklich leid tun«, seufzt Alison.

»Linnerl sagt, alle Menschen sollten wenigstens einmal in ihrem Leben einem Menschen wie von Beust begegnen.«

Alison

Turnbull sagte, daß ich mich nie ändern würde, daß ich meinen Schatten nicht überspringen könnte. Für Modezeitschriften solle ich schreiben, empfahl er mir, da würde ich ähnlich verwöhnte und eitle Menschen wie mich treffen. Er stichelte ständig mit Bemerkungen in dieser Art – wahrscheinlich glaubte er, damit meinen Ehrgeiz anstacheln zu können. Doch auf diese Weise verbittert man Menschen lediglich. Selbst ein reiches verwöhntes Mädchen kennt bereits diese Formen des psychischen Terrors.

Das Ausmaß an Gemeinheiten, das er für erforderlich hielt, war schon beträchtlich, um nicht zu sagen grotesk. Und immer lag ein ironisches Lächeln auf seinen Lippen, für den Fall, daß er sich selber einmal lächerlich vorkam.

In der dritten Woche erweiterte er seine Sticheleien um anzügliche Bemerkungen.

»Ganz schön stramme Ärmchen hast du, Alison. Wahrscheinlich hast du viel Hockey an der Uni gespielt«, sagte er und betrachtete mit anerkennendem Blick meinen Körper.

»Ich habe kein Hockey gespielt«, sagte ich frostig.

»Viel geschwommen?« fragte er weiter.

»Auch nicht.«

»Ach, ja. Tennis war es, richtig? Die teuren Tennisstunden, die der reiche Papi bezahlte«, feixte er.

»Halt doch einfach den Mund, Turnbull«, sagte ich.

Ab einem bestimmten Punkt wurde er sogar handgreiflich. Wir waren vierundzwanzig Stunden am Tag zusammen, schliefen unter einem Dach, atmeten dieselbe stickige Luft, benutzten dieselbe Toilette – es war klar, daß man unter diesen Umständen langsam die Scheu voreinander verlor. Als er einmal so weit ging und meine Brust anfaßte, wies ich ihn unmißverständlich in seine Schranken.

Ich war sicher, daß er die von mir gesteckte Grenze respektieren würde; ich glaubte sogar, daß es ihn beeindruckte, wie souverän ich mit der Situation umgegangen war: Kein schamhaftes Getue, kein Erröten, keine hysterischen Anfälle – nur eine nüchterne, aber unmißverständliche Geste, mit der ich schweigend seine Hand von meinem Körper löste. Doch als er merkte, daß ich nicht nachgab, wurde er immer mürrischer. Bald tat er mir zu meiner eigenen Verwunderung sogar leid. Aber was hätte ich tun sollen – ich spürte keinerlei körperliche Anziehung zu ihm. Hätte ich aus reiner Kameradschaft mit ihm schlafen sollen?

Lotte Lenya hätte sich weniger zickig angestellt, da habe ich nicht die geringsten Zweifel. Immerhin sprach sie in dem einen Interview, das ich von ihr gelesen habe, sehr offen über ihren Umgang mit Männern. Über meine Verklemmtheit gegenüber Turnbull hätte sie da bestimmt geschmunzelt.

Der Freundschaftspakt mit Lenya schloß bestimmte Dienstleistungen von vornherein mit ein. Als Gegenleistung nahm sie Unterkunft, Verpflegung und kostenlosen Rechtsbeistand in Anspruch. Gott sei Dank hatte ich in meinem Leben so etwas nie nötig gehabt. Ich brauchte mich nicht zu *verkaufen*, wie Johanna es ausdrücken würde. Doch sind alle Männer, die wie Turnbull empfinden, unsensible Lüstlinge? Und sind alle Frauen, die sich auf sie einlassen, Huren? Wäre ich nicht selber in diese absurde und tragische Situation geraten, hätte ich mich nie mit dieser Frage beschäftigt ...

Ausgerechnet jetzt muß ich an Jack denken. Hätte mein Erlebnis mit dem Nationalsozialismus zu tun gehabt, hätte er es sicher gern in sein krankes Buch mit aufgenommen. Aber lieber hätte ich Lenya davon erzählt. Sie war schon von Jugend an mit roher männlicher Sexualität konfrontiert. Daß sie dem Baron davongelaufen ist und ihn sogar bestohlen hat, kann wohl als süße Rache an allen Männern verstanden werden, die sie in ihrem Leben sexuell ausgebeutet hatten.

Ich wundere mich, wie offensichtlich Johanna es genossen hat, mir von ihrem Besuch in der Schweiz zu erzählen. Eigentlich haßt sie jede Veränderung in ihrem Leben. Und sie verteidigt ihre Haltung stets mit demselben Argument: Lenya ist die Hure und sie die Unbestechliche.

Artikel / *Wer überquert neuerdings den Atlantik?* / Weiterer Entwurf

Die Geschichte moderner Luxusdampfer gleicht unserem von Überheblichkeit und Zerstörungswut geprägten Jahrhundert. Einst stolze Vorzeigeobjekte des technologischen Fortschritts, wurden sie während der Weltkriege zu todbringenden Festungen umgebaut. Nach den Kriegen übernahmen die Siegermächte die Schiffe und bauten sie erneut zu Transportmitteln der Vornehmen und Reichen um.

Wie die Zeitgeschichte das Schicksal dieser Ozeanriesen lenkte, so prägte sie auch das bewegte Leben Lotte Lenyas. Ihre Erfolgsstory begann mit dem Aufstieg aus dem Armenviertel, und inzwischen gilt sie als eine der wichtigsten Künstlerinnen der goldenen zwanziger Jahre. Beide Weltkriege bedeuteten wichtige Einschnitte in ihrem Leben. Zu Beginn des Ersten Weltkriegs zog sie in die Schweiz, wo ihr schauspielerisches Talent entdeckt wurde. Zwischen den Kriegen wurde sie in Berlin zum Star der weltberühmten *Dreigroschenoper* – bis der Nationalsozialismus ihre Karriere jäh beendete. Selbst nach ihrer Flucht in die Vereinigten Staaten ließ Lenyas Erfolg auch in diesem Land nicht lange auf sich warten.

Inzwischen sind fünfzehn Jahre vergangen. An Bord der französischen *Liberté* befindet sich heute Lotte Lenyas Mutter. Sie gehört zu den vielen Reisenden, die von ihren emigrierten Angehörigen nach Amerika geholt werden. Wir haben es außergewöhnlichen Flüchtlingen wie Lotte Lenya – und sie ist nur eine von Tausenden – zu verdanken, daß die amerikanische Kultur eine grundlegende Erneuerung erfahren hat.

Sex (oder Drahtseil)

Während ich eine Zigarette rauche, tragen vier starke Männer die Möbel in unsere neue Wohnung. Ja, unsere Wohnung. Denn auch meine schauspielerische Leistung erhält Applaus, nicht nur deine geniale Musik. Und nichts kenne ich so gut wie den Applaus – ich weiß genau, ob er ehrlich oder höflich gemeint ist und wann die Leute begeistert sind. In Berlin gibt es so viele Arten zu klatschen.

Zwei Jahre lang mußten wir uns eine Einzimmerwohnung teilen – und ein schmales Bett. Wir brauchten das Bett nicht einmal zu verlassen, um den Kühlschrank zu öffnen oder ein Notenblatt vom Schreibtisch zu nehmen. Wie froh ich bin, daß wir dieses Loch endlich verlassen haben; am liebsten hätte ich der geizigen Vermieterin die Zunge rausgestreckt. Aber ich bin ja kein Kind mehr. Nein, ich bin schon lange kein Kind mehr. Ich bin jetzt eine berühmte Schauspielerin! Und ich bin eine Ehefrau – eine glückliche Ehefrau. Auch wenn Kurt manchmal ungeduldig mit mir ist.

Meinen Namen habe ich natürlich behalten – hat er mir bisher doch alle Türen geöffnet. Und ich werde Revy ewig dafür dankbar sein. Aus Onkel Wanja von Tschechow hat er mir vorgelesen, nachdem wir uns geliebt haben. ›Du bist wie für die Bühne geboren, mein Engel‹, sagte er. ›Du bist die wundervolle Elena aus Onkel Wanja. Die Lena – und für mich die Lenja. Siehst du, wie sehr du ihr ähnelst? Auch *du hast ein großes schauspielerisches Talent. Doch anders als Elena, wirst du es nutzen. Dafür werde ich sorgen.‹ Das hast du getan, mein lieber Revy, und ohne dich wäre ich nicht da, wo ich jetzt bin.*

Ich stoße unsere Balkontür auf, von hier aus kann man den schimmernden Lietzensee sehen. Jetzt haben wir vier Zimmer, und jedes einzelne hat eine wunderbare Aussicht. Wir trafen uns in einem Ruderboot auf dem Wannsee, Knuti – nun sind wir hier oben, und Berlin liegt uns zu Füßen.

Wie ich heiße, hattest du gefragt, als ich dich zu Kaisers Haus ruderte. Lenja, antwortete ich, von Elena. Wie die Elena aus Tschechows Stück? Ja, wie aus Onkel Wanja, *sagte ich stolz. Und wie heißen Sie? fragte ich. Ich heiße Kurt Weill.*

Damals hatte noch keiner von uns großen Erfolg. Was ist überhaupt Erfolg? Erfolg ist, wenn vier Möbelpacker ein riesiges Ehebett das Treppenhaus hochschleppen. Bitte hier herein, meine Herren. Hier ist das Schlafzimmer, besten Dank. Neben dem Schlafzimmer liegt unser Wohnzimmer, und auf der anderen Seite ist Kurts Musikzimmer mit den verstärkten Wänden. Ich will nicht, daß er mich mit seiner Musik aufweckt, wenn ich morgens länger schlafe. Ja, ich schlafe morgens länger. Warum auch nicht? Seit einem Jahr spiele ich jede Nacht die Seeräuberin in der Dreigroschenoper, *ich habe mir meinen Schlaf redlich verdient.*

Die Küche ist am anderen Ende der Wohnung. Jetzt kann ich mich nicht mehr einfach nur ausstrecken, um die Milch aus dem Kühlschrank zu nehmen. Ja, auch der Luxus erfordert seine kleinen Opfer. Verschlafen werde ich an Kurt vorbeigehen müssen, der schon seit Stunden arbeitet.

Jetzt ist er unten auf der Straße und schaut zu seinem

*Klavier herauf, das mit einem Flaschenzug in den fünften
Stock gehievt wird. An krächzenden Seilen schaukelt es
ganz nah an den Fensterbrettern vorbei. Wer hätte gedacht,
daß ich einmal aus dem Fenster schaue und einen großen
Steinway-Flügel auf mich zu schweben sehe. Los, Jungs,
zieht. Wir sind noch lange nicht oben. Ich passe schon auf,
daß die Möbelpacker alles richtig machen. Bin ich wirklich
eine so schlechte Ehefrau, Knuti?*

*Ich verstehe nicht, warum alle Welt einen solchen Wirbel
um die Liebe macht – die körperliche Liebe, meine ich. Jeder hält mich für eine berechnende Femme fatale. Das lieben die Leute: ein mondänes lüsternes Weibsstück, das die
Männer als Objekte ihrer Begierde betrachtet und das die
Frauen insgeheim bewundern. Würde mir einer glauben,
wenn ich ihnen sagte, wie wenig ich mir aus dieser Art der
Liebe mache? Einen Menschen zu verändern ist schwierig,
Knuti. Meistens führt es nur dazu, daß er einen verläßt. Das
habe ich dir gleich gesagt. Aber du bist noch immer bei mir,
mein Knuti, warum nur?*

*Mit neun habe ich das erste Mal einen Penis gesehen.
Franzens Schwester hielt ihn in der Hand, um ihn zu ban-
dagieren. Es sah aus, als würde sie eine Wurst zubereiten, die
allerdings schon verdorben war und schlecht roch. Als ich zu
Hause erzählte, was ich gesehen hatte, sagte keiner ein Wort.
Bei meiner Tante Sophie in der Schweiz gingen ähnliche
Dinge vor sich. Wenn der Doktor ins Zimmer kam, mußte
ich durchs Fenster verschwinden oder mich im Schrank ver-
stecken. Warum schreiben mir die Leute all diese abenteuer-
lichen Geschichten zu? Wissen sie nicht, daß es meistens
dunkel ist und alles sehr schnell wieder vorbei ist?*

*Kurt und ich kennen uns viel zu gut, um über diese Sache
große Worte zu verlieren. Er weiß, wie ich fühle, und er ist*

der einzige, bei dem ich mich je öffnen konnte. Er tut alles für mich, macht eine Flasche Wein auf, holt eine zweite Decke, rückt die Nachttischlampe näher, rückt sie wieder weiter weg – ich sehe die Liebe in seinen Augen und seine unendliche Geduld mit mir. Und da gibt es Leute, die behaupten, große Komponisten brauchen keinen Sex, weil sie allein ihre Musik lieben. Also, so ein Quatsch. Doch die Leute brauchen diese Klischees; zu glauben, daß wir ganz normale Leute sind, wäre viel zu langweilig.

Es gibt jedoch ein Klischee, das mich fürchterlich ärgert. Das Klischee des brillanten Musikers, der seine gute Erziehung einer dreckigen Hure aus der Gosse geopfert hat …

Kurt blinzelt noch immer durch seine dicke Brille nach oben. Er kann nicht glauben, daß den Männern bei ihren Klaviertransporten noch nie eins heruntergekracht ist; er traut dem dicken Drahtseil nicht. Er tapst auf dem Bürgersteig hin und her, so als könnte er den Flügel mit seinen Schritten lenken. Ich winke ihm zu, und unsere Blicke treffen sich. Die Anspannung in seinem Gesicht löst sich ein wenig. Hab keine Angst, mein Knuti, die Möbelmänner wissen schon, was sie tun.

Sein Leben lang setzte Kurt seine Schritte stets in die richtige Richtung. Mein Leben verlief auf komplizierteren Bahnen, und das weiß er auch. Mein Leben war ein ständiger Drahtseilakt. Schon mit vier Jahren balancierte ich über das Seil und setzte alles daran, nicht herunterzufallen. Das hat sich bis heute nicht geändert. Hätte ich nicht immer all meinen Mut zusammengenommen, wäre es mir nie gelungen, aus Penzing herauszukommen … du mußt Geduld mit mir haben, Knuti.

Jetzt ist er oben, der große schwere Flügel. Wenn Sie mal bitte einen Schritt zur Seite treten würden, Frau Weill. Auf

166

ihren Schultern hieven die Männer den schwarzen Kasten durchs Fenster. Auch Kurt kommt ins Zimmer gejapst. Er sieht noch immer besorgt aus, doch gleich haben wir es ja geschafft.

Jetzt steht der Flügel auf dem Boden, und alle atmen auf. Kurts Prachtstück hat nicht einen Kratzer abbekommen. Als die Beine wieder angeschraubt sind, spielt er ein paar Takte und freut sich, daß es nicht einmal neu gestimmt werden muß. Dann vergißt er alles um sich herum und spielt die Melodie, die er den ganzen Tag gesummt hat. Ich lege meine Hand auf seine Schulter, doch er bemerkt mich gar nicht. Wäre es nicht töricht, auf ein Klavier eifersüchtig zu sein?

Warum glauben alle zu wissen, was zwischen Kurt und mir vorgeht? Sie sehen mich auf Partys mit anderen Männern und zerreißen sich das Maul über uns. Ich bin die Hure, die sich Herr Weill hält, weil Herr Weill ein Genie ist und Genies immer seltsame Dinge tun. Von den vielen zärtlichen Momenten zwischen uns ahnen sie nichts. Kurt ist ein so liebevoller Mann, und stundenlang streichelt er mich mit seinen sanften Händen, bevor wir uns näher kommen. Wo ich auch bin und in wessen Bett ich auch liege, immer werde ich an Kurts zärtliche Hände denken. Dann brauche ich nicht mehr so große Angst zu haben.

Wie schön die Melodie ist, die er spielt. Knuti, weißt du denn nicht, daß ich immer zu dir zurückkommen werde, was auch passiert? Du verstehst das nicht, doch ab und zu muß ich zurück in die Hölle, vielleicht um meine Überlebenskräfte zu prüfen, ich verstehe es selber nicht ganz.

Ach, wie ich diese Melodie liebe, hast du schon einen Namen für sie? Sie ist wie das Seil, auf dem ich tanze, das meine Ängste und Hoffnungen zusammenschnürt und mich über dem Abgrund hält.

IV. Fröschlein

Alison

»Johanna, wer mit fünfzehn von zu Hause auszieht, muß einen besonderen Grund dafür haben«, sage ich. Heute ist der vierte Tag unserer Reise. Johanna und ich stehen auf dem Oberdeck und frühstücken.

»Ich bin schon mit vierzehn ausgezogen. Ich hatte auch keinen besonderen Grund«, sagt sie unbeeindruckt und schlürft ihren Tee.

»Wenn Sie keinen Grund hatten, warum sind Sie dann ausgezogen?« frage ich.

»Weil ich arbeiten mußte – wie alle anderen in meinem Alter auch. Keiner wohnte bei uns noch mit fünfundzwanzig bei seinen Eltern, so wie Sie, Alison. Ist das eigentlich bei allen amerikanischen Familien so üblich?«

»Nein, ist es nicht«, antworte ich peinlich berührt. »Aber, Johanna, was ich nicht verstehe, ist: Warum ging Lenya zurück nach Zürich, wenn sie dort schon beim ersten Mal keine Arbeit gefunden hatte?«

»Ich sagte Ihnen doch, daß sie ihre Arbeit in der Hutfabrik nicht mehr mochte ...«

»Aber Johanna! In Wien gibt es doch wohl auch andere Beschäftigungsmöglichkeiten, als in Hutfabriken zu arbeiten. Warum mußte sie ausgerechnet in Zürich eine Arbeit suchen?«

Sie schweigt beleidigt. Und sie zwingt mich dazu, sie an die Interviews zu erinnern, die Lenya gab.

»Sie wissen wahrscheinlich, daß Lenya in ihren Interviews über ihre Vergangenheit gesprochen hat. Sie sagten doch, daß Lenya Ihnen Zeitungsausschnitte zuschickte?«

Sie nickt.

»In einem Interview hat Lenya ziemlich direkte Anspielungen gemacht.«

»Was für Anspielungen?« fragt sie.

»Zum Beispiel, daß sie sich schon mit zwölf auf der Straße herumtrieb.«

Natürlich ist es mir unangenehm, solche Dinge vor Johanna zu sagen – aber ich lasse mich nicht länger für dumm verkaufen. »Haben Sie eine Ahnung, was sie damit meinte?« frage ich.

»Was glauben Sie denn, was sie damit meinte?« fragt sie bissig zurück.

»Man könnte das so verstehen, daß sie schon mit zwölf als Prostituierte auf der Straße arbeitete«, sage ich.

»Ich habe den Artikel gelesen, den Sie meinen«, antwortet sie schwach. »Hören Sie, Alison, nach dem Riesenerfolg, den sie mit der *Dreigroschenoper* hatte, konnte sie es sich leisten, solche Dinge leichtfertig daherzuplappern. Wie soll ich es sagen – sie war auf ihre Rolle stolz, und deshalb behauptete sie, man könne sie nur mit der entsprechenden Erfahrung spielen.«

»Und? Hatte sie die entsprechende Erfahrung?« frage ich. »Ist das vielleicht der Grund, warum Sie sie nach Zürich zurückschickten?«

»Hat sie das in den Interviews gesagt?«

»Nein«, antworte ich.

»Wenn Linnerl solche Sachen sagt, dann tut sie das, um Leute zu beeindrucken, die sich von so etwas beeindrucken lassen. Sie liebt es, ihr Publikum zu schockieren, sie liebt die Aufmerksamkeit, die man ihr schenkt. Als gefeierter Star geht man ja kein Risiko mit solchen Bemerkungen ein. Bei uns in der Ameisgasse sollte man das besser für sich behalten.«

»Ich habe das Gefühl, Sie weichen mir aus, Johanna«, sage ich.

»Reicht Ihnen das nicht als Antwort?« fragt sie. Ihre Miene verfinstert sich. »Wollen Sie unbedingt von mir hören, daß meine Tochter schon mit zwölf auf den Strich ging? Das ist die Antwort, die Sie sich wünschen, nicht wahr? Seit vier Tagen laufen Sie hinter mir her und belästigen mich, und jetzt schrecken Sie nicht einmal vor der Frage zurück, ob meine Tochter schon mit zwölf eine Hure war?«

»Sie zwingen mich zu dieser Direktheit, Johanna«, stammele ich.

»Ich zwinge Sie? Herrgott noch mal, wozu zwinge ich Sie denn? Wenn ich Sie zu etwas zwingen wollte, dann dazu, daß Sie endlich verschwinden und mich in Ruhe lassen. Hätten Sie nur einen Funken Anstand, gäben Sie sich zufrieden mit dem, was ich Ihnen bereits erzählt habe.«

Ich streiche die Croissantkrümel von meinem Kleid und spiele an der Thermoskanne herum. Was kann ich Johanna hierauf entgegnen?

»*Auf den Strich gehen*«, sagt sie. »Das ist doch Kinderkram, verglichen mit der Welt des Theaters. Sie wissen doch, was von Beust mir erzählt hat. Die Mädchen auf der Bühne verkaufen nicht nur ihren Körper, um berühmt zu werden – sie verkaufen gleich ihre ganze Seele.«

»Sie können doch nicht Theaterschauspielerinnen und Prostituierte in einen Topf werfen«, sage ich.

»Gibt es da wirklich einen so großen Unterschied?« fragt sie.

»Johanna, ich möchte doch nur wissen, warum Lenya wieder zurück nach Zürich fuhr«, sage ich. »Was Sie mir erzählt haben, macht einfach keinen Sinn.«

»Immer stellen Sie dieselben Fragen, Alison. Ich sagte Ihnen doch bereits, daß …«

»Hatte Franz etwas damit zu tun?« unterbreche ich sie.

»Wieso sollte er?« antwortet sie.

»Gestern erwähnten Sie, daß er Lenyas Ärger in der Schweiz vorausgesehen hatte. Wollte er, daß Lenya in Wien bleibt?«

»Ich kann mich nicht erinnern, daß ich so etwas gesagt habe«, erwidert sie. »Außerdem begreife ich nicht, warum Sie auf Linnerls Reise nach Zürich so herumreiten. Sie tun so, als wäre das die größte Tragödie ihres Lebens. War es aber nicht. Da gab es Schlimmeres in ihrem Leben.«

»In Berlin?« frage ich.

»Ja, in Berlin. Und in München.«

»München?« frage ich erstaunt. »Wann war sie denn dort?«

»1933. Zusammen mit Herrn Weill. Als sie angeblich zusammen Deutschland verließen.«

»*Angeblich*? Mein Gott, Johanna, wovon reden Sie?«

»Ich rede davon, was Linnerl so in ihren Interviews erzählt. Davon sprachen wir doch, nicht wahr?«

»Ja, aber was meinen Sie denn mit ›angeblich‹? Soll das heißen, daß Lenya und Weill nicht zusammen flohen?«

»Ach, woher denn – sie lebten ja schon länger als ein Jahr nicht mehr zusammen.« Johanna wird blaß. »Deshalb ließ Herr Weill sich ja auch von ihr scheiden, als er in Frankreich war.«

»Einen Moment mal, Johanna«, sage ich verwirrt. »Können Sie mir das genauer erklären?«

»Ich werde Ihnen überhaupt nichts mehr erklären«, fährt sie mich an. »Sie haben von mir genug Auskünfte bekommen, und jetzt verschwinden Sie, sonst gibt es ein Donnerwetter.«

Sie sieht mich aggressiv an, und ich halte es für das beste, mich in meine Kabine zurückzuziehen.

Artikel / *Wer überquert neuerdings den Atlantik?* / Weiterer Entwurf

»1913 verließ Lotte Lenya ihre Heimatstadt Wien, um in Zürich ihr Glück zu suchen. Als sie 1933 in Berlin den Höhepunkt ihrer Theaterkarriere erreichte, zwangen sie die politischen Verhältnisse, Deutschland zu verlassen. Lenya hat häufig erwähnt, daß sie zusammen mit ihrem Mann – dem jüngst verstorbenen Komponisten Kurt Weill – nach Frankreich geflohen sei, von wo aus sie zwei Jahre später nach Amerika gingen.

Entgegen dieser Äußerungen erfahren wir nun von Lenyas Mutter, Johanna Blamauer, daß Lenya und ihr Mann 1933 nicht mehr zusammenlebten und Deutschland auch nicht zusammen verließen. Die folgenden Auszüge stammen aus einem Interview, das ich mit Frau Blamauer während ihrer Überfahrt nach New York führte ...«

Fortsetzung folgt.

Alison

Ich laufe über das C-Deck und bleibe dort stehen, wo ich am ersten Morgen unserer Reise den Sicherheitsoffizier traf. Von hier aus sehe ich nach oben und erblicke den dichten Haarschopf, den ich vor vier Tagen für den Kopf einer Galionsfigur gehalten hatte. Regungslos starrt Johanna aufs Meer. Woran mag sie wohl denken? Ob sie noch wütend auf mich ist?

Mein Vater sah nie so lange aufs Meer hinaus. Und das, obwohl er sein Strandgrundstück mit so viel Eifer erkämpft hatte. Unser Sommerhaus liegt in einer der einsamsten Gegenden von Long Island – was meinen Vater nicht davon abgehalten hatte, eine zwei Meter hohe Mauer um sein Grundstück zu errichten: die höchste Mauer, die je zu privaten Zwecken erbaut wurde. Dort, hinter dieser Mauer, bin ich aufgewachsen, und wahrscheinlich ist das der Grund, warum ich vieles im Leben erst später gelernt habe als andere.

Meine Eltern gehörten zu den ersten Neureichen, die sich auf Long Island niederlassen wollten. Entsprechend mißtrauisch reagierten die Inselbewohner auf unsere Ankunft – sowohl die alteingesessene New Yorker Noblesse als auch die verarmten Farmer, die Teile ihres Landes nach und nach verkaufen mußten, um überleben zu können. Beispielsweise an Leute wie meinen Vater, der sich in den Kopf gesetzt hatte zu bauen, wo kein anderer gebaut hatte. Mit Geschäftsfreunden hatte er ein kleines Konsortium gegründet, das nun versuchte, den spärlich besiedelten Landstrich *The Hamptons* weitestgehend aufzukaufen. Nach Bau seines Hauses legte er dem Gemeinderat den Plan für die Errichtung seiner Mauer vor, und so begann der zähe Kampf um seine Festung.

Meine Mutter war die wichtigste Verbündete in seinem Kampf. Da sie eine Protestantin angelsächsischer Abstammung war – eine *Wasp* –, hegte man weniger Mißtrauen gegen sie als gegen ihn, und am Ende vergab man ihr sogar, einen Juden geheiratet zu haben. Der Plan meines Vaters war bei den Einheimischen nicht nur äußerst unpopulär, sondern verstieß auch gegen das Baurecht. Was es an Grenzmarkierungen in unserer Gegend gab, waren entweder zu Weidezwecken aufgestellte Zäune oder Grenzmauern, die einem streng vorgegebenen Baustil folgten und sehr niedrig waren.

»Alles kein Problem«, sagte mein Vater vor der Baukommission. »Meine Mauer wird die großartigste Mauer, die diese Insel je gesehen hat. Und sie wird die Landschaft zweifellos verschönern, da können Sie sicher sein.« Es gab aber doch ein Problem, denn von der geplanten Bauhöhe von zwei Metern wollte er sich um nichts in der Welt abbringen lassen.

Laut meinem Vater bestand die Baukommission aus ›ignoranten Kartoffelgräbern‹ und ›aristokratischen Pleitiers‹, und allesamt seien sie Antisemiten, flüsterte er mir zu. Die Farmer wollten keine Festungsmauer zwischen ihren unverriegelten Gehöften, und die Villenbesitzer widersetzten sich einem Neureichen aus reiner Schadenfreude. Mein Vater hielt ihnen entgegen, daß jeder Amerikaner das Recht, ja die Pflicht hätte, seine Familie zu beschützen, und daß die Baugesetze aus einer Zeit stammten, als es noch weniger Verbrechen gab.

Mein Vater ist ein sehr besitzorientierter Mensch, dessen Weltanschauung man vielleicht in folgendem Satz zusammenfassen kann: Wer sich durchsetzt, gehört zu den Gewinnern – und die anderen, tja, das sind eben die Verlierer. Sozialkritischere Gesinnungen hält er für schlichtweg dumm und macht auch keinen Hehl daraus. Entsprechend freimütig trat er auch gegenüber den Farmern auf, die es gewohnt waren, daß man ihnen mit doppelbödigem Juristenlatein das Land abspenstig machte. »Verdammt noch mal, ich will diese Mauer haben«, schrie er auf einer der Versammlungen mit rotem Kopf und stampfte mit dem Fuß auf den Boden. »Laßt mir diese verdammte Mauer, ich zahle auch jeden Preis dafür.« Daß sich dieser hochgewachsene kräftige Mann wie ein störrisches Kind benahm, überraschte sie, vermutlich tat er manchen sogar leid. Dann einigte man sich auf die Sprache, die alle sprachen – und mein Vater ganz besonders: Geld.

Sie ließen ihn eine Summe in die Gemeindekasse zahlen, von der er drei weitere Häuser hätte bauen können. Und alles nur für einen Haufen aufgeschichteter Steine. Auch die aristokratischen Landherren zeigten sich zufrieden mit dem Deal, denn sie waren tatsächlich alle mittellos, wie mein Vater vorausgesagt hatte. Die Rezession hatte ihnen schwer zu schaffen gemacht, und sie konnten froh sein, daß sie noch ihre Häuser hatten. Meinem Vater war es gelungen, den Börsensturz ohne größere Verluste zu überstehen – ja, er hatte letztlich sogar davon profitiert, erklärte er mir einmal. Dem Grinsen der Farmer ist noch heute anzusehen, daß alle glaubten, ihn übers Ohr gehauen zu haben. Meinen Vater störte das nicht, er hatte bekommen, was er wollte.

1938 kam seine Mauer sogar in die Schagzeilen unserer lokalen Zeitungen, da sie zu den wenigen Bauwerken gehörte, die dem damaligen Hurrikan widerstanden. Über seine Mauer wurde ausführlicher berichtet als über die Reichskristallnacht. So war das in unserer ländlichen Gegend: Was die Leute nicht unmittelbar betraf, interessierte sie nicht. Erst als ein deutsches U-Boot direkt vor unserem Strand auftauchte, wurde der Zweite Weltkrieg für sie Wirklichkeit.

Das erinnert mich an Johanna. Auch sie hat diese Provinzmentalität. Beide Weltkriege hat sie miterlebt – aber weiß sie mehr, als durch ihre drei Fenster zu sehen war? Interessierte sie sich überhaupt dafür, was um sie herum passierte? Lenya ist das genaue Gegenteil: Sie hielt es nie sehr lang an einem Ort, immer zog sie dorthin, wo sie persönlich weiterkam. Und ich? Bin ich wirklich so weltoffen, wie ich tue? Oder fliehe ich vor etwas, das ich selber nicht benennen kann?

Bis ich zwölf war, verboten mir meine Eltern, unsere Festung unbeaufsichtigt zu verlassen. Selbst als Teenager wurde ich eingeschlossen, wenn sie nachts wegfuhren. Jetzt, mit fünfundzwanzig, wohne ich immer noch bei ihnen, und selbst Johanna macht spöttische Bemerkungen darüber. Es ist höchste Zeit, daß ich mir in New York ein eigenes Apartment suche.

Vor einem Jahr rief Turnbull bei uns an. Ich weiß noch genau, wie meine Mutter mich beschwipst ans Telefon rief. Sie erzählte ihm, daß gerade unsere *Cocktailstunde* begonnen habe – der vornehme Ausdruck dafür, sich schon vor Sonnenuntergang zu betrinken. Seitdem hatte

Turnbull es nicht mehr lassen können, mich mit seinen Cocktailscherzen aufzuziehen. Als ich ans Telefon ging, stellte er mich vor vollendete Tatsachen: Die Redaktion der *Saturday Evening Post* habe seine Reise mit mir als Assistentin bewilligt, auch mein Ticket sei schon gebucht. So sicher war er sich, daß ich mitkommen würde.

Mein Vater reagierte wie immer sehr besorgt. »Sei bloß vorsichtig«, sagte er. »Wahrscheinlich gibt es da drüben noch genug Nazis, die sich über jeden Juden freuen, den sie abballern können.« Auch sollte ich mich vor den vielen unentdeckten Minen in acht nehmen, die hin und wieder hochgingen. Ganz anders meine Mutter. Sie war sofort begeistert von Turnbulls Vorschlag und rief: »Jetzt bekommt sie doch noch einen vernünftigen Job – da wäre sie ja schön blöd, wenn sie den nicht annehmen würde.« Meine Mutter war schon immer die Unerschrockene in unserer Familie, es war offensichtlich, daß ich in dieser Hinsicht nicht nach ihr schlug. Vielleicht hoffte sie, daß ich auf meiner Reise lernen würde, mit meinen Ängsten umzugehen …

Jetzt, wo ich so zurückdenke und ihr trunkenes Gesicht vor mir sehe, frage ich mich, ob in ihrer Äußerung vielleicht auch Neid steckte. Vielleicht hätte auch sie gern einmal die Festung meines Vaters für länger verlassen. Erst jetzt wird mir klar, wie sehr ich die letzten Jahre mit mir selbst beschäftigt war, wie viele kleine Dinge mir entgangen sind.

In zwei Tagen bin ich in New York. Und ich freue mich darauf, wieder zu Hause zu sein.

Nach dem Mittagessen wage ich es noch einmal, Johanna aufzusuchen. Es gibt noch eine Menge Fragen, die ich beantwortet haben will, bevor wir in New York einlaufen. Ihr Zorn scheint sich gelegt zu haben, und ich frage: »Wann hat Lenya Deutschland verlassen?«

»Deutschland?«

»Ja. Wenn sie dreiunddreißig nicht mit ihrem Mann nach Frankreich gegangen ist, wann hat sie dann Deutschland verlassen?«

»Dann sind Sie fertig mit Ihren Fragen zu Zürich?«

»Ja«, antworte ich. »Es sei denn, Sie möchten noch etwas dazu sagen.«

»Nein«, sagt sie knapp.

Meine Vermutung ist, daß sie Lenya vom Wiener Straßenstrich wegbekommen wollte und ihr deshalb das Geld für die Rückreise nach Zürich gab – was auch immer die genauen Umstände sein mögen. Sie hoffte wahrscheinlich, daß ihre Schwester doch noch eine Arbeit für sie finden würde. Aber was bringt es, Johanna diese schmerzlichen Details abzuringen? Sie hat recht, meine Fragen waren wirklich unverschämt gewesen.

»In ihren Interviews hat Lenya erzählt, daß die Nazis hinter ihr und ihrem Mann her waren«, sage ich.

»Die Nazis waren hinter Herrn Weill her, nicht hinter ihr«, korrigiert sie mich.

»Aber Lenya war doch auch in Gefahr …«

»Linnerl war nie in Gefahr«, antwortet sie.

»Aber sie spielte doch in der *Dreigroschenoper* mit, und die wurde von den Nazis verboten.«

»Da war Linnerl längst an der Wiener Oper. Die Nazis haben sich nie für sie interessiert.«

»Wie kann sie dann behaupten, daß sie und Weill zusammen flohen? In allen Broadway-Aufführungen, bei denen ich war, stand in den Programmheften, daß sie 1933 zusammen nach Frankreich gingen, dort zwei Jahre lebten und dann mit der SS Majestic nach Amerika fuhren.«

»Das ist Unsinn. Sie war zu der Zeit ja gar nicht in Deutschland.«

»Dann sind sie nicht zusammen geflohen?«

»Nein.« Sie hebt ihre Stimme, als sei ich schwerhörig.

»Aber vielleicht organisierte sie von Wien aus seine Flucht und kam dann erst später nach Frankreich.«

»Das bezweifle ich«, sagt sie trocken. »Linnerl lebte seit zweiunddreißig mit ihrem Liebhaber in Wien zusammen. Ihre größte Sorge war, daß er sie verließ und zu seiner Familie zurückkehrte.«

»Mein Gott, Johanna«, sage ich fassungslos. »Wissen Sie, was sie da sagen? 1933 wurde Hitler Reichskanzler, und kurz danach traten die Gleichschaltungsgesetze in Kraft. Herr Weill befand sich in äußerster Lebensgefahr.«

Johanna sieht in den Himmel. Sie hat dazu nichts zu sagen.

»Und auch in ihrem Brief an Sie schreibt sie, daß sie zusammen mit Weill vor den Nazis floh. Das haben Sie doch gelesen, nicht wahr?«

Sie schweigt und verfolgt mit den Augen eine Regenwolke, die auf uns zu eilt.

»Johanna, bitte antworten Sie mir doch«, sage ich.

»Worauf denn jetzt?« fragt sie erstaunt.

»Also, noch mal von vorn«, sage ich. »Wer war der Liebhaber, mit dem Lenya zusammen in Wien wohnte?«

»Otto. Ein Tenor. Der ehrenwerte Otto Pasetti, der Weills Geld im Spielkasino verpraßte.«

»Weills Geld?«

»Ja. Lenya und Pasetti hatten sein Geld aus Deutschland herausgeschmuggelt, um es vor den Nazis in Sicherheit zu bringen. Dann verspielten sie es in einem Kasino an der Riviera.«

Es ist ungeheuerlich, was Johanna mir da erzählt. Bei einem Skandalblatt könnte ich viel Geld mit diesem Tratsch verdienen. Doch all das ist nichts im Vergleich zu der Behauptung, Lenya habe ihren jüdischen Ehemann allein in Deutschland gelassen.

»Und was geschah mit Weill?« frage ich. »Wie gelang es ihm, ohne sie aus Deutschland zu fliehen?«

»Da fragen Sie mich zu viel«, antwortet Johanna.

Johanna

Wir wissen, daß Sie mit diesem Lumpenpack unter einer Decke stecken – Ihre Tochter ist ja sogar mit einem von denen verheiratet …

Wieder höre ich die keifende Stimme und sehe ihr garstiges Gesicht vor mir. Ich war auf dem Weg zu einem meiner Kunden. Zwei Kilometer lief ich durch zerbrochene Scherben und zu Kleinholz zerschlagene Möbel. Auf dem Bordstein standen verzweifelte Frauen, und Kinder wühlten in den rauchenden Trümmerhaufen auf den Straßen. Diese Leute hatten den Tod eines einzigen Mannes in Paris zu büßen.

Was hatte ich mit diesem Chaos zu tun? Ich hatte lediglich einen Auftrag zu erfüllen. Drei schwere Tüten Wäsche mußte ich abliefern – das heißt, eigentlich war es eine Gefälligkeit von mir. Denn der Mann, dem sie gehörten, war seit drei Wochen nicht bei mir erschienen, um sie abzuholen. Jetzt mußte ich durch die verbotene Zone, es gab keinen anderen Weg zu seinem Haus.

Die elegante Fassade seines Hauses war verschont geblieben, alle Fenster noch heil. Die Haustür war nur angelehnt, wie ich bemerkte. Ich drückte den Knopf auf dem vergoldeten Klingelschild und wartete. Nichts geschah. Ich klingelte ein zweites Mal, noch immer rührte sich nichts. Mir tat der Rücken weh von den schweren Säcken, und ich hatte keine Lust, sie wieder mit nach Hause zu schleppen. Also öffnete ich die Haustür, um seine Sachen wenigstens im Hausflur abstellen zu können.

»Hallo, ist hier jemand?« rief ich. Ich wollte ja nicht, daß man mich für eine Einbrecherin hielt. Keine Antwort, im ganzen Haus herrschte Totenstille. Ich ging ein paar Schritte und stand vor der halb geöffneten Wohnzimmertür. Als ich ins Zimmer sah, staunte ich, wie luxuriös es eingerichtet war: Parkettboden, Eichenmöbel, ein Ölgemälde an der Wand – alles blitzblank geputzt, so als hätte die Putzfrau soeben ihre Arbeit verrichtet.

Die gepflegte Einrichtung erinnerte mich daran, was für ein höflicher und ordentlicher Mann mein Kunde war. Er brachte mir seine Wäsche immer selber vorbei, so als wäre sie zu kostbar, um sie jemand anderem anzuvertrauen. Und keiner meiner Kunden interessierte sich je so für meine Arbeit. Er wußte genau, an welcher Stelle ein Fleck in seinen Kleidern gewesen war, und oft staunte er, wie ich ihn wieder herausbekommen hatte.

Ich konnte nicht umhin, auch in die anderen Zimmer zu gucken, die alle denselben tadellosen Eindruck machten. Nur das Schlafzimmer sah ein bißchen unordentlich aus. Das Bett war aufgeschlagen, und auf dem Kopfkissen lag ein umgekipptes Lederkästchen. Die Kleiderschränke standen weit offen und waren komplett ausgeräumt. Das sah ihm ähnlich, dachte ich: Selbst in der Eile, in der er aufgebrochen war, hatte er sich nicht von seinen geliebten Kleidern trennen können. Und es schmerzte mich, daß in meinen Tüten noch zwei seiner Lieblingshemden waren.

Als ich sein Haus verließ, trat mir wieder der beißende Aschegeruch der umliegenden Trümmer in die Nase. Einen Moment lang wurde mir so schwindlig, daß ich mich auf meine Tüten setzen mußte. Was sollte ich jetzt mit seinen Kleidern machen? dachte ich. Als ich mit meiner Wäsche aus der verbotenen Zone kam, sah ich, daß mich ein Mann und eine Frau aus der Nachbarschaft beobachteten.

»Wissen Sie nicht, daß es verboten ist, durch diese Straßen zu gehen«, fauchte mich die Frau an. »Eigentlich müßten wir Sie dafür sofort anzeigen.«

»Ich bin Wäscherin und mache nur meine Arbeit«, antwortete ich kühl. »Und wenn einer meiner Kunden in dieser Gegend wohnt, dann muß ich eben dorthin.«

Dann keifte sie den Satz, den ich noch immer im Ohr habe: »*Wir wissen, daß Sie mit diesem Lumpenpack unter einer Decke stecken – Ihre Tochter ist ja sogar mit einem von denen verheiratet.*«

»Mit dem Lumpenpack unter einer Decke stecken?« lachte ich ihr höhnisch ins Gesicht. »Seht euch doch mal bitte schön an! Seit zehn Jahren lauft ihr in denselben ungewaschenen Klamotten herum, und da wagt ihr es, über anständige und fleißige Menschen herzuziehen?«

Die Frau starrte mich giftig an.

»Und was geht Sie meine Tochter an«, fuhr ich fort. »Linnerl ist längst in Amerika. Die hat aus ihrem Leben etwas gemacht, die ist reicher als wir alle zusammen.«

»Nicht mehr lange, wenn sie ihr Judengeld wieder hergeben muß«, kläffte die Frau. Da drehte sich ihr Mann um und gab ihr eine Backpfeife. Zornig schrie sie: »Diese Teufel haben einen Deutschen in Paris ermordet, dafür werden sie bezahlen.« Dann trabte sie davon.

Der Mann stand noch immer vor mir und starrte auf meine Plastiksäcke. »Sie wissen, daß wir Sie der Polizei melden müssen«, sagte er.

»Nur weil ich die Wäsche eines Kunden zurückbringen wollte, der sowieso nicht mehr da ist?« antwortete ich.

Er kam näher und beschaute sich die Wäschetüten. Mit der Hand strich er über eins der frisch gebügelten Hemden. So teure Kleider hatte er in seinem ganzen Leben noch nicht berührt.

»Wollen Sie die Sachen haben?« fragte ich ihn.

»Die gehören mir ja nicht«, antwortete er.

»Nehmen Sie die Sachen in Gottes Namen«, sagte ich. »Ich habe sowieso keinen Platz dafür, und mein Kunde wird so schnell nicht wieder auftauchen.«

»Das kann gut sein«, murmelte er. Dann nahm er die drei Säcke und stahl sich davon.

Alison

»Dann hat Lenya gelogen«, sage ich. Ich kann noch immer nicht glauben, daß sie ihren Mann im Stich gelassen hat und aller Welt erzählt, daß sie Deutschland zusammen verlassen hätten. Bisher hatte ich sogar gedacht, er hätte ihr sein Leben zu verdanken.

»Gelogen?« Johanna schreckt aus ihrem Tagtraum hoch.

»Ja, wenn Sie sagen, daß sie 1933 ...«

»Ach, Alison, was verstehen Sie denn schon vom Lügen«, sagt sie. »Dort, wo Sie aufgewachsen sind, waren da immer alle ehrlich zueinander?«

»Manchmal ist man natürlich gezwungen zu lügen«, antworte ich.

»Keiner kann einen zwingen zu lügen«, sagt sie erregt. »Und keiner kann einen zwingen, etwas zu tun, was man nicht will.«

Ich habe keine Ahnung, worauf Johanna hinauswill. Doch ich spüre Scham in mir aufsteigen: Ausgerechnet Johanna – Paradebeispiel einer verbitterten, von ihrer Umwelt geprägten Persönlichkeit – hält mir einen Vortrag über die freie Willensentscheidung des Menschen. Und ausgerechnet mir, einer Frau, die sich keine besseren Startvoraussetzungen im Leben hätte wünschen können. Wie immer löst dieser Gedanke eine Lawine von Selbstzweifeln in mir aus. Immer war es genau diese Widerstandslosigkeit in meinem Leben, die mir zu schaffen gemacht hatte. Mein halbherziger Kampf für eine gerechtere Welt, der Aufstand gegen meine Verlobung, meine Streitereien mit Turnbull – was sind das für Kinkerlitzchen, verglichen mit den Widerständen, gegen die Lenya und Johanna anzukämpfen hatten …

»Sie haben als Kind alles geschenkt bekommen, Alison«, sagt sie. »Aber glauben Sie nicht, daß Sie das umsonst bekommen haben.«

»Wie meinen Sie das?« frage ich verdutzt und überlege, ob sie Gedanken lesen kann.

»Wer viele Geschenke erhält, von dem wird auch viel erwartet. Und gewöhnlich stellen solche Menschen auch hohe Ansprüche an sich selbst. Darin unterscheiden wir uns voneinander. Von mir erwartete nie jemand etwas

Großes, deshalb konnte ich auch immer tun, was ich wollte.«

»Und Lenya?« frage ich perplex.

»Lenya ist wieder ein ganz anderer Fall«, antwortet sie ruhig.

»Lenya hat ihren Mann verraten«, sage ich.

»Hören Sie, Alison. Glauben Sie, ich weiß nicht, was Sie über Linnerl und mich denken? Sie sind sich doch so sicher, daß Sie etwas Besseres sind als wir. Mich halten Sie für eine störrische Alte, die ihr Leben verpfuscht hat, und Linnerl für eine Hure, die irgendwann mit den richtigen Männern ins Bett ging. Die ganze Zeit faseln Sie von *historischer Bedeutung*. In Wirklichkeit wollen Sie nur ihre Nase in Linnerls schmutzige Wäsche stecken, um selber dadurch bekannt zu werden. Was Linnerl für ein Mensch ist, interessiert Sie doch überhaupt nicht ...«

»Doch, Johanna. Genau das interessiert mich. Ich will wissen, was sie für ein Mensch ist«, sage ich trotzig. Ich verdränge den Gedanken, daß Johanna nicht ganz unrecht hat.

»Dann gehen Sie doch zu Linnerl und stellen ihr diese Fragen. Warum muß ich da mit hineingezogen werden? Warum muß ich immer für ihre häßliche Vergangenheit herhalten? Ich weiß doch, was in den Zeitungsartikeln über mich steht, auch in denen, die Linnerl mir nicht geschickt hat. Ich bin die kauzige Alte, die sich weigert, aus Penzing wegzuziehen. Ja, Herrgott noch mal, ist denn das so fürchterlich? Ich bin froh darüber, daß ich mein Leben lang in der Ameisgasse gewohnt habe.«

»Übrigens schreibt Lenya so etwas Ähnliches«, sage ich ein wenig verlegen.

»Was schreibt sie?«

»In dem Brief an Sie schreibt sie: *Ich bin ganz froh, in der Ameisgasse groß geworden zu sein.*«

»So, tut sie das. Dann hat sie wohl doch etwas von mir. Sie nimmt sich immer nur das von den Menschen, was sie gerade braucht.«

Ich begreife Johanna nicht. Eben hat sie ihre Tochter noch verteidigt, jetzt macht sie sie wieder schlecht. »Lenya ist eine der berühmtesten Theaterschauspielerinnen der Weimarer Republik, wenn nicht gar die berühmteste«, sage ich. »Und ihr Erfolg ist sicher nicht allein auf Beziehungen zurückzuführen. Warum gestehen Sie sich das nicht ein, Johanna? Seien Sie doch mal nur eine Minute lang stolz auf Ihre Tochter. Ist das denn so schwer?«

Johanna antwortet nicht. In der Ferne ist Donner zu hören, und ich spüre die ersten Tropfen auf meiner Hand. Aus den Lautsprechern ertönt eine Sturmwarnung. Alle Gäste werden gebeten, sich unter Deck zu begeben. Ich merke, wie ein kleiner Panikanfall meine Lungen zusammenpreßt, doch ich rühre mich nicht von der Stelle.

Fünf Minuten später sind Johanna und ich völlig durchnäßt. Sie starrt in den prasselnden Regen und scheint nicht die geringste Absicht zu haben, dem Aufruf Folge zu leisten. Ich bleibe wacker neben ihr stehen, was sie sogar mit einem kleinen Lächeln quittiert.

Um die Brücke kommt die gekrümmte Gestalt eines Stewards. »Alle Mann unter Deck«, ruft er uns entgegen. Als er näher kommt, erkenne ich ihn: Es ist der gutaussehende eingebildete Amerikaner, der mir am ersten Tag meine Kajüte zeigte. Zwischenzeitlich haben wir ein paarmal miteinander gesprochen, und jedesmal erzählte er mir von seiner Familie: offenbar sein Schutzschild gegen unerwünschte Liebeserklärungen.

»Sie haben doch die Durchsage gehört, oder sind Sie schwerhörig?« meckert er Johanna in seinem schlechten Deutsch an. Er greift grob nach ihrem Arm. »Ein Sturm zieht auf, es ist gefährlich hier oben, verstehen Sie?« Zu mir sagt er in freundlichem Englisch: »Nett von Ihnen, daß Sie sich um die Alte kümmern.«

»Sie hat sich um mich gekümmert«, entgegne ich schroff und löse seine Hand von Johannas Arm. »Außerdem lieben wir es, im Regen zu stehen.«

»Das können Sie an einem Sommertag am Strand machen. Auf einem Schiff kann das gefährlich sein«, antwortet er.

Johanna und ich sehen uns grinsend an, dann gehorchen wir und verschwinden unter Deck. Ich führe Johanna ins Café der Ersten Klasse.

Das Café ist der am geschmackvollsten eingerichtete Raum des ganzes Schiffes. Die Theke und die Regale sind mit angenehm wenig maritimem Schnickschnack verziert und die Wände in warmen Brauntönen gestrichen. Neben dem marmornen Kamin hängt ein großer antiker Spiegel, in dem wir unsere triefend nassen Abbilder betrachten.

Ich ziehe meine Schuhe und meine Strumpfhose aus und lege sie vor das Kaminfeuer – zum Entsetzen der Leute ringsum, die sich sogleich von uns abwenden. Johanna sieht mich stutzig an, dann zieht sie ihre Strickjacke aus und legt sie neben meine Schuhe. Wir setzen uns auf die Couch vor dem Kamin und bestellen zwei Tassen Cappuccino.

»Ich wollte vorhin nicht so unhöflich sein«, sagt sie zu meinem Erstaunen. Die wohlige Atmosphäre scheint ihr Temperament etwas gemildert zu haben. »Aber Sie müssen verstehen, daß ich nur sehr wenig über Linnerl weiß. Seit ihrer Reise nach Zürich haben wir uns nicht mehr oft gesehen.«

»Fünf- oder sechsmal«, zitiere ich sie.

»Ja, so ungefähr«, sagt sie lächelnd.

Jetzt ist der Moment gekommen, um zu fragen, was zwischen Lenya und Weill passierte.

»Und Sie sahen sie auch 1933?« frage ich.

»Ja.«

»Möchten Sie mir erzählen, was damals passierte?«

»Wissen Sie, es macht mir nichts aus, Ihnen Dinge zu erzählen«, sagt sie. »Aber verlangen Sie bitte keine Erklärungen von mir.«

»Keine Erklärungen«, antworte ich. »Versprochen.«

Johanna

»Im März 1933 kam Linnerl zu mir in die Ameisgasse – ich kann mich noch genau an ihren Besuch erinnern. An dem Tag hatte ich viel zu tun: Fünfundzwanzig Hemden hingen auf meiner Leine, die bis zum Abend gebügelt sein mußten. Ich erkannte sie schon an ihren vorsichtigen Schritten im Treppenhaus. Sie ließ sich viel Zeit, bevor sie endlich klopfte.

Als ich sie sah, wußte ich gleich, daß etwas nicht stimmte. Ihre Schminke war zerlaufen, ihr Haar völlig durcheinander, und ihr bunter Pulli paßte nicht zu ihrer zerknitterten schwarzen Hose. Angst stand in ihrem Gesicht: Das war nicht mehr die hochmütige Lotte Lenya, die mich einmal besuchte, um mir stolz von ihrem Ruhm zu berichten. Inzwischen war sie fünfunddreißig. Doch in ihrem gequälten Gesichtsausdruck erkannte ich sofort mein kleines ängstliches Linnerl wieder.

›Dieser Idiot ist wieder in Berlin‹, waren ihre ersten Worte. Die ganze Nacht war sie mit dem Wagen von Berlin nach München gefahren, sagte sie, um ihren Mann in Sicherheit zu bringen. Dann erzählte sie mir, was passiert war. Weill hatte ihr geschrieben, daß Georg Kaiser, den er so sehr verehrte – er wurde jetzt sogar an den Universitäten gelehrt, sagte sie –, ein neues Stück herausgebracht hatte: Der Silbersee. Weill hatte die Musik dazu geschrieben und wollte nun, daß sie bei der Premiere in Leipzig dabei sei. Auf diese Weise versuchte er, sie von Otto Pasetti wegzulocken. Von Weill hatte sie sich schon vor einem Jahr getrennt, sagte sie. Aber täglich bettelte er in seinen Briefen um ihre Rückkehr.

Ehrlich gesagt verstand ich nicht, warum Herr Weill sie nicht einfach zu sich nach Berlin zurückholte, schließlich war sie ja seine Frau. Aber Herr Weill war schon immer ein sonderbarer Mann gewesen, das wußte ich ja – ein Genie eben, wie die Zeitungen ihn nannten. Doch er war raffiniert genug, sich Linnerls Eitelkeit zunutze zu machen. Daß er ausgerechnet auf ihr musikalisches Urteil so viel Wert legte – wo sie nicht einmal Noten lesen konnte –, schmeichelte ihr.

Ihr großer blonder Liebhaber Otto brauchte sie natürlich auch – aber für weniger anspruchsvolle Dinge. Zuerst wollte ich sie fragen, ob sie sich nicht schämte, ihren Ehemann wegen jemandem zu verlassen, der selber Frau und Kinder hatte. Aber ich schwieg und bügelte weiter meine Hemden.

›Hörst du mir überhaupt zu?‹ fragte sie mich nach einer Weile.

Ich nickte. Natürlich hörte ich ihr zu. Auch heute noch kann ich mich an jedes ihrer Worte erinnern. Statt zu antworten, zog ich ihr die zerknitterte Hose aus und warf sie auf den Stapel Hemden neben der Kiste, auf der ich bügelte. Im Bügeln war ich unschlagbar, das hatte sie mir oft geschrieben: Selbst in den vornehmsten Hotels, in denen sie gewohnt hatte, bügelte keiner so ordentlich wie ich.

Dann erzählte sie weiter. Herr Weill hatte sie in Leipzig mit Komplimenten überhäuft und mit Leuten zusammengebracht, die ihr Engagements an Berliner Theatern anboten. Offenbar setzte er alles daran, daß sie wieder zu ihm zurückkehrte. Doch zu jener Zeit hatten die Nazis schon begonnen, Weills Aufführungen zu stören. Am ersten Abend des *Silbersees* kam es zu Zwischenrufen, und am zweiten Abend gab es sogar ein paar Verletzte. Danach wurde Weills Musik offiziell verboten.

Nach diesen Krawallen kamen Weill und seine Künstlerfreunde auf die Idee, seine Musik auf eine Schallplatte aufzunehmen. Mir war klar, daß Herr Weill als Jude Probleme bekommen würde – was die Nazis allerdings an seinen Liedern störte, habe ich bis heute nicht begriffen. Für die Aufnahme fuhren sie zurück nach Berlin. Als sie dort ankamen, ging gerade der Reichstag in Flammen auf, und da wußte Linnerl, daß es höchste Zeit war, Deutschland zu verlassen. Sie hat einen untrüglichen Instinkt dafür, wann es Zeit ist, sich aus dem Staub zu machen.

Linnerl erzählte und erzählte, und ich war schon bei meinem zwanzigsten Hemd angelangt. ›Mußt du denn die ganze Zeit bügeln, wenn ich mit dir rede‹, fauchte sie und fuhr mit der Hand über die Kiste. Dann hielt sie inne und fragte: ›Was habt ihr denn mit der Kiste gemacht?‹

Erstaunt betrachtete sie die Reihe kleiner Nägel in dem Deckel.

›Heinisch hat sie zugenagelt‹, sagte ich.

›Oh‹, antwortete sie und sah mich eine Weile lang an. Dann seufzte sie und erzählte weiter.

›Als wir den Reichstag brennen sahen, rieten mir unsere Freunde, Kurt so schnell wie möglich aus Deutschland zu bringen. Also fuhr ich mit Kurt zu seinem Haus in Kleinmachnow, damit wir seine wichtigsten Sachen einpacken konnten. Genauer gesagt: zu meinem Haus, denn Kurt hatte mir das Haus überschrieben. Zusammen mit einem Strauß Rosen hatte er mir die Schenkungsurkunde nach Wien geschickt, obwohl ich das Haus nicht ein einziges Mal betreten hatte. So sehr wollte er, daß ich wieder zu ihm nach Berlin komme.

Nachdem wir seine Noten verstaut hatten, sah ich mir kurz das Haus an und entdeckte, daß Frauenkleider in seinem Schlafzimmerschrank hingen. ›Warum hast du mir nicht gesagt, daß du mit einer anderen Frau zusammenlebst?‹ fragte ich verärgert. ›Hätte ich das gewußt, wäre ich in Wien geblieben.‹ In seinen Briefen hatte er mir vorgeheult, was für ein schlechter Mensch ich sei, und jetzt erfuhr ich, daß er selber mit jemand anderem zusammenwohnte. Kurt lächelte nur triumphierend und sagte keinen Pieps.

Doch wir waren auf der Flucht vor den Nazis und hatten keine Zeit für Zankereien. Ich schubste ihn auf den Beifahrersitz seines Citroëns und fuhr los. Kurt glaubte nicht an die Gefahr, in der er sich befand, ja, er hatte mehr Angst um seinen Wagen als vor der Gestapo. Wir fuhren die ganze Nacht hindurch und kamen erst im Morgengrauen in München an.‹

Linnerl schwieg einen Moment. ›Es war die richtige Entscheidung, mit Kurt nach München zu fliehen‹, sagte sie dann. ›Ich habe ein Gefühl dafür, wann etwas in der Luft liegt.‹

›Oh, dieses Gefühl habe ich auch‹, sagte ich und dachte daran, wie ich sie im Treppenhaus gehört hatte und gleich wußte, daß etwas nicht in Ordnung war.

›Hast du auch?‹ fragte sie mich überrascht. ›Dann haben wir ja etwas gemeinsam.‹

Ich reichte ihr ihre frisch gebügelte Hose und sah sie einen kurzen Augenblick an. Auf einmal glaubte ich, ein Pünktchen Grau in ihren braunen Augen zu sehen. War es möglich, daß ich das die ganzen Jahre übersehen hatte? Oder ändert sich die Augenfarbe mit dem Älterwerden? Noch eine Gemeinsamkeit, dachte ich.

Linnerl zog ihre Hose an. Dann sog sie an ihrer Zigarette und redete weiter. Wenn sie aufgeregt war, rauchte sie eine nach der anderen.

›Wir fuhren ins Hotel *Vier Jahreszeiten*. Dorthin waren auch viele unserer Freunde gekommen, um von München ihre Weiterreise zu planen. Ich bestand darauf, das billigste Zimmer zu nehmen, für den Fall, daß man Kurts Konto sperren würde – was er natürlich für lächerlich hielt, so fürchterlich naiv war er. Wir stritten den ganzen Tag, weil wir es nicht mehr gewöhnt waren, auf so engem Raum zusammenzuhocken. Dabei hatten wir in Berlin in einem noch kleineren Zimmer gewohnt – damals, während der glücklichsten Zeit unserer Ehe. Doch jetzt machte uns die Enge nervös.

Kurt war die ganze Zeit quengelig. Der Hotelservice paßte ihm nicht, er hatte nicht genügend Anzüge dabei, und ständig fragte er, was er überhaupt in München solle.

Irgendwann reichte es mir, und ich schrie: ›Du bist ein Jude, verdammt noch mal! Und ein Vollidiot dazu. Willst du denn wirklich nach Berlin zurück und dich von der Gestapo verhaften lassen?‹

›Ich bin Deutscher‹, antwortete er trotzig, und ich las in seinem Gesicht, wieviel Wut und Erniedrigung er bei diesem Gedanken empfand. Dann begann er, einen Brief zu schreiben ...‹

An dieser Stelle unterbrach ich Linnerl und fragte: ›Wo ist Herr Weill denn jetzt?‹

›Ich habe dir doch schon gesagt, wo er ist, Mutter‹, schnauzte sie mich an. ›Dieser Schwachkopf ist zurück nach Berlin gefahren. Der Brief, den er geschrieben hat, war an seine Verleger adressiert. Er wollte, daß sie mehr für seine Karriere tun: Sie sollten dafür sorgen, daß seine Musik auch in Frankreich und Amerika aufgeführt wird. Er war bereit, Deutschland zu verlassen – aber nur als international bekannter Komponist.‹

Sie holte einen Zettel aus ihrer Handtasche und sagte: ›Ich habe dem Rezeptionisten den Brief wieder abgeknüpft, ich kann dir vorlesen, was er seinen Verlegern schreibt:

... Sie müssen den Produzenten in New York die Eigenarten meiner Musik verständlich machen – nämlich, daß es sich nicht um Jazz im amerikanischen Sinn handelt, sondern eher um einen besonderen, völlig neuartigen Klang, der nur durch das genaue Befolgen der ursprünglichen Partitur erzeugt werden kann ...

Kannst du dir das vorstellen, Mutter? Mein verbrecherischer jüdisch-bolschewistischer Künstlerehemann sorgt sich allein um seine Musik, während eine geisteskranke Regierung nach seinem Leben trachtet!

Als Kurt begann, seinen Koffer zu packen, sagte ich: ›Wenn du jetzt zurückfährst, verlasse ich dich ein für allemal. Einen toten Ehemann kann ich nicht gebrauchen. Da habe ich mehr von einem Liebhaber, der noch am Leben ist.‹

›Du meinst Otto?‹ fragte er.

›Ja, ich gehe sofort zu ihm zurück, wenn du jetzt nicht vernünftig bist.‹

›Ich dachte, das mit Otto wäre vorbei‹, sagte er.

›Und ich hatte gedacht, du würdest allein leben und auf mich warten‹, antwortete ich. ›Aber von mir aus fahr doch zurück zu deiner Schlampe, die in meinem Bett schläft!‹

Kurt lief krebsrot an. Eine Sekunde lang dachte ich, er hätte sich an etwas verschluckt. Dann sprang er wie ein wilder Indianer durchs Zimmer. ›In *deinem* Bett?‹ schrie er. ›Du mußt ja wohl völlig spinnen. Das Haus, das ich dir geschenkt habe, hast du dir ja nicht einmal angesehen! Du hast es doch gar nicht verdient, daß ich so gut zu dir bin. Geh doch von mir aus zurück zu deiner dämlichen Opernschwuchtel!‹

›Otto ist vielleicht nicht der Klügste‹, sagte ich. ›In dem anderen Punkt kann ich dich aber beruhigen. Eine Schwuchtel ist er nicht.‹

›Treib es, mit wem du willst. Aber das gibt dir nicht das Recht, Erika eine Schlampe zu nennen. Sie ist ein sehr feiner Mensch, und wir sind gute Freunde.‹

›Gute Freunde?‹ fragte ich. ›Warum gibst du nicht wenigstens zu, daß ihr miteinander vögelt?‹

›Habe ich denn kein Recht auf Zärtlichkeit, wenn meine Frau mit ganz Wien ins Bett steigt? Außerdem geht es mir jetzt um meine Musik, Herrgott noch mal! Ich lasse mein Lebenswerk nicht in den Händen meiner unfähigen Verleger – nicht jetzt, wo die Nazis mein Land vor die Hunde gehen lassen.‹

›Aber was willst du denn noch in Berlin?‹ fragte ich. ›Wir haben doch deine Noten mitgenommen.‹

›Aber Lenya!‹ herrschte er mich an. ›Das sind doch längst nicht alle. Hast du nicht gesehen, wieviel noch in den Regalen steht?‹

Da wußte ich, daß meinem verrückten Ehemann nicht mehr zu helfen war …‹

Sie drückte die Zigarette aus und sah nachdenklich an die Decke. Da bemerkte ich, daß ich mich geirrt hatte. Ihre Augen waren ein klares, durchgängiges Braun – nicht die geringste Spur von Grau war darin zu entdecken.

Ich begann, die frisch gebügelten Hemden in die Plastiksäcke zu stecken und sagte: ›Und jetzt meinst du das Recht zu haben, zu deinem Otto zurückzukehren?‹

Sie sah mich verblüfft an. Daß ihr Publikum auch etwas zu sagen hatte, war sie nicht gewöhnt. Sie kämmte sich die Haare und legte neue Schminke auf. Nach zehn Minuten sah sie wieder so aus wie auf den Zeitungsfotos.

›Jetzt muß ich mich aber beeilen‹, sagte sie. ›Otto wartet im Operncafé auf mich.‹ Damit stand sie auf und ging. Und seitdem haben wir uns nicht mehr gesehen …«

Alison kritzelt alles mit, was ich sage. Ihr Block ist inzwischen fast vollgeschrieben. Mehr habe ich auch nicht zu sagen. Jetzt weiß sie alles, was ich weiß – fast alles.

»Wissen Sie, was seltsam ist«, sage ich. »Ich habe den Tag so klar vor Augen, daß ich mich an jede Einzelheit erinnern kann, an Linnerls Worte, ihren Pulli, ihre zerknitterte Hose. Doch eine Sache will mir partout nicht einfallen, obwohl ich oft darüber nachdenke. Ich weiß nicht mehr, wem die Hemden gehörten, die ich an jenem Tag gebügelt habe. Ist das nicht sonderbar?«

Alison runzelt die Stirn und fragt: »Und was passierte mit Herrn Weill? Wie konnte er den Nazis entkommen?«

»Das weiß ich nicht.«

»Und wann hörten Sie wieder von ihm?«

»Als er begann, von Frankreich aus Geld zu schicken. Inzwischen war auch Linnerl bei ihm.«

»Aber wie er genau von Deutschland nach Frankreich gekommen ist, wissen Sie nicht?«

»Nein. Das sagte ich doch bereits.«

»Hatten Sie denn keine Angst, daß Herrn Weill etwas zustoßen würde?« Alisons Stimme klingt auf einmal sehr unfreundlich. »Sie konnten sich doch vorstellen, in welcher Gefahr er sich befand.«

»Ich kannte ihn ja kaum …«, antworte ich.

»Wie können Sie so etwas sagen, Johanna?« fährt sie mich an. »Herr Weill hat sich um Sie gesorgt, er hat Ihnen Geld geschickt – sogar noch, als er auf der Flucht war. Sie wußten, daß die Nazis unschuldige Menschen ermordeten, und da ließ es sie völlig kalt, was mit Herrn Weill geschah?«

»Wenn Herr Weill sich um mich gesorgt hatte, war das seine Sache. Ich hatte ihn nie um seine Hilfe gebeten.«

Alison

Jack findet die Geschichte fürchterlich komisch. »Was hat sie?« grölt er vor Lachen. »Sie hat ihn allein zurückkehren lassen in die Höhle des Löwen?«

Ich konnte nicht anders, als mich jemandem anzuvertrauen. Johannas Geschichte hat mich zu sehr aufgewühlt – und Jack ist gebildet genug, um die Bedeutsamkeit dieser historischen Enthüllung zu würdigen. Jetzt warten wir zusammen auf unser Abendessen. Mrs. Emerald und Gustav sind noch nicht eingetroffen.

»Also so ein Herzchen. Und dann hat er sie trotzdem mit nach Amerika genommen?« Jack tut entrüstet, ohne seinen Genuß an diesem Skandal verbergen zu können. »Ja, ja, es passieren schon die skurrilsten Dinge im Leben. Aber dafür bin ich ja Fachmann, wie Sie wissen. Würde es Ihnen übrigens etwas ausmachen, wenn ich die Story in mein Buch aufnehme?«

»Allerdings würde mir das etwas ausmachen«, antworte ich scharf.

»War ja nur so eine Idee«, gibt er sich gleich geschlagen. »Dann eben nicht.«

Ob er so dreist ist, diese Enthüllung trotzdem unter seine Holocaust-Schmankerl zu mischen? *Lotte Lenyas Verrat an Kurt Weill* als reißerische Überschrift. Doch wer würde ihm glauben? Natürlich müßte er auch Johannas Einverständnis einholen, nur das dürfte ihm nicht gelingen, dafür würde ich sorgen.

Jetzt erscheinen auch Mrs. Emerald und Gustav an unserem Tisch. Jack teilt ihnen die Neuigkeiten sofort mit. Das habe ich meiner eigenen Geschwätzigkeit zuzuschreiben.

»Wenn es um Leben oder Tod geht, sind sich die Menschen doch sehr ähnlich«, schließt er seinen zehnminütigen Monolog. »Dann denkt jeder nur noch an sich.« Er sieht uns groß an, als erwarte er Applaus für seine profunde Bemerkung.

Gustav räuspert sich. Sorgsam legt er sein Messer mit der Spitze auf den Tellerrand und sagt: »Wie groß ist die Liebe zu einem Menschen, wenn man ihn so einfach im Stich lassen kann?« Mrs. Emerald sieht ihn überrascht an.

»Eine sehr gute Frage«, antwortet Jack. »Vielleicht liebte Lenya ihn ja wirklich, hielt ihn aber für gerissen genug, um allein zurechtzukommen.«

»Also, so ein Quatsch«, sagt Mrs. Emerald mit vollem Mund. »Wenn Sie mich fragen, hat diese Frau Lenya – oder wie sie heißt – ihren Mann eiskalt verraten. Alle wußten doch, was die Nazis mit den Juden machten, und die meisten Deutschen hatten ja wohl nichts dagegen. Für mich ist diese Lenya eine Schlange, eine kaltblütige Schlange.«

»Nun, es hat hier jeder das Recht auf seinen eigenen Standpunkt«, sagt Jack. Es ist ihm anzusehen, wie sehr er seine Rolle als Diskussionsleiter genießt. »Bedenken wir aber einmal folgendes: Vielleicht bewunderte Lenya ihren Mann so sehr, daß sie ihn für unverwundbar hielt. Wäre das nicht eine plausible Erklärung?«

Es ist merkwürdig. Ich sitze hier mit einer Gruppe von Leuten, die ich gerade einmal vier Tage kenne und nach unserer Ankunft nie mehr wiedersehen werde, nichtsdestotrotz bespreche ich mit ihnen eine Angelegenheit, die mich sehr bewegt und die der größte journalistische Fischzug meines Lebens werden könnte. Ich nippe an meinem Weinglas und betrachte unsere kleine Runde: Jack Wilson – ein skandalhungriger Möchtegernschriftsteller mit einer absurden Buchidee; Mrs. Emerald – selbsterklärte Israelexpertin, die es mit dem einen oder anderen Deutschen nicht so genau nimmt; und Gustav X – angeblich Staatsbürger eines kleinen neutralen Landes in Europa.

Und was halte ich selber von dieser Geschichte? Johanna sagt, daß sich Lenya und Weill in München stritten. Daß er nach Berlin fuhr, um seine Musik zu retten, und sie zu ihrem Liebhaber in Wien ging – mit dem sie Weills Geld im Kasino verpraßte. Aber wie konnte sie ihren Mann 1933 allein in Berlin lassen? Wie ist dieses Verhalten zu bewerten? Und wäre es nicht denkbar, daß sie später doch noch nach Berlin fuhr, um ihm bei der Flucht zu helfen? Johanna scheint das zu bezweifeln. Und wenn sie recht hat, muß man Lenya wohl wirklich als schändliche Lügnerin bezeichnen.

Wieder ist ein Räuspern zu hören. »Ich kann mir diese Sprüche einfach nicht mehr länger anhören«, sagt Gustav verärgert. »Ihr Amerikaner wißt ja über alles so gut Bescheid – auch über Dinge, von denen ihr nicht die geringste Ahnung haben könnt. Keiner von euch weiß, wie er an Lenyas Stelle reagiert hätte. Daß der Nationalsozialismus eine Tragödie ohne Helden war, geht einfach nicht herein in eure Köpfe.«

Betreten sehen wir auf die Kerzen auf unserem Tisch. Gustav ist der einzige Europäer unter uns, und daß wir Amerikaner den Krieg nur als Außenstehende wahrgenommen haben, ist sicher nicht zu leugnen.

Jack wagt als erster, das Schweigen zu brechen. »Nun, ganz sicher verschlagen uns die unvorstellbaren Grausamkeiten des Dritten Reichs im ersten Moment die Sprache.« Er stiert auf seine rosigen Fingerkuppen, dann zitiert er weiter aus seiner Einleitung. »Ja, für die Vernichtung von Millionen unschuldiger Menschen kann es gar keine Worte geben. Doch mittels des Humors – dieser einzigartigen, allein der Gattung Mensch vorbehaltenen Fähigkeit – kann das Unsagbare wieder sagbar gemacht werden. Mit Humor werden wir die Krise des

Schweigens überwinden und den Holocaust vor dem Vergessen bewahren.«

Mrs. Emerald verdreht die Augen, sie kennt das Thema zur Genüge. Auch bei den Mahlzeiten redet er von nichts anderem mehr.

»Alison, Ihre Geschichte beweist, daß es nicht nur Bösewichte und Opfer gibt«, plappert er jetzt Gustav nach, »sondern auch komplexe Charaktere in komplexen Umständen.«

Die anschließende Stille wird von unserem Stochern im Kompott gestört. Selbst in der Ersten Klasse gibt es kein frisches Obst. Plötzlich fällt mir Lenyas Bemerkung aus ihrem Brief ein:

… Dennoch werde ich ganz sicher einmal nach Europa kommen, um der Opfer des Dritten Reichs zu gedenken. Schließlich hätten auch Kurt und ich darunter sein können, wenn wir nicht ein solches Glück gehabt hätten. Vielleicht hilft mir das ja, mit der Wunde zwischen uns fertig zu werden, die nie ganz verheilt ist …

Bisher hatte ich gedacht, mit *Wunde* meinte sie ihre erzwungene Ausreise aus Europa – die Unvergeßlichkeit der Nazi-Greuel, die Scham, zu den Privilegierten zu gehören, die sich die Flucht hatten leisten können. Doch jetzt, nach Johannas Erzählung, scheint mir die Bemerkung auf etwas anderes hinzuweisen: Lenyas Betrug.

»Wo wir gerade von Bösewichten und Opfern sprechen …«, flüstert Mrs. Emerald und blickt sich verstohlen um. »Sie kennen meine Geschichte ja noch gar nicht. Bestimmt haben Sie sich schon gewundert, warum ich mit dem Schiff nach New York fahre, obwohl ich doch nach

Israel geflogen bin – ich hatte ja auch ein Rückflugticket, doch das habe ich storniert … aber ich fange am besten mal von vorne an. Also, vor einem Monat teilte mir mein Mann mit, daß er wieder auf eine Geschäftsreise müsse. Er nimmt mich nie mit auf seine Geschäftsreisen, aber weil ich nicht allein zu Hause bleiben wollte, kam ich auf die Idee, mir einmal den neuen Staat Israel anzusehen – mal etwas ganz anderes, dachte ich. Doch nachdem ich mein Ticket gebucht hatte, meldeten sich plötzlich Verwandte von uns, die in Israel wohnten. Zwei Cousinen von meinem Großvater, die wir schon für tot geglaubt hatten, weil sie sich seit Ende der Dreißiger nicht mehr gemeldet hatten.«

»Und da kamen Sie natürlich nicht umhin, sie zu besuchen«, sagt Jack gehässig.

»Nein. Das heißt, natürlich interessierte mich schon, wie es ihnen ging und wie sie lebten. Aber ich wollte ja eigentlich etwas ganz anderes erzählen. Denn zwei Tage vor meinem Abflug bekam ich einen Anruf von meiner Schwester. Und die erzählte mir, daß ihre beste Freundin sterbenskrank sei. Deborah heißt sie, und sie hat Brustkrebs. Und jetzt soll ich ihr ein neues Medikament mitbringen, das es nur in Israel gibt: *Latrail* nennt es sich. Meine Schwester sagt, sie habe vielleicht nur noch drei Monate zu leben. Ist das nicht fürchterlich?«

Gustav kratzt teilnahmslos an einem Soßenfleck auf der Tischdecke. Offenbar kennt er die Geschichte schon. Mrs. Emerald schaut hilflos in die Runde. Um etwas Anteilnahme zu bekunden, frage ich: »Kannten Sie die Freundin Ihrer Schwester gut?«

»Früher, als wir jünger waren, sahen wir uns alle zwei, drei Wochen. In letzter Zeit seltener. Sie müssen wissen, Deborah ist eine so liebe Seele, so ganz ohne Falsch. Nie würde sie jemandem etwas Böses tun. Aber so ist das in der Welt: Immer trifft es die, die es am wenigsten verdient haben. Soviel habe ich gelernt in meinem eigenen sündhaften Leben.« Der Gedanke rührt sie, und ihre Augen werden glasig.

Jack grinst schamlos zu mir herüber. »Und weiter?« fragt er ungeduldig.

»Wie gesagt, meine Schwester wollte, daß ich Deborah das Medikament mitbringe. Unsere Ärzte ignorieren nämlich die medizinischen Fortschritte in Israel. Und hinzu kommt noch, daß das Medikament bei uns sogar strengstens verboten ist. Das muß man sich mal vorstellen. Darf denn eine todkranke Frau in den letzten Wochen ihres Lebens nicht schlucken, was sie will? Auch wenn das Medikament nicht hilft: Warum kann man es nicht wenigstens mal probieren? Meine Großcousine hat mir das Medikament jedenfalls in Israel besorgen können. Deshalb fahre ich mit dem Schiff zurück nach New York. Denn die Zollkontrolle auf den Flughäfen soll ja so viel strenger sein als …

»Psssst … nicht so laut«, flüstert Jack. »Es muß ja nicht gleich jeder erfahren, daß an unserem Tisch eine Kriminelle sitzt.« Wieder liegt ein unverschämtes Grinsen auf seinen Lippen.

»Ich mußte ihr natürlich den Gefallen tun«, sagt sie. »Welcher mitfühlende Mensch kann eine solche Bitte abschlagen? Schließlich müssen wir alle zusammenhalten in dieser schrecklichen Welt. Hätten das die Menschen im Dritten Reich getan, wäre es nicht zu diesen fürchterlichen Verbrechen gekommen.«

Gustav sieht sie an. »Was meinen sie mit ›alle zusammenhalten‹?«

»Na ja, Sie wissen doch, was ich meine«, antwortet sie. »Hätte damals nur einer den Mut gehabt, sich gegen Hitler zu erheben, hätten alle anderen mitgemacht, und es wäre nie soweit gekommen.«

»So ein Schwachsinn!« Gustav quietscht vor Erregung und haut auf den Tisch. »*Hätte damals nur einer den Mut gehabt* ... Mir wird echt schlecht, wenn ich das höre. Diese Äußerung ist so hirnrissig, die kann nur von einem Amerikaner kommen!«

»Jetzt seien Sie doch nicht so, Gustav«, sagt sie. »Sie wissen doch, daß ich das nicht böse meine.«

Gustav raucht vor Zorn, und einen Augenblick lang ist nur das Plätschern des Rotweins zu hören, den Jack uns fortwährend nachgießt. Dann legt er seine Brille auf den Tisch und reibt sich die Augen.

»Ich war Student in West-Berlin direkt nach dem Krieg«, sagt er, ohne einen von uns anzusehen. »Sicher eine sonderbare Stadt, um dort zu studieren, doch für einen Geschichtsstudenten genau der richtige Ort, um Einblick in die Nachkriegspolitik zu bekommen. Ich wurde Zeuge, wie die Stadt in zwei Teile zerbrach. Eine solche Teilung ist immer sehr dramatisch – besonders, wenn sie Menschen auseinanderreißt. Ja, ich sage es gleich frei heraus: Ich hatte mich in ein Mädchen aus dem russischen Sektor verliebt.

Wir waren uns auf einem wöchentlichen Kolloquium begegnet, das zwei Professoren als Kulturaustausch zwischen Ost und West geplant hatten. Die Professoren kannten sich aus ihrer Studentenzeit in Leipzig – jetzt unterrichtete der eine im amerikanischen, der andere im russischen Sektor. Auf einer der Sitzungen lernte ich Marianne kennen, eine junge Ostdeutsche, die wie ich Geschichte studierte. Es war Liebe auf den ersten Blick –

obwohl es nicht einen Punkt gab, in dem wir einer Meinung waren. Trotzdem glaubten wir, einander in die Seele schauen zu können. Nach unserer dritten gemeinsamen Nacht wurde die Sektorengrenze geschlossen, und ich durfte sie nicht mehr besuchen.

Natürlich hätte ich nach Ostberlin ziehen können, wenn ich mich bereit erklärt hätte, Staatsbürger der Deutschen Demokratischen Republik zu werden. Vielleicht hätte sich auch ein Weg gefunden, Marianne nach West-Berlin zu schleusen. Doch ich bin sicher, daß sie das nicht gewollt hätte – denn sie war eine überzeugte Anhängerin der Sozialistischen Einheits-Partei, deren Arbeit sie als einmalige historische Chance ansah, eine bessere und gerechtere Welt zu schaffen. Ich möchte nicht die politischen Parolen wiederholen, mit denen sie um sich warf – all das wird dem Menschen nicht gerecht, der dahintersteckte. Sie war eine sehr tiefsinnige und ethisch denkende Frau. Sie hatte sich ihr Bild von der Wirklichkeit gemacht und wollte ihre Ideen konsèquent in die Tat umsetzen – niemand darf sie dafür verurteilen. Im Gegenteil: Willensstarke Menschen wie sie verdienen unsere Bewunderung.

Ich schrieb ihr, daß ich die ostdeutsche Staatsbürgerschaft annehmen und dann zu ihr nach Ostberlin kommen würde, zuvor aber meine Eltern besuchen wollte. Zu Hause versuchten natürlich alle, mir diese Idee auszureden, aber ich blieb standhaft. Bis ich dann erfuhr, daß meinem Antrag für ein Fulbright-Stipendium in Amerika stattgegeben worden war. Nach kurzem Überlegen entschloß ich mich für ein Leben in Freiheit.

Ja, Liebe oder Freiheit, so lauteten die fürchterlich kitschigen Alternativen, vor denen ich stand. Jetzt fahre ich wieder nach Amerika, um einen Lehrauftrag an einer Universität anzunehmen. Und seit damals habe ich mich nie wieder bei ihr gemeldet. Ich habe sie weder angerufen, noch habe ich ihr geschrieben – nichts. Was hätte ich ihr auch sagen sollen? Daß meine Liebe nicht stark genug war, um mein Versprechen zu halten? Das hat sie auch so gemerkt – außerdem kannte sie mich gut genug, um zu wissen, wie ich mich fühlte. Wozu die überflüssigen Worte? *Liebe oder Freiheit, Liebe oder Freiheit ...* wie ich dieses Klischee hasse – und ich spüre, wie es mich innerlich zermalmt. Mein Gott, ich bin erst achtundzwanzig Jahre alt. Warum ist mein junges Leben schon so vom Schicksal gezeichnet? Und ich weiß nicht, ob ich je wieder lieben kann ...«

Er kehrt mit seinen Gedanken zurück an unseren Tisch und setzt seine Brille wieder auf. »Aber das werdet ihr Amerikaner natürlich nicht verstehen«, sagt er. Dann steht er auf und geht einfach. Er hat kein Interesse zu erfahren, was wir von seiner Geschichte halten, und wer kann ihm verdenken? Er fühlt sich vom Schicksal betrogen, und seine Bitterkeit wird ihm keiner nehmen können. Allerdings bezweifle ich, daß er in einer anderen Stadt oder zu einer anderen Zeit glücklicher geworden wäre. Gustav ist der geborene Melancholiker: Menschen wie er verstricken sich unweigerlich in tragische Umstände. Aber natürlich ist das auch wieder ein Klischee. Wer weiß, was in dem unglücklichen Menschen wirklich vor sich geht.

Was für bemerkenswerte Offenbarungen Lenyas Story meinen Tischnachbarn entlockt hat, denke ich. Jeder wünscht sich, seine kleinen Verbrechen jemandem zu beichten – am besten Menschen, die man nie wiedersieht.

Reisegefährten sind geradezu prädestiniert dazu. Dennoch frage ich mich, warum Johanna ausgerechnet mir diese delikate Angelegenheit anvertraut hat. Wo sie doch weiß, daß ich Journalistin bin und Lenya mit dieser Story sehr schaden könnte. Benutzt Johanna mich für ihre Rache?

Jacks Hand auf meiner Schulter reißt mich aus meinen Gedanken. »Was?« frage ich erschrocken.

»Ich habe Sie belogen, Alison«, grummelt er.

»Aha«, sage ich.

»Ich habe Ihnen doch erzählt, daß mehrere Verlage an meinem Buch interessiert seien.«

»Und?« frage ich.

»In Wirklichkeit habe ich nur Absagen bekommen«, sagt er kleinlaut.

Mir fällt zu dieser verspäteten Beichte nichts Tröstliches ein. Außerdem habe ich nicht vor, Jack bei der Veröffentlichung seines Buchs zu helfen. Ein langer Tag liegt hinter mir, und deshalb ziehe auch ich mich jetzt zurück in meine Kabine.

Johanna

Der Nachthimmel ist bewölkt. In den Wolken steckt noch der Wind von heute nachmittag. Ich spüre, daß er zunehmen wird – ja, ich wünsche mir, daß der Ozean einmal so richtig wütend wird. Wie stürmisch es auch werden mag, ich bleibe hier stehen, mich an der Reling festklammernd. Selbst wenn der Dampfer untergeht, ich werde nicht loslassen.

Meine Hände sind groß und stark, anders als Linnerls. Mit ihnen habe ich ein Leben lang mein Geld verdient.

Aber auch sie wäre nicht weitergekommen ohne ihre geschickten Hände – das einzig Ansehnliche an ihr. *Und wieder eine Gemeinsamkeit,* höre ich sie sagen. Denn mit ihren Händen konnte sie das Gröbste ihrer Bewegungen verbergen. Ja, wenn sie eins vollkommen unter Kontrolle hatte, dann waren es diese kleinen flinken Hände. Nie kaute sie an den Nägeln oder spielte mit irgendwelchen Gegenständen – nicht so wie Alison, die ständig mit ihrem Füller herumfuchtelt. Mit ihren Fingern unterstrich sie so gekonnt ihre Gesten, daß keiner mehr auf die Stummelbeinchen achtete; als ich sie im Theater am *Schiffbauerdamm* sah, bewegte sie fast nur ihre Hände. Nur wenn sie Angst bekam, verlor sie die Kontrolle darüber: Dann zuckte sie zusammen und hielt sie schützend vors Gesicht.

Genauso wie damals, als sie in ihren ungebügelten Sachen zu mir kam. Ich wollte ihr nur die zerknitterte Hose ausziehen, da zuckte sie auf einmal zusammen, als wollte ich sie umbringen. Mein liebes Kind, dachte ich, beruhige dich wieder, ich tue dir doch gar nichts. Fünfunddreißig war sie da schon und benahm sich immer noch wie ein schreckhaftes Gör.

Als Kind hatte sie Angst vor Franzens Backpfeifen gehabt. Wie wir alle – denn die hatten es ganz schön in sich. Doch mein Gott, wie lang war das schon her? Hatte sie immer noch ein schlechtes Gewissen? Andererseits besaß sie ein Talent dafür, sich ständig Ärger einzuhandeln. Ob zu Hause, bei Franzens Schwester oder bei Sophie – auch im Theater in Zürich war es ja nicht anders gewesen.

Und dann die vielen Männer, die sie an der Nase herumführte. Von Beust, Revy, Weill, Pasetti, und wie sie alle hießen. Da war der Ärger absehbar. ›Liebe‹ nannte sie es – das war der Ausdruck, den man in ihren Kreisen dafür benutzte. Bei uns in der Ameisgasse hieß das …

Aber egal, Linnerl war alt genug, um zu wissen, was sie tat; ja, schon mit zwölf wußte sie genau, was sie wollte. Aber Liebe? Mag sein, daß es zwischen ihr und Herrn Weill solche Momente gegeben hat.

Der gute Herr Weill. Dieser zierliche kleine Mann, der ihr stets alles verziehen hat. Was sah er in ihr? frage ich mich, und hat er ihr den Betrug wirklich vergeben? Nachdem sie damals mit Revy nach Berlin geflüchtet war, schrieb sie mir: ›Alle Leute sollten wenigstens einmal im Leben einem Menschen wie von Beust begegnen.‹ Vermutlich läßt sich dasselbe von Herrn Weill sagen.

Alison

Meine ovale Decke dreht sich wie das Firmament einer Sternwarte. Ich habe viel zuviel Wein getrunken. Bruchstücke der Geschichten, die ich heute hörte, blitzen vor meinen Augen auf. Der brennende Reichstag, Herr Weill in einem Haufen voller Noten und eine krebskranke Frau, die sich an Hustensaft verschluckt.

Ich war die einzige an unserem Tisch, die nicht gebeichtet hat. Was hätte meine Geschichte auch zu suchen gehabt unter den Schicksalen eines von der Weltgeschichte betrogenen Liebhabers und einer Todkranken? Sicher hätte sie Befremden ausgelöst – oder Kommentare, die noch absurder sind als meine Geschichte selbst. Dennoch wünschte ich mir natürlich, mich jemandem anvertrauen zu können. Doch das wird wohl warten müssen, bis ich in New York bin …

Der Seegang macht mir zu schaffen. Ich stehe auf und gehe zu meinem winzigen Kühlschrank. Ich greife nach der Wasserflasche und trinke sie in einem Zug leer, das wird den Alkoholspiegel senken. Dann lasse ich mich zurück aufs Bett plumpsen und denke erleichtert: Heute geht der vierte Tag unserer Reise zu Ende – Gott sei Dank. Und noch ein Grund gibt es, guter Dinge zu sein: Habe ich nicht mehr über Lotte Lenya erfahren, als ich je erwartet hätte?

Ich nehme meinen Block vom Tisch, krame das dicke Notizbuch aus meiner Tasche und lege mich bäuchlings auf die Matratze. Dann schreibe ich weiter an meiner Reportage.

Artikel / *Wer überquert neuerdings den Atlantik?* / Fortsetzung

»… Vergegenwärtigt man sich die Zusammensetzung der deutschen Juden im Jahr 1933, bekommt man einen besseren Blick für die intellektuelle Flurbereinigung, die die Nationalsozialisten mit so viel Organisationstalent vorgenommen haben. Während nur ein Prozent der deutschen Bevölkerung Juden waren, stellten diese Leute zwölf Prozent aller deutschen Hochschulprofessoren und zwanzig Prozent aller deutschen Nobelpreisträger.

Zwischen 1933 und 1945 kamen dreihunderttausend NS-Flüchtlinge nach Amerika. Ein Zehntel dieser Menschen waren Naturwissenschaftler, Geisteswissenschaftler und Künstler. In anderen Worten: Innerhalb von nur zwölf Jahren strömten dreißigtausend überdurchschnittlich gebildete und begabte Menschen nach Amerika. In der Besiedlungsgeschichte unseres Landes – ja, in der Besiedlungsgeschichte der ganzen Welt – ist ein solch spezifischer Zuwanderungsstrom einmalig.

Zu den bekanntesten Wissenschaftlern, die nach Amerika zogen, gehören Bethe, Bloch, Fermi, Teller und natürlich Albert Einstein, dessen Relativitätstheorie das Newtonsche Weltbild ablöste. Im Bereich der bildenden Kunst bereicherten Maler wie Chagall, Kandinsky, Klee, Grosz und Dalí unser Land – die gesamte Pariser Schule wurde mit einem Schlag nach New York verpflanzt. Auch das deutsche *Bauhaus*, eine Architekturschule, die unseren

Städtebau in den letzten Jahren geradezu revolutionierte, gehört zum wertvollen Treibgut des Nationalsozialismus, das in Person von Walter Gropius, Mies van der Rohe und anderen namhaften Architekten an unsere Küste gespült wurde. In der Musik begegnen uns neben Kurt Weill Namen wie Strawinsky, Schönberg, Hindemith und Bartok; in Theater und Film Piscator, Max Reinhardt, Fritz Lang und Billy Wilder; und in der Literatur und Philosophie sind es so bekannte Leute wie Nabokov, Feuchtwanger, die Gebrüder Mann, Bertolt Brecht und Hannah Arendt.

Mit den jüdischen Flüchtlingen und anderen Verfolgten der Weimarer Intelligenzija wurde ein bedeutender Teil unseres westlichen Kulturerbes nach Amerika gebracht. Diese Umsiedlung fand auf Ozeandampfern wie der *Liberté* oder der *SS Majestic* statt – auf Luxusschiffen, die zwischenzeitlich zu Kriegsschiffen umfunktioniert wurden. Daß wir heute, im Jahr 1950, auf einem dieser Schiffe der Mutter von Lotte Lenya begegnen, ist kein Zufall. Denn inzwischen sind diese illustren Flüchtlinge in unserem Land zu Anerkennung und Wohlstand gekommen und beginnen nun damit, ihre Angehörigen in die neue Heimat zu holen ...«

Fröschlein

»Aber das ist unmöglich, daß er nicht da ist«, schreie ich sie an. »Mein Mann arbeitet den ganzen Tag, er muß zu Hause sein.« Sie schüttelt den Kopf und sieht mich herablassend an. Zu Kurt war sie sehr höflich gewesen, hatte ihm sogar zu seiner Oper gratuliert. Doch seit Otto in meine Suite gezogen ist, läßt sie es deutlich an Respekt fehlen.

Mag sie sich zusammenreimen, was sie will, in ihrem beschränkten Rezeptionistinnenschädel. Aber sie soll gefälligst ihre Arbeit tun, das wird man als zahlender Gast wohl verlangen dürfen. Schließlich verdient das Hotel eine Menge Geld an mir.

»Ja, aber natürlich sollen Sie es noch mal versuchen, was denken Sie denn. Versuchen Sie es so lange, bis Sie ihn erreichen. Und dann stellen Sie das Gespräch auf mein Zimmer durch.« Mein Gott, diesem patzigen Luder springe ich irgendwann noch einmal an die Kehle.

Der Fahrstuhlführer verriegelt gerade das Gitter. Es kann nicht sein, daß er mich nicht gesehen hat. Auch die Fahrgäste ignorieren mich und schauen betreten zu Boden. »Halt«, rufe ich schrill durch die elegante Lobby. »Einen Augenblick, bitte.« Da wird das Gitter wieder geöffnet. Na also, es geht doch.

Ich trage das geschmackvollste und teuerste Kostüm unter den weiblichen Gästen, auch meine Schuhe haben ein kleines Vermögen gekostet – ja, schaut nur verstohlen zu mir *herüber, ich habe keinen Grund, mich zu schämen. Ich trete an der Wiener Oper auf, ich bin eine weltberühmte Schauspielerin …*

Die Zeiten sind vorbei, als ich mit durchlöcherten Schuhen in die Schule ging. Wie sie damals über mich lachten, diese kleinen versnobten Biester. Ich frage mich, wo sie jetzt alle sind. Ihre Namen habe ich nie wieder gehört. Nur die fette Elli habe ich wiedergesehen; die arbeitet in einem Restaurant, zu mehr hat sie es nicht gebracht.

Vor ein paar Tagen habe ich mir meine Schule noch mal angesehen. Das schlichte braune Gebäude sieht genau so aus wie vor fünfundzwanzig Jahren. Wie stolz ich war, als die Nonnen mich dorthin brachten und sagten: Ein kleines begabtes Mädchen wie du ist hier besser aufgehoben als in Penzing. Doch man ließ mich schnell spüren, daß ich nicht nach Hietzing gehörte. Ich konnte tun und lassen, was ich wollte, die Hänseleien nahmen kein Ende. Erst als ich aufs Gymnasium gehen sollte, staunten alle, und das spöttische Getuschel hörte auf. Aber da nahm mich auch schon Franz von der Schule, denn es war Zeit für mich, in die Fabrik arbeiten zu gehen.

Meine Suite steht völlig unter Dampf. Otto liebt es, stundenlang zu duschen, vor allem wenn es ihn nichts kostet. Ich mache das Fenster auf, damit ich sehen kann, wohin ich trete. Da klingelt das Telefon. »Ja? Hallo? Noch immer nicht? Ja, aber sicher sollen Sie es weiter versuchen.«

Ach, mein kleiner Knuti, wo in aller Welt steckst du nur? Bist du etwa schon auf dem Weg nach Amerika? Oder ist wirklich etwas passiert? Hör zu, Knuti, wenn sie dich gefaßt haben, ist das ganz allein deine Schuld. Du mußtest ja nach Berlin zurückfahren, wo sie Judensterne an die Fenster malen und Geschäfte in Brand setzen. Warum hast du nicht auf mich gehört? Ich weiß, wann es Zeit ist zu verschwinden. Hättest du dich doch nur auf meinen Instinkt verlassen, du Idiot.

Ich verstehe, wie sehr du deine Arbeit brauchst, wieviel Sicherheit sie dir gibt. Aber ich konnte dir nicht folgen. Auch ich brauche ein Mindestmaß an Sicherheit, und ich kann unmöglich nach Berlin zurückkehren – nicht in der Situation, in der sich Deutschland im Augenblick befindet. Du weißt, Otto ist bei mir, wenigstens einer, der an mich denkt. Du hast ja nur deine Musik im Sinn … Und diese Frau, die in deinem Haus wohnt.

Aber auch wir sind nicht völlig tatenlos. Wenigstens singen wir hier deinen Mahagonny, bringen den vorsintflutlichen Österreichern etwas moderne jüdische Kultur bei. Das ist nicht genug, ich weiß, ich weiß. Und ich höre auch schon die Leute sagen: Lotte Lenya, die Frau des großen Komponisten Kurt Weill, ließ ihren Mann in die Arme der Nazis laufen, während sie mit ihrem Liebhaber in einer Hotelsuite wohnte.

Das werden die Leute sagen, aber es ist mir egal, was sie denken, solange nur du dich an die Wahrheit erinnerst. Ich habe dich die ganze Nacht hindurch nach München gefahren, wollte dich in Sicherheit bringen, habe dich angefleht, nicht zurückzukehren. Aber du warst zu stur, um auf mich zu hören. Sag mir die Wahrheit, Knuti. War es ihretwegen?

Wieder das Telefon. Erzähl mir nicht, du hast ihn immer noch nicht erreicht, du unverschämtes Luder. »Was? So, jetzt habe ich aber genug. Ich will den Direktor sprechen, hören Sie, schicken Sie mir sofort den Direktor!«

Der Direktor ist im Moment nicht da. Nie ist jemand da, wenn man ihn braucht. Dann werde ich eben warten, bis zur Vorstellung habe ich sowieso nichts zu tun. Jetzt steht

Otto in seiner nackten Schrumpelhaut vor mir und trällert eine Arie. Ich hatte gehofft, Kurt zu erreichen, bevor er aus der Dusche kommt; er mag es nicht, wenn wir telefonieren. Er versucht mich zu küssen, doch ich stoße ihn weg.

Seit Otto hier wohnt, ignorieren mich die Gäste; auch das Personal könnte respektierlicher mit mir umgehen. Man zerreißt sich das Maul über die Lenya, die ihren Mann mit einem Opernsänger betrügt. Nur in der Oper stört es sie nicht, wenn Jim und Jenny miteinander schlafen. Wie wunderbar sie zueinander passen, sagen alle. Und man findet, daß Ottos Gesang immer besser wird. Über meinen Gesang redet keiner. Ich bin eben die Lenya, und na ja, die singt eben so. Nein, nein, eine richtige Opernsängerin ist sie nicht, aber wissen Sie, sie hat ja solch eine natürliche Begabung!

Ich habe mehr als nur eine natürliche Begabung, das hat Kurt den Leuten oft erklärt. Ich sei die einzige Sängerin, die seine Opern auf Anhieb aus dem Gedächtnis singen kann. Aber ach, der arme Mann ist ja so verliebt in sie, der weiß nicht, was er da redet, denken sie. Dabei lügt Kurt nie, wenn es um seine Musik geht.

Ich singe hier deine Musik für dich, Knuti, ist das nicht Beweis genug für meine Loyalität? In Leipzig und Berlin haben die Nazis sie verboten. Und in Wien wird sie auch bald verboten werden, doch ich werde deine Lieder immer singen, hörst du?

Jetzt rieche ich deine Rasiercreme. Otto benutzt sie. Er kann dich nicht leiden, doch deine Sachen zu benutzen, stört ihn nicht. Knuti, ich weiß, daß du dich von mir verlassen fühlst. Warum bist du nicht mitgekommen? Wir wären zusammen geflohen – nach Amerika oder wohin auch immer.

Ein Klopfen an der Tür. »Wer ist da? Ja, kommen Sie herein, Herr Direktor. Schwierigkeiten? Nun ja, nur ein kleines Problem mit der Telefonverbindung nach Berlin – wenn Sie sich vielleicht persönlich darum kümmern könnten? Hier ist die Nummer. Haben Sie vielen, vielen Dank.«

Knuti, wenn ich dich jetzt nicht erreiche, weiß ich nicht, was ich machen soll. Ich liebe dich – du warst es, der mir meine Angst im Dunkeln nahm. Das habe ich vergessen, dir in München zu sagen, weil deine Sturheit mich so wütend gemacht hat. Und dann die Sache mit ...

»Ja, hallo? Sie haben ihn erreicht? Vielen Dank, Herr Direktor, ja stellen Sie mich durch.«

»Hier ist Neher.«

»Erika Neher? Hör zu, ich will mit meinem Mann sprechen. Wo ist er?«

»Er ist schon unten. Wir fahren jeden Augenblick los.«

»Losfahren? Wohin?«

»Nach Paris. Hier ist es zu gefährlich für Kurt geworden. Jetzt muß ich aber Schluß machen ...«

»Hol mir Kurt an den Apparat. Ich habe ein Recht darauf, mit meinem Mann zu sprechen.«

»Worauf solltest du denn ein Recht haben, Lenya? Du hast sein Geld geklaut und ihn im Stich gelassen.«

»Sein Geld?«

»Ja, das Geld, das Kurt euch überwiesen hat.«

»Ich weiß nicht, wovon du redest, Erika. Hol mir jetzt endlich meinen Mann ans Telefon ...«

»Hallo? Vermittlung?« Verdammt. Sie hat aufgelegt.

V. Erdbeeren (oder die Wahrheit)

Alison

Der letzte Abend unserer Reise. Die Gäste der Ersten Klasse feiern ausgelassen ihren Abschied. Ich verlasse die Party frühzeitig, und Jack besteht darauf, mich zu meiner Kabine zu begleiten.

»Wissen Sie, was Mrs. Emerald mich gefragt hat?« sagt er, als wir durch meinen Korridor gehen.

»Was?« Ich klinge nicht sehr interessiert, mir wäre lieber, er würde jetzt verschwinden.

»Sie wollte, daß ich ihr Medikament für sie durch den Zoll schmuggle.«

»Und machen Sie es?«

»Natürlich nicht. Männer werden doch viel gründlicher kontrolliert als Frauen. Wird Ihnen doch schon aufgefallen sein, oder?«

»Vielleicht tut Gustav ihr ja den Gefallen«, sage ich und schließe meine Tür auf.

»Gustav spricht nicht mehr mit uns. Mrs. Emerald hat ihn im Restaurant der Dritten Klasse gesehen. Er scheint die Nase voll zu haben von uns unkultivierten Amerikanern.«

»Danke, Jack.« Ich stehe halb in meiner Tür.

»Wofür?« fragt er unbedarft.

»Dafür, daß Sie mich begleitet haben. Und jetzt wünsche ich Ihnen eine gute Nacht.«

»Wie wäre es denn noch mit einem kleinen Spaziergang?« fragt er mit sanfter Stimme. »Wo doch heute unser letzter Abend ist?«

»Nein, danke. Wir sehen uns morgen früh bei der Ankunft. Also bis dann, Jack«, sage ich und schließe die Tür hinter mir.

Ich setze mich einen Augenblick aufs Bett, dann entschließe ich mich zu packen. Als ich meinen Koffer öffne, fällt mein Blick als erstes auf Turnbulls Reiseunterlagen. Turnbull. Die letzten zwei Tage war es mir gelungen, einmal nicht jede Minute an ihn zu denken, doch ab morgen werden die lästigen Fragen beginnen. Wann haben Sie Turnbull das letzte Mal gesehen, Fräulein Ritchie? Warum hat er denn nicht gesagt, wo er hingegangen ist? Er muß doch irgendwelche Andeutungen gemacht haben, Menschenskind, versuchen Sie sich zu erinnern …

Der Alptraum begann vor drei Wochen in einem kleinen Pariser Hotel. Die *Saturday Evening Post* hatte uns auf ein französisches Freudenhaus angesetzt, in dem während des Kriegs Soldaten verschiedenster Nationalitäten verkehrt sein sollen. Ein ehemaliger amerikanischer Soldat hatte vor kurzem ein Buch darüber veröffentlicht. Demnach besuchten zunächst nur deutsche Offiziere das Etablissement und gegen Kriegsende dann hauptsächlich amerikanische Soldaten. Nach de Gaulles Befreiung von Paris sollen sich dort sogar deutsche, amerikanische, englische und französische Soldaten zugleich aufgehalten haben. Die genaue Adresse des Bordells wurde nicht genannt, um die Franzosen nicht zu entlarven, die mit den Besatzern kollaborierten.

Die *Post* wollte nun, daß wir das Bordell aufspürten, was Turnbull – dank seinen offenbar einschlägigen Erfahrungen in dem Milieu – nach ein paar Tagen auch gelang.

Aber er wollte mich nicht dabei haben, und darüber stritten wir den ganzen Abend.

»Der Laden ist nichts für dich, Alison«, sagte er. »Es ist wirklich besser, wenn du hierbleibst.«

»Die *Post* hat uns beiden den Auftrag gegeben, und deshalb komme ich mit«, sagte ich unnachgiebig. »Sonst bist du ja auch nicht so besorgt um mich, Turnbull.«

»Ich sorge mich ja auch überhaupt nicht um dich«, lachte er höhnisch. »Aber was glaubst du wohl, was die Nutten denken, wenn ein hysterisches frigides kleines Ding wie du da plötzlich auftaucht? Die schmeißen uns doch beide gleich wieder raus. Nutten sind sehr konservativ in dieser Beziehung.«

»Du mußt es ja wissen, Turnbull«, sagte ich.

»Nun, ja. Zufälligerweise weiß ich das auch. Meine Schülerin ist ja nicht sehr kooperativ in dieser Hinsicht.«

»Ich bin nicht deine Schülerin«, sagte ich zornig. »Und ich bin auch nicht frigide – nur weil ich mit einem alten Sack wie dir nicht ins Bett gehe.«

Darauf zog er allein los. Kurz nach Mitternacht kam er zurück und hämmerte an meine Tür.

»Komm, Ally-Schätzchen, laß mich herein«, rief er betrunken. »Paris ist die Stadt der Liebenden, du kannst mich doch nicht im Flur stehenlassen.«

Ich machte die Tür auf und zischte: »Sei still, Turnbull, oder willst du, daß wir beide aus dem Hotel fliegen?«

»Jetzt geh doch nicht gleich wieder in die Luft, Ally. Ich weiß doch genau, was du brauchst, um mal richtig zu entspannen«, lallte er und lehnte sich gegen die Tür. Mit einem kräftigen Ruck konnte ich sie gerade noch rechtzeitig schließen.

»Du verklemmtes kleines Miststück«, brüllte er da.

»Von mir aus verrecke doch mit Spinnweben zwischen den Beinen.« Dann jammerte er selbstmitleidig: »Findest du mich denn wirklich so abstoßend? Du brauchst doch keine Angst vor mir zu haben, Ally.«

Irgendwann schlurfte er davon, und ich legte mich wieder hin. Gegen drei Uhr morgens klopfte es wieder an meiner Tür. Diesmal ganz leise. Ich dachte, es wäre Turnbull, der sich für sein Benehmen entschuldigen wollte. Doch dann hörte ich eine weibliche Stimme mit französischem Akzent: »'allo, Mademoiselle Ritchie? Sind Sie da?«

»Wer ist denn da?« fragte ich.

»Bitte machen Sie auf.«

Ich öffnete die Tür, und vor mir stand eine gutaussehende Frau im roten Abendkleid. »Sind Sie Mademoiselle Ritchie? Monsieur Turnbulls Kollegin?«

»Ja. Was ist passiert? Wo ist er?«

»Kommen Sie. Ihr Freund braucht 'ilfe.«

Ich folgte der Frau, die etwa in meinem Alter war, durch dunkle enge Gassen. Nach einer Viertelstunde kamen wir an ein halb verfallenes Gebäude. Sie führte mich eine Treppe hoch und klopfte an eine Glastür. Eine runzelige Frau mit violett gefärbten Haaren öffnete uns. Sie sah mich an und sagte auf Englisch: »Sie kommen zu spät, Mademoiselle.«

Zu dritt gingen wir durch einen schwach beleuchteten Saal, in dem etwa zwanzig junge Frauen saßen, die sich unterhielten und kicherten. Als ich genauer hinschaute, bemerkte ich, daß die meisten von ihnen dunkelhäutig waren oder asiatisch aussahen. Offensichtlich kamen sie aus den französischen Kolonien: Indochina, Marokko, Algerien und Westafrika.

Am Ende des Saals war ein schmaler Gang, an dessen Seiten einzelne Zimmer lagen. Die Alte zog einen Schlüsselbund hervor und öffnete eine der Türen.

Da sah ich Turnbull. Er lag auf einem schmalen Bett und umklammerte mit der rechten Hand seinen linken Oberarm. Ein Laken bedeckte ihn bis zur Hüfte. Rötliches Licht flackerte auf seiner Stirn, und im ersten Moment dachte ich, er würde mich ansehen.

»Turnbull, um Gottes willen«, rief ich. »Was ist denn passiert?«

Ich legte meine Hand auf seinen Arm und schrie laut auf. Noch nie im Leben hatte ich die kalte Haut eines Toten berührt.

»Zu spät«, keuchte die Alte wieder. Die jüngere Frau, die mich hergebracht hatte, schlang mitfühlend ihren Arm um meine Hüfte.

»Um Gottes willen«, rief ich. »Was ist denn passiert? Wo ist der Arzt? Wie lange ist er schon tot?«

»Er war mit Chantal zusammen«, sagte die Alte. Sie deutete mit dem Kinn auf die Prostituierte neben mir. »Schwaches Herz, zu viel Alkohol, zu viel Sex.«

Die junge Frau nickte. Sie hielt mich noch immer im Arm.

»Aber Sie müssen doch einen Arzt gerufen haben«, sagte ich fassungslos.

»Ihr Freund wollte keinen Arzt. Er wollte, daß wir Sie zuerst holen.«

»Ja, aber er war doch betrunken. Wahrscheinlich wußte er gar nicht, was er sagte.«

»Wir dachten, es ist besser für Ihren Freund – und für unseren Ruf.«

Ich war schockiert, mit welcher Abgeklärtheit sie das

sagte, so als wären Betriebsunfälle dieser Art hier an der Tagesordnung. Als ich mich in dem Zimmer umsah, bemerkte ich amerikanische Pin-up-Girls und eine Fotografie von Roosevelt an den Wänden. Offenbar war dies das Bordell, das wir gesucht hatten. Und in dem Zimmer, in dem wir standen, waren Hunderte von amerikanischen Soldaten auf ihre Kosten gekommen.

Auf der Matratze fand ich Turnbulls Füller. Daneben lag ein Zettel, auf den er meinen Namen und unsere Hoteladresse gekritzelt hatte. Ich nahm beides an mich und fragte die Alte, was denn nun geschehen sollte – inzwischen hielt ich es für besser, nicht die Polizei einzuschalten. Turnbull war tot – verendet in einem kleinen schäbigen Bordell. Wem würde es nützen, wenn diese Peinlichkeit an die Öffentlichkeit käme?

Die Alte nahm sich Zeit mit ihrer Antwort, holte eine Cognacflasche und zwei Gläser aus einem Schränkchen. Dann goß sie uns ein und sagte: »Ich kenne jemanden, der sich um die Sache kümmern würde. Das kostet Sie aber zweihundert Dollar.«

Wenig später stand ich mit zwei Männern in einem abgelegenen Krematorium und lauschte dem Dröhnen der Flammen. Einen Beleg über Turnbulls Verbrennung bekam ich natürlich nicht, aber seine Asche gab man mir, als ich darum bat. Die streute ich in die Seine. Dann wartete ich drei Tage und telegrafierte der *Post*: ›Turnbull spurlos verschwunden, Botschaft informiert, erwarte weitere Anweisungen.‹

So starb mein kauziger Mentor, von dem ich so viel gelernt hatte. Und seitdem lastet sein Tod auf meinem Gewissen – denn hätte ich ihn in jener Nacht zu mir hereingelassen, wäre er wohl jetzt noch am Leben. Er hätte weniger getrunken, und selbst wenn er eine Herzattacke gehabt hätte, hätte ich rechtzeitig einen Arzt rufen können.

Ich höre Schritte in meinem Gang. Dann ein Flüstern: »Fräulein Ritchie? Hallo? Sind Sie da drinnen?«

Ich öffne die Tür, und vor mir steht Mrs. Emerald. Sie sieht mich mit Tränen in den Augen an und hält ein kleines weißes Paket in der Hand.

»Ich kann es nicht«, schluchzt sie.

»Was ist denn los?« frage ich. »Was können Sie nicht?«

»Ich kann das nicht durch den Zoll bringen. Dafür bin ich viel zu nervös, die sehen mir doch sofort an, daß ich eine Schmugglerin bin.« Verzweifelt starrt sie auf ihr Paket.

»Dann lassen Sie es einfach hier. Oder werfen Sie es über Bord«, schlage ich etwas einfallslos vor. Ich will mich nicht auch noch mit Mrs. Emeralds Problemen belasten.

»Aber das geht nicht«, jammert sie. »Ich habe doch mein Versprechen gegeben.«

»Packen Sie es in Geschenkpapier ein, das ist unauffälliger. Und wenn Sie jemand darauf anspricht, sagen Sie, es ist ein Parfüm für ihre Schwester.«

Sie sieht mich an und winselt: »Ich bin doch nur eine ängstliche dumme Hausfrau, die noch nie ein Verbrechen in ihrem Leben begangen hat. Aber Sie, Fräulein Ritchie, Sie sind eine so tapfere, welterfahrene junge Frau. Vielleicht wären Sie ja so freundlich …«

»Nein, wirklich nicht«, antworte ich hartherzig.

Sie sieht mir an, daß ich es ernst meine. Dann zieht sie ein beleidigtes Gesicht und marschiert davon.

Es ist jetzt gleich elf, und ich stehe noch immer vor

meinen ungepackten Koffern. Ich stelle mir das Gedränge bei unserer Ankunft vor und überlege, ob ich mich nicht jetzt schon von Johanna verabschieden sollte – morgen bleibt uns vielleicht keine Zeit mehr dazu. Heute nachmittag war sie nicht auf dem Oberdeck gewesen, und an ihre Kajütentür zu klopfen, hatte ich mich nicht getraut. So entschließe ich mich doch noch zu einem kleinen Abendspaziergang – allerdings ohne Jack.

Als ich meinen Korridor verlasse, laufen zwei Sanitäter mit einer Trage an mir vorbei. Auf der Trage liegt Mrs. Emerald. Ihr Gesicht ist kreidebleich.

»Was ist passiert?« frage ich einen der Sanitäter.

»Nichts Ernstes«, antwortet er gelassen. »Die Dame ist wahrscheinlich nur in Ohnmacht gefallen.«

Wie ruhig die See ist, denke ich, obwohl für heute nacht doch ein Sturm vorhergesagt worden war. Ich wende mich an einen der Stewards und lasse mir erklären, daß sich die Winde im Augenblick drehen. Doch früher oder später wird das Unwetter kommen.

Ich habe Glück: Johanna steht zwischen den Rettungsbooten, ich brauche nicht an ihre Kajüte zu klopfen. Als sie das Klacken meiner Schuhe hört, dreht sie sich um.

»Guten Abend, Johanna. Ich wollte mich von Ihnen verabschieden. Morgen früh haben wir vielleicht keine Gelegenheit mehr ...«

»Es ist die Vergangenheit, hinter der sie her ist«, sagt sie heiser und wie in Trance. »Sie will mit mir über die Vergangenheit reden. In ein paar Jahren bin ich tot, und da hat sie nicht mehr viel Zeit, ihre alte Mutter auszufragen. Linnerls Leben ist ein Puzzlespiel, ein berühmtes Puzzlespiel – so berühmt, daß sich sogar so junge Frauen wie Sie dafür interessieren. Und ich bin ein Teil von Linnerls Puzzlespiel. Der Teil, der ihr noch fehlt.«

Sie schaut mich an, doch ihre Augen sind auf ein unbekanntes Ziel hinter mir gerichtet. »Ob Linnerl noch einmal ihren Namen ändern wird? Was hatte sie gegen den Namen unserer Lieblingstochter? Wie konnte sie ihn so einfach wegwerfen?«

»Lieblingstochter?« frage ich vorsichtig.

»Karoline Wilhelmine. So hieß unsere erste Tochter. Sie starb mit vier Jahren. Sie war wunderschön. So schön wie ein Engel. Und singen konnte sie wie eine Nachtigall – wenn sie sang, war das nicht so ein ordinäres Gebrülle wie bei Linnerl. Hätte einer aus unserer Familie auf die Bühne gehört, dann wäre sie es gewesen.«

Gebannt höre ich zu. Ich hatte gelesen, daß Lenya zwei Brüder und eine jüngere Schwester hatte – von einer älteren, verstorbenen Schwester hatte ich nichts gewußt.

»Ich war hochschwanger«, sagt sie, »und Franz hatte keine Zeit, den Arzt zu holen. Ein wichtiger Kunde würde auf ihn warten, erklärte er. Dabei hatte er die letzten Monate nur in der Bierstube gesessen und mein schwer verdientes Geld versoffen. Doch ich war auch froh darüber, daß er endlich Arbeit suchte – jetzt, wo unser Kind kam.

›Franz, ich brauche einen Arzt‹, sagte ich. ›Meine Wehen setzen wieder ein. Oder willst *du* mich vielleicht entbinden?‹

›Wenn ich meinen Fahrgast sitzen lasse, bekomme ich überhaupt keine Arbeit mehr‹, antwortete er stur. Dann überlegte er kurz und sagte: ›Ich werde dich bei unserem Arzt absetzen, das ist kein zu großer Umweg.‹

›Mein Gott, Franz. Ich kann mich doch kaum bewegen‹, stöhnte ich.

Aber er zerrte mich in die Kutsche, und dann fuhren wir los. Wir rasten mit einer solchen Geschwindigkeit, daß ich glaubte, unser Kind würde die heftigen Stöße nicht überleben.

›Franz, fahr langsamer‹, schrie ich. ›Oder willst du unser Kind umbringen?‹

›Na und? Was macht das denn schon?‹ rief er. ›Unser erstes Kind hast du ja auch umgebracht.‹

Ich zuckte zusammen, als ich das hörte. Gab er wirklich mir die Schuld am Tod unserer Tochter? Ich hatte doch alles versucht, damit sie wieder zu Kräften kam nach ihrem Schwächeanfall. Und wie konnte es ihm gleichgültig sein, was aus unserem jetzigen Kind wurde?

Ein paar Minuten später waren wir auf dem Hof des Arztes. Franz hob mich aus der Kutsche, und während er mich vorsichtig zur Tür trug, sagte ich: ›Ich war nicht schuld am Tod unserer Kleinen.‹

›Ich weiß, ich weiß‹, antwortete er. Tränen standen in seinen Augen, und da sah ich, wie sehr er noch unter dem Tod unserer Karoline litt.

Die Frau des Arztes machte uns die Tür auf. ›Mein Mann ist noch nicht zurück‹, sagte sie. ›Fahren Sie am besten zu einem anderen Arzt.‹

Franz stieß mit dem Fuß gegen die Tür und rief: ›Dann werden Sie uns eben helfen.‹

›Das kann ich nicht‹, antwortete sie verängstigt.

›Sie haben Ihrem Mann doch oft genug zugesehen, da wissen Sie doch, wie das geht‹, sagte er.

Er trug mich ins Wohnzimmer und legte mich auf die Couch. Ich war froh, endlich still liegen zu können.

›So, jetzt muß ich aber zu meinem Kunden‹, sagte er. Er umarmte mich umständlich und küßte mich. Franz zeigte nicht gern seine Gefühle, doch als er so hilflos seine Arme um mich schlang, spürte ich, wie sehr er mich liebte. Linnerl kann über ihn sagen, was sie will. Sie hat keine Ahnung, was es heißt, von einem Mann richtig geliebt zu werden. Sie hat die Männer immer nur aufgereizt wie eine läufige Hündin, um ihre Ziele zu erreichen. Und sie weiß nicht, was es bedeutet, mit einem Mann ein Kind zu haben. Dafür ist es jetzt ja auch viel zu spät.

Als Franz gegangen war, sagte die Frau griesgrämig: ›Das wird ja eine schöne Schweinerei geben.‹ Dann half sie mir hoch und ließ mich ins Badezimmer humpeln.

Dort zog sie mich aus und schubste mich in die Badewanne. Sie ließ kaltes Wasser in die Wanne, und ich fragte sie kraftlos: ›Was machen Sie da eigentlich?‹

›Ich mache Sie sauber. Sie riechen ja wie eine Wildsau nach einer Treibjagd. Das Kind wird ja gleich krank, wenn es aus Ihnen herauskommt.‹

Die Kälte lähmte meinen Unterleib, und ich dachte nur: Mein Gott, wie dumm ist dieses Weibsstück. Ob mein Kind die Geburt überleben wird? Dann war es soweit, und Linnerl kam auf die Welt – und sie überlebte. Als der Arzt später hinzukam, schüttelte er beschämt den Kopf. So als könne er nicht glauben, daß die Dummheit seiner Frau uns nicht beide umgebracht hatte.

Inzwischen glaube ich, daß Franz recht gehabt hatte: Ich war schuld am Tod unserer Karoline. Denn ich gab ihr zuviel Liebe – und das verweichlichte sie. Bei Linnerl war es anders. Ihre Geburt hatte sie von Anfang an abgehärtet. Und ich achtete weiter darauf, sie nicht zu verzärteln.

Sie hat mich oft gefragt, warum sie mich nie weinen sah. Die Antwort lautet: Hätte ich nur einen Moment lang meine Schwäche gezeigt, wäre auch sie in Gefahr gewesen. Sie sollte leben, und keine Schwäche zu zeigen war unsere einzige Überlebenschance.

Linnerl ließ ich schreien. Das mußte so sein. Aber jetzt geht es ihr gut, und sie hat schon lange keinen Grund mehr zu schreien. Ich bin weder stolz auf sie, noch habe ich je um ihre Hilfe gebeten. Ich besorgte ihr damals die Fahrkarte nach Zürich – das war alles, was ich für sie tun konnte.«

Ich glaube, Johanna nahm mich gar nicht mehr wahr, als das Unwetter auf einmal losging. Ein gewaltiger Donnerschlag ertönte, und dicke Hagelkörner prasselten aufs Deck. Nach zehn Sekunden war der Boden so glatt, daß man die Reling umklammern mußte, um sich fortbewegen zu können.

»Johanna, kommen Sie mit unter Deck«, schrie ich gegen eine heftige Windböe an. »Diesmal ist es wirklich gefährlich.« Ein plötzlicher Ruck ging durch das Schiff, und mein Arm schlug gegen den Container mit den Schwimmwesten. Ich hatte solche Angst, daß ich den Schmerz in meinem Ellbogen nicht einmal spürte. Dann nahm ich eine der Schwimmwesten heraus und zog sie an.

»Johanna«, rief ich noch einmal, doch sie reagierte nicht. Versteinert stand sie an der Reling und starrte auf die Wellen, die immer größer wurden und sich in weißen Kämmen brachen.

Eine seltsame Gewißheit stieg in mir auf. Die Gewißheit, daß es aussichtslos ist, jemandem zu helfen, der sich nicht helfen lassen will. Ab einem bestimmten Punkt begreift man einen Menschen einfach nicht mehr und hat keinerlei Einfluß auf ihn. Ich mußte an Turnbull denken, und da wurde mir klar, daß ich mir meine Schuldgefühle nur eingeredet hatte. Turnbull war stets seinen eigenen Weg gegangen, keiner hätte ihn aufhalten können. Wenn er sich betrank und aus sexueller Frustration in ein Bordell ging, war das seine Sache. Ich war immer hilfsbereit und freundlich zu ihm gewesen, mehr konnte er nicht verlangen. Schließlich war ich seine Assistentin und nicht seine Hure.

Jetzt rutsche ich auf Knien über das C-Deck. Das Schiff schwankt so heftig, daß ich fürchte, jeden Augenblick über Bord geschleudert zu werden. Es sind noch zwanzig Meter bis zur Tür des geschlossenen Promenadendecks.

»Hey, was machen Sie da unten?« höre ich plötzlich jemanden von der Brücke rufen. »Sind Sie verrückt geworden? Kommen Sie sofort herein.«

Als ich die Tür erreiche, kommt mir schon ein Steward entgegen. Es ist der gutaussehende Amerikaner. Er greift nach meinem verletzten Arm und zerrt mich durch die Tür.

»Was ist? Haben Sie sich verletzt?« fragt er, als er meinen gequälten Gesichtsausdruck sieht.

»Nur mein Arm«, keuche ich. »Ich habe mich gestoßen.«

»Ist er gebrochen? Soll ich Sie in den Sanitätsraum bringen?«

»Nein, nein«, antworte ich. »Es geht schon, danke.«

Im nächsten Moment schwankt wieder der Boden unter uns, und ich falle in seine Arme. Erstaunt sieht er mich an und sagt: »Das brauchen Sie aber nicht.«

»Was?« frage ich errötend.

»Die Schwimmweste. Die brauchen Sie hier drinnen nicht.«

Er sieht mir tief in die Augen, und seinem Blick entnehme ich, daß er längst weiß, wie sehr ich mich von ihm angezogen fühle. Ich spüre, wie er seine warme Hand in meinen Nacken legt und mich zu sich heranzieht. Dann küßt er mich so unverschämt selbstsicher auf den Mund, daß ich vor Wut bebe.

»Keine Angst, mein Schätzchen«, flüstert er, als sich unsere Lippen voneinander lösen. »Wir werden schon nicht untergehen.«

Ich spüre, wie ich vor Scham im Boden versinke. »Warum stehen Sie hier eigentlich noch herum? Helfen Sie lieber Frau Blamauer, die ist immer noch da draußen.«

»Wo ist sie denn?« fragt er. »Und warum haben Sie das nicht gleich gesagt?«

»Auf dem Oberdeck zwischen den Rettungsbooten«, sage ich.

Dann läuft er los, aber in die falsche Richtung, und ich rufe: »Wo wollen Sie denn hin? Zu den Rettungsbooten kommen Sie am schnellsten über das C-Deck.«

»Ich gehe zurück zur Brücke. Von dort aus schicke ich Hilfe.«

»Warten Sie«, sage ich zaghaft. Mit herablassender Miene dreht er sich zu mir um. »Können Sie mich mitnehmen?«

Auf der Brücke stehen alle Offiziere auf ihren Positionen, und aus den Funkgeräten krächzt der Seewetterbericht. Neben dem Radargerät erkenne ich das Anzeigebord für die Rauchdetektoren wieder: Bis jetzt ist noch kein Feuer ausgebrochen, stelle ich erleichtert fest.

Die Besatzung beachtet mich kaum, nur der Kapitän lächelt kurz zu mir herüber, dann konzentriert er sich wieder auf das Steuerrad. Er lenkt das Schiff jetzt selbst: Offenbar ist es zu stürmisch, um sich auf die automatische Steuerung zu verlassen. Ich lehne mit dem Rücken an der Wand, da mir schwindelig ist und ich niemandem im Weg stehen will.

Trotz der Gefahr, in der wir uns befinden, geben sich die Offiziere zuversichtlich, ja, einige lachen sogar. Vielleicht sind sie dieses Wetter gewöhnt, vielleicht wollen sie mir aber auch imponieren. Hauptsache, sie machen ihre Arbeit gewissenhaft, denke ich – denn dieses Schiff ist schon einmal untergegangen, und das war nicht auf offener See, sondern in einem Hafen.

Plötzlich ertönt ein schriller Piepton. Ich sehe mich um und entdecke, daß der Rauchmelder blinkt. Feuer an Bord, denke ich, jetzt werden wir alle untergehen. Kurz darauf peitscht eine Welle über die Brücke, und der Boden gibt unter mir nach. Ich werde nach vorn geschleudert, kralle mich am Echolot fest und lese auf der Anzeige: 12 900 Fuß. Das ist tiefer als die Stelle, an der die Titanic gesunken ist. Dann wird mir schwarz vor Augen.

Johanna

Karoline Charlotte Wilhelmine. So haben wir dich genannt, Linnerl. Franz hatte gewollt, daß du den Namen unserer ersten Karoline bekommst. Vielleicht war das ein Fehler gewesen. Denn natürlich konnte keiner unsere bezaubernde Karoline ersetzen.

Wie ein Engel sah sie aus, als sie Franzens Fiakerlied

summte und ihre blauen Augen dabei strahlten. Das musikalische Talent hatte sie von meinem Vater, der als einziger aus meiner Familie singen konnte. Franz stimmte oft mit ein, wenn sie sang, und vor lauter Freude darüber klatschte sie in die Hände.

Franz war so glücklich, daß er mich in den Arm nahm und mit mir durch die Wohnung tanzte – so wie damals, als wir noch ins Tanzlokal gingen. Mein Franz, den du immer so gehaßt hast, Linnerl. Er war ein sehr schmucker Mann, dem die Weiber hinterhersahen – nicht so wie dein dicker häßlicher Revy, von Beust oder dein kurzer Herr Weill –, und immer war er guter Dinge bis zu dem Tag, als unsere Kleine starb.

Glaubst du denn, ich weiß nicht, was du mich fragen willst, Linnerl? Dinge, die über dreißig Jahre zurückliegen, willst du auf einmal hervorkramen. Weil du Angst hast, deine alte Mutter stirbt, bevor sie mit deinen Fragen quälen kannst.

Denkst du, ich habe früher nicht gelitten? Ich habe dich schreien gehört, Linnerl, und ich hatte Angst um dich – so große Angst, daß ich mich nachts in unseren Eimer übergeben mußte. Ich konnte dir nicht helfen, Linnerl, es hätte alles nur noch schlimmer gemacht. Glaube mir, es war zu deinem eigenen Wohl – zu unser aller Wohl.

Zeige mir dein schönes Haus und die berühmten Leute, mit denen du verkehrst. Erzähle mir von Herrn Weill, von deinen Auftritten in Amerika und von allem, was dir sonst noch wichtig ist im Leben. Aber frage mich nicht nach Dingen, die nicht zu ändern waren. Ich setzte dich damals in den Zug nach Zürich, das war ich dir schuldig. Doch diese Schulden sind längst bezahlt.

Erdbeeren

»Ich mag deine Erdbeeren«, sagte ich. Kurt hatte drei Beete gepflanzt, und das reichte, um im Sommer täglich eine kleine Schüssel zu füllen. »Aber ich kann sie nicht essen, Knuti.«

»Warum nicht?« fragte er.

»Das ist ein Geheimnis«, antwortete ich. »Doch wenn du willst, verrate ich es dir. Aber dann mußt du mir auch ein Geheimnis verraten.«

»Also gut. Als ich ein kleines Mädchen war, aß ich so viele Erdbeeren, wie ich kriegen konnte. Und ich bekam alle zwei Wochen ein kleines Körbchen. Die Nonnen gaben es mir. Die Nonnen, die mich in die Schule in Hietzing geschickt hatten und mir im Winter dicke Strümpfe zusteckten.

Warum ich jetzt keine mehr esse? Weil ich sie nicht vertrage. Ich habe sie nie vertragen. Ich brauche nur eine zu essen, und schon bekomme ich für zwei Stunden die Röteln. Damals jedenfalls. Vielleicht ist es jetzt anders, manche Allergien verschwinden ja mit dem Alter.

Nein, ich habe sie gegessen, gerade weil ich davon Punkte im Gesicht bekam. Mutter wußte nichts von den Erdbeeren; ich versteckte sie draußen im Park hinter einem Busch. Und jedesmal, wenn Franz wütend war, aß ich eine von ihnen. Dann ging Mutter mit mir ins Krankenhaus, wo alle sehr nett zu mir waren. Die Ärzte gaben mir Pfefferminztee

239

oder manchmal sogar Süßigkeiten. Ich war sicher, daß sie mein Spiel durchschauten, doch sie verrieten mich nicht. Auch Mutter ahnte, daß es nicht mit rechten Dingen zuging – aber sie fand nie heraus, wie ich die Punkte in mein Gesicht zauberte.

Deshalb liebe ich Erdbeeren, Knuti, auch wenn ich sie nicht vertrage. Und ich liebe es, dir zuzuschauen, wenn du sie mit so viel Appetit ißt.

Kosten? Gut, ich werde nachher eine kosten. Aber nur, wenn du mir auch ein Geheimnis verrätst ...«

Das erzählte ich Kurt ein Jahr vor seinem Tod. Doch er hielt sich nicht an unsere Abmachung, und jetzt werde ich sein Geheimnis wohl nie erfahren. Ich nahm eine der Erdbeeren aus der Schüssel und sagte: Willst du mir nicht verraten, was damals genau passierte? Ich weiß sonst alles über dich, Knuti, nur diese zwei Tage in deinem Leben fehlen mir.

Er drehte sich schweigend um und ging in sein Musikzimmer. Meine Frage hat er nie beantwortet. Ich kann mich auch nicht erinnern, daß ich ihn danach je wieder Erdbeeren essen sah.

VI. Liberté

24. September 1950

Alison

Als ich erwache, ist es bereits Tag. Ich bin öfters in meinem Leben in Ohnmacht gefallen, und der schlimmste Moment ist immer das Erwachen. Einige Sekunden verharrt man noch in wilden Träumen, dann läßt sich die Realität nicht länger leugnen. Aber man weiß trotzdem nicht, was mit einem geschehen ist.

Im Augenblick blendet mich das Sonnenlicht auf dem Bettbezug, den ich noch nie gesehen habe. Außerdem riecht es stark nach Desinfektionsmittel.

»Guten Morgen, Fräulein Ritchie«, ruft jemand. Ich richte mich auf und sehe den amerikanischen Steward. Er steht in der Ecke des Raums und spricht mit zwei Sanitätern. »Na, wie fühlen Sie sich?« fragt er sehr freundlich, als er an mein Bett kommt.

»Wo bin ich?« antworte ich benommen.

»Im Sanitätsraum. Sie sind letzte Nacht in Ohnmacht gefallen, und ich habe mir die Freiheit genommen, Sie die Nacht über hier unterzubringen.«

»Oh ja, das Unwetter«, sage ich schwach. »Hat sich der Sturm inzwischen gelegt?«

»Strahlender Sonnenschein draußen. Und in drei Stunden sind wir in New York.«

»Oh Gott, ich muß wirklich geglaubt haben, wir gehen unter«, sage ich.

»Nun, es war schon etwas mehr als eine frische Brise.

Windstärke acht, um genau zu sein. Aber dieser Kahn verträgt problemlos Windstärke zehn.«

»Aber hatte es an Bord nicht gebrannt?« Ich erinnere mich an das Alarmsignal auf der Brücke.

»Gebrannt? Ach, Sie meinen die Rauchdetektoren. Die sind schon seit Beginn unserer Reise defekt. Sie können erst in New York repariert werden, weil wir in Le Havre die Ersatzteile nicht rechtzeitig bekommen haben. Doch tun Sie mir einen Gefallen und behalten Sie das bitte für sich.«

Jetzt lächelt er mit so viel Charme und Aufrichtigkeit, daß ich keinen Zweifel mehr daran habe, daß seine bisherige Arroganz nur gespielt war. Wahrscheinlich ist dieser Mann der hingebungsvollste Familienvater, den man sich wünschen kann. Und deshalb muß er sich schützen vor kleinen verliebten Dingern wie mir.

»Und was ist mit Frau Blamauer?« frage ich, als er meinem Blick schüchtern ausweicht.

»Die alte Deutsche? Der geht es gut. Zwei unserer Leute haben sie letzte Nacht in Sicherheit gebracht. Die Männer sagten, sie mußten sich wirklich anstrengen, um sie von der Reling loszueisen. Sie wollte partout nicht unter Deck kommen«, schmunzelt er.

»Das überrascht mich nicht«, sage ich. »Sie ist ein Fels in der Brandung.«

»Ja, genau das haben die Männer auch gesagt. Wahrscheinlich hätte sie den Sturm sogar überstanden, wenn man sie einfach in Ruhe gelassen hätte.«

Er lächelt noch immer. Doch ich spüre, daß er in Gedanken schon längst woanders ist. Er hat noch viel zu tun vor unserer Ankunft, und wahrscheinlich kann er es kaum abwarten, seine Familie zu sehen.

»Alles Gute«, sage ich und reiche ihm die Hand.

»Alles Gute, Fräulein Ritchie.«

In meiner Kajüte ziehe ich mich um und packe meine Sachen. Als ich meinen Schreibblock vom Tisch nehme, fällt Lenyas Brief heraus, an den ich überhaupt nicht mehr gedacht habe. Aber ich muß ihn zurückgeben. Es ist mir schon peinlich genug, daß ich ihn so lange behalten habe.

Als ich an Johannas Tür klopfe, rührt sich nichts. Vermutlich ist sie schon unten auf dem B-Deck oder, was wahrscheinlicher ist, auf ihrem Stammplatz auf dem Oberdeck. Von dort wird sie einen guten Ausblick auf die Skyline von New York haben.

»Guten Morgen, Johanna«, sage ich, als ich sie zwischen den Booten entdecke. »Phantastisches Wetter, nicht wahr? In zwei Stunden sind wir da. Dann lernen Sie endlich einmal meine Heimatstadt kennen.«

»Guten Morgen«, sagt sie. Dann fragt sie gedankenverloren: »Wissen Sie, wie tief es hier ist?«

»Also, vor ein paar Stunden waren es noch etwa dreitausend Fuß, also gut viertausend Meter«, antworte ich. »Ich war letzte Nacht auf der Brücke, da gibt es einen Apparat, der die Wassertiefe mißt.«

»Vier Kilometer.« Sie starrt auf die glitzernden Wellen »Und wir können nicht einmal vier Meter tief hinabsehen.«

»Johanna, ich bringe Ihnen Ihren Brief zurück«, sage ich. »Verzeihen Sie, daß ich ihn so lange behalten habe.«

Als ich ihr den Brief gebe, hält sie ihn über die Reling und zerreißt ihn.

»Wollte Lenya nicht, daß Sie ihre Briefe für sie aufbewahren?« frage ich erstaunt.

Sie antwortet nicht und schaut in die Ferne, wo jetzt die Wolkenkratzer von New York zu sehen sind.

»Seien Sie nett zu Ihrer Tochter«, sage ich, bevor ich gehe. »Lenya wird überglücklich sein, Sie nach so langer Zeit zu sehen. Enttäuschen Sie sie nicht.«

Hunderte von Leuten haben sich auf dem B-Deck angesammelt und drängen Richtung Landungsbrücke. Am Ufer stehen noch mehr Menschen in Erwartung ihrer Freunde und Angehörigen. Sicher hat die *Post* jemanden geschickt, um ein paar Bilder von unserer Ankunft zu machen. Sie können schlecht erwarten, daß ich auch noch das einlaufende Schiff fotografiere.

Die Landungsbrücke ist aus Stahl und breiter als in Le Havre. Gutes altes Amerika, denke ich. Zum Glück ist der Sicherheitsstandard hier höher als bei den waghalsigen Europäern. Ein amerikanisches Orchester spielt die französische Nationalhymne; man hat sie leicht verjazzt, um ihr die europäische Steifheit zu nehmen.

Jemand zupft an meinem Arm. »Hallo, Alison.« Es ist Jack, den ich erst nicht erkannt habe, weil er eine französische Baskenmütze trägt.

»Ein jüdischer Doktor kam 1935 in ein Konzentrationslager, weil er einem nicht-jüdischen Mann Blut gespendet hatte, um ihm das Leben zu retten ...«

»Jack, bitte«, sage ich. »Hören Sie endlich auf mit diesen fürchterlichen Geschichten.«

»Was glauben Sie wohl, wie die Strafanzeige lautete?«

»Alles Gute, Jack«, antworte ich, um ihn loszuwerden.

»Rassenverunreinigung. Können Sie sich das vorstellen? Rassenverunreinigung!«

»Jack, Sie halten die ganzen Leute hinter uns auf.«

Er greift in seine Jackentasche und reicht mir ein kleines Paket. »Das ist für Sie.«

»Für mich?« frage ich. »Ein Geschenk?«

»Von Mrs. Emerald«, sagt er. Dann drängelt er sich vor und läßt mich einfach stehen.

»Einen Moment, Jack, warten Sie doch mal bitte ...« Widerwillig stecke ich das Paket ein. Jetzt bekommt Mrs. Emerald doch noch ihren Willen, obwohl ich nicht glaube, daß ihr Medikament irgend jemandem helfen wird.

Als ich mit den Augen nach meinen Eltern suche, fällt mein Blick auf eine Frau mit rotorangen Haaren. Vor der Brust hält sie einen großen schwarzen Hut. Ihr breites feierliches Lächeln läßt mich keine Sekunde lang zweifeln: Die kleine Frau in der ersten Reihe ist Lotte Lenya. Und sie wartet auf ihre Mutter, die sie seit siebzehn Jahren nicht gesehen hat.

VII. Die Frage

Die Frage

Vom Hafen bis Rockland County. Dir zuliebe fahren wir die ganze Strecke mit dem Taxi, damit wir an einer Kirche halten können. Bist du mit dem Alter religiöser geworden, Mutter? Oder hast du Angst vor Schiffen und willst dich beim Herrgott für die sichere Überfahrt bedanken?

Kaum sitzen wir im Auto, und schon redest du von meiner Frage. Wenigstens den letzten Brief scheinst du einmal ganz gelesen zu haben. Was es denn so Dringendes gebe, das man am Telefon nicht besprechen könne, fragst du. Und warum ich meine Briefe zurückhaben will: Wenn ich solchen Wert auf sie lege, hätte ich sie ja gar nicht erst abschikken brauchen.

Es gibt Dinge, die Kinder ihre Eltern fragen wollen, bevor es zu spät dafür ist. Du bist schon über achtzig, Mutter, und ich bin auch nicht mehr die Jüngste. (Mit zweiundfünfzig bin ich sogar schon älter als Onkel Wanja in Tschechows Stück!) Doch wir werden uns viel Zeit mit der Vergangenheit lassen. Sieh dir erst mal das Haus an, Mutter, es wird dir gefallen. Vielleicht bleibst du ja sogar länger als eine Woche.

Du hast meinen letzten Brief verlegt? Schön, vielleicht findet er sich wieder. Wir wollen uns deswegen nicht streiten. Es ist möglich, daß unser Briefwechsel einmal veröffentlicht wird, aber das behalte ich lieber für mich, du hättest sowieso kein Verständnis dafür.

251

*Die ganze Zeit schon starrst du auf meine roten Haare.
Ja, ich habe lieber rote als graue Haare. Ich weiß, du würdest dir nie die Haare färben, aber mit Verlaub, Mutter,
dein Freundeskreis besteht auch nicht aus Schauspielern
und Künstlern. Und warum bist du überhaupt so wütend?
Nur weil ich dich gebeten habe, mich nach so langer Zeit
einmal zu besuchen? Wie ein verbitterter Soldat, der in den
Kampf zieht, hast du das Schiff verlassen. Mein Gott, Mutter, wir haben uns siebzehn Jahre nicht gesehen: Du hättest
mich wenigstens umarmen können.*

*Du bist bestimmt erschöpft von deiner Reise. Ob ich da-
mals erschöpft war? Du meinst 1935? Ja, das waren wir
wohl. Aber wir sind auch nicht Erster Klasse gereist wie du,
Mutter. Du sagst, du hast die ersten zwei Tage nichts gegessen? Ich weiß, daß du es lange ohne Essen aushalten kannst,
aber die Kriege sind vorbei, Mutter, wir brauchen nicht
mehr zu hungern. Du hast das Restaurant nicht gefunden?
Aber du hättest doch jemanden fragen können. Nein, Mutter, nein, das Restaurant in der Zweiten Klasse war deine
Idee gewesen, weißt du das nicht mehr?*

*Wir halten an der St. Patrick's Kathedrale. Ich lasse das
Taxameter laufen, denn ich habe keine Lust, mit den Koffern vor der Kathedrale zu warten. Ihr kleines Gebet kostet
uns fünf Dollar, doch das braucht sie nicht zu wissen, sie
würde es nur als maßlose Verschwendung ansehen. Als sie
zurückkommt, lächelt sie sogar: Sie freut sich, daß es auch in
Amerika so schöne große Kirchen gibt.*

*Da ist es, Mutter. Brook House. Unser restauriertes
Bauernhaus aus dem achtzehnten Jahrhundert. Doch, Mutter, für amerikanische Verhältnisse ist das sehr alt. Ja, die
Säulen sind nicht aus dem achtzehnten Jahrhundert, die
haben Kurt und ich aufstellen lassen. Doch schau dir alles in*

252

Ruhe an, Mutter. Laß es auf dich wirken. Wenn ihr wenigstens das Haus gefallen würde, denke ich, wäre schon eine Menge gewonnen.

Das Bücherregal unter der Treppe haben Kurt und ich selber entworfen. Wie du siehst, haben wir die Wand unverkleidet gelassen und einfach neu verputzt. Aber ich verkneife mir besser meine Kommentare, sie soll selber sehen, wie hübsch wir es uns hier gemacht haben. Was sagst du, die Wand sieht unfertig aus? Aber das soll so sein ... Na ja, manchen Leuten gefällt sie.

So, dieses Zimmer ist für dich, Mutter, unser Gästezimmer. Du bist doch mein Gast. (Auch wenn Gäste gewöhnlich etwas aufmerksamer ihren Gastgebern gegenüber sind.) Durch das Fenster kannst du in den Garten sehen. Ja, leg dich nur eine Weile hin, wenn du möchtest. Ich werde solange ein paar Rosen pflücken gehen, die können wir hier in dein Zimmer stellen. Du magst keine Rosen? Gut, dann pflücke ich eben keine. Aber jetzt ruhe dich erst mal aus, Mutter. Das Badezimmer ist am Ende des Flurs, und wenn du irgend etwas brauchst, ich bin entweder im Wohnzimmer oder draußen im Garten.

Im Liegestuhl auf der Terrasse werde ich selber ganz dösig. Ich muß sogar eingeschlafen sein, denn jetzt, wo ich die Augen öffne, erinnere ich mich, daß ich wieder von den Flammen geträumt habe. Meistens schlief ich schon, als Franz kam, und so wußte ich nie genau, wann es begonnen hatte. Doch daß ich das Feuer damals überlebte, verdanke ich wirklich einem Wunder, eine andere Erklärung habe ich nicht ...

Ein dumpfes Geräusch vom Wohnzimmer her. Oh nein, Mutter hat sich den Kopf an der Treppe gestoßen. Sie ist so viel größer als Kurt und ich – ich hätte sie warnen müssen.

253

Sie will einen Beutel mit Eiswürfeln haben. Ja, sofort, Mutter. Wenn ich Kinder gehabt hätte, wäre ich auch von allein darauf gekommen, sagt sie. Gut, Mutter, wie du meinst. Ich setze sie in den Sessel und hole die Eiswürfel.

Nach dem Abendessen zeige ich ihr Kurts Musikzimmer. Ich habe es genau so gelassen, wie es war, als er starb. Im Notenständer lehnt noch die Partitur von Huck Finn, seinem letzten Werk, das er nicht mehr abschließen konnte. Als mir meine Freundin Lys Symonette nach seinem Tod daraus vorspielte, brachen wir beide in Tränen aus. Seitdem habe ich es nicht mehr gehört.

Ich weiß, Kurt, unsere Wunde ist nie ganz verheilt. Aber vielleicht hätte ich es doch wiedergutmachen können, wenn du nicht so früh gestorben wärst. Wenigstens war dir das Geld immer egal gewesen. Und das mit Berlin – nun ja, du weißt, das hatte auch mit Erika und dir zu tun. Nein, natürlich hatte ich kein Recht, eifersüchtig zu sein. Ach, Kurt, warum kannst du mir nicht einfach verzeihen? Das würde mein Leben so viel leichter machen …

Staubig? Oh ja, sehr staubig, Mutter. Seit seinem Tod habe ich hier nichts verändert. Nein, ich lasse das Zimmer noch ein paar Tage so, danke.

Die Nächte sind für mich am schlimmsten seit Kurts Tod. Und nun, wo Mutter nur zwei Zimmer neben mir liegt, sind die Erinnerungen um so heftiger. Als ich vier war, warf Franz eine brennende Lampe nach mir. Wäre Mutter nicht zufällig dagewesen und hätte mein Kleid gelöscht, wäre ich verbrannt. Das war versuchter Mord am eigenen Kind. Doch selbst dazu sagte Mutter wie immer nichts …

Jetzt kann ich erst recht nicht mehr schlafen und ziehe mit meiner Decke in Kurts Schlafzimmer. Wir schliefen die mei-

ste Zeit in getrennten Räumen, weil wir zu unterschiedlichen Zeiten aufstanden. Doch jetzt pendele ich schlaflos von Bett zu Bett.

Die Leute zogen voreilige Schlüsse aus unseren getrennten Schlafstätten. Doch wer glaubte, wir seien mit fünfzig schon jenseits von Gut und Böse, der täuschte sich. Die wilden Berliner von einst hatten es bis zuletzt im Blut. Und meistens trieben wir es sogar woanders als im Bett.

Am nächsten Morgen fahre ich mit Mutter zu Saks Fifth Avenue. Sie war noch nie in einem so großen eleganten Kaufhaus. Staunend folgt sie mir durch die Gänge. Vor einem Regal bleibt sie stehen und befühlt schüchtern ein Paar Lederhandschuhe.

»Wußtest du, daß Marlene Dietrich hier einkauft?« frage ich. »Ja, die berühmte Marlene Dietrich. Nein, nicht jeden Tag, man kauft hier eigentlich nur Geschenke. Und deshalb sind wir ja auch hier, Mutter. Ich wollte dir ein paar Geschenke kaufen, wenn du erlaubst.«

»Du trägst keine Handschuhe? Nicht einmal im Winter? Aber sie sind doch so schön, sie würden dir sicher stehen. Gönne dir doch mal was.«

Nach langem Zureden läßt sie mich wenigstens ein Kleid für sie kaufen. Ein Leinenkleid natürlich. Es ist so stahlgrau wie ihre Augen. Leider paßt es ihr nicht ganz. Aber sie will es nicht ändern lassen, schließlich kann sie selber gut nähen. Ihr Vater war Schneider und hatte ihr das Nähen beigebracht. Ich habe nie verstanden, warum sie damals nicht als Schneiderin arbeitete. Aber ich verstehe ja so vieles an ihr nicht … Habe ich richtig gehört, war das eben ein Danke? Es muß das knappste Danke gewesen sein, das ich je gehört habe. Bitte, Mutter, sehr gern geschehen.

Am dritten Tag ist es dann so weit. Ich kann mich nicht mehr zurückhalten mit meiner Frage.

»Mutter«, beginne ich vorsichtig beim Abendessen.

Sie reagiert nicht. Doch es ist offensichtlich, daß sie ahnt, was jetzt kommt. In der Ameisgasse durften keine Fragen gestellt werden. Jede Frage war ein Vergehen. Nur Schweigen wurde verziehen. Und es wurde schweigend verziehen.

Sie kaut noch immer an ihrem Fleisch ...

»Warum hast du ihn damals nicht verlassen?« frage ich.

Jetzt ist sie draußen, die Frage, die ich ihr seit vierzig Jahren stellen will.

»Verlassen? Wen verlassen?«

»Franz!« (Wir erschrecken beide über meine laute Stimme.)

»Franz ... Mein Gott, das liegt ja schon über dreißig Jahre zurück. Daran kann ich mich kaum noch erinnern.«

»Warum?« kreische ich und spüre mein Herz rasen.

»Warum was?« fragt sie.

»Warum hast du diesen kranken Typen damals nicht verlassen?«

»Franz?«

»Ja, verdammt noch mal. Von wem sprechen wir denn gerade? Warum hast du ihn nicht rausgeworfen? Oder wärst du mit uns woanders hingezogen!«

»Wohin hätte ich denn ziehen sollen?«

»Überallhin. Nur raus aus der Ameisgasse. Du hättest ja wie ich in die Schweiz gehen können ...«

»Aber Franz ist doch sowieso ausgezogen. Und du weißt ja, er ist deinetwegen gegangen, Linnerl. Er liebte dich.«

»Er liebte mich? Habe ich das richtig verstanden, Mutter?«

»Er versuchte es zumindest. Unserer ersten Karoline zuliebe.«

256

»Was hatte ich denn mit eurer ersten Karoline zu tun, von der ich ständig hören mußte, wie schön sie war und wie gut sie singen konnte! Mutter, warum hast du Franz damals nicht zurückgehalten? Wenigstens das eine Mal, als ich aus Zürich zurückkkam!«

»Wegen dir ist er ja bloß wiedergekommen. Das war doch deine eigene Schuld.«

Die Antwort verschlägt mir einen Augenblick die Sprache. Gibt sie wirklich mir die Schuld an der kranken Psyche dieses Mannes? War sie eifersüchtig auf ein kleines wehrloses Mädchen gewesen?

»Und daß Franz die Öllampe nach mir schmiß, war das auch meine Schuld? Ist es etwa auch meine Schuld, daß ich nicht gestorben bin wie eure erste Karoline?«

Sie kaut trotzig an ihrem Fleisch.

»Weißt du, daß ich noch heute das Licht anlasse, wenn ich schlafen gehe? Daß ich schweißgebadet hochschrecke, wenn mich in der Nacht ein Geräusch weckt? Man hat mich zum Sexsymbol der zwanziger Jahre erklärt, aber wußtest du, daß ich immer Angst vor Sex hatte, bis ich Kurt kennengelernt habe? Hätte er nicht so unwahrscheinlich viel Geduld mit mir gehabt, wüßte ich bis heute nicht, wie ein erfülltes Liebesleben für eine Frau aussieht.

Ich bin sicher, daß du zu den Frauen gehörst, die dieses Glück kannten. Aber warum hast du dich von Franz und Heinisch so brutal behandeln lassen? Denkst du, das ist der Preis, den man dafür bezahlen muß? Und warst du Franz so hörig, daß er auch mit deiner Tochter machen durfte, was er wollte?

Mutter, warum hast du mir nie geholfen? Wo warst du, als du meine Schreie hörtest? Wenn du schon nicht mit uns weggezogen bist, warum hast du ihm nicht wenigstens die

Augen ausgekratzt oder den Schwanz abgeschnitten? Du weißt, wie klein ich war, ich hatte nicht die Kraft, mich zu wehren ...

Da hast es geschehen lassen, und das bedeutet, daß du voller Haß für mich warst. Ich will nicht behaupten, daß du mein Leben ruiniert hast, Mutter. Dafür liebe ich das Leben viel zu sehr, und ich habe auch früh gelernt, den Kopf über Wasser zu halten. Mein Lebenslauf war sogar ein triumphaler Erfolg. Doch verstehst du, der Preis, den ich dafür bezahlen mußte, war viel zu hoch. Warum hast du nichts unternommen, Mutter? Du hättest Franz sogar umbringen können, und kein Mensch hätte etwas gesagt, alle wußten, daß er es verdient hatte.

Du weißt, ich habe nie ein Kind gehabt, doch hätte ich eins gehabt, hätte ich alles getan, um es vor einem solchen Ungeheuer zu beschützen. Das kannst du mir glauben, Mutter.«

Sie hat mir die ganze Zeit zugehört, ohne mich ein einziges Mal zu unterbrechen. Jetzt steht sie auf und geht in ihr Zimmer. Doch bevor sie die Treppe erreicht, sagt sie noch: »Ich hasse dich nicht, Linnerl. Ich habe dich nie gehaßt.«

Am nächsten Morgen sehe ich sie in der Waschküche stehen. Sie hat das Bügelbrett ausgeklappt, und die meisten meiner Kleider sind bereits perfekt in Form gebracht. Trotz ihrer zweiundachtzig Jahre ist sie immer noch unschlagbar im Bügeln.

Nach dem Frühstück zeige ich ihr Kurts Grab. Ich habe ihn auf einem kleinen Berg beisetzen lassen, von wo man eine sehr gute Aussicht hat. Ich bin froh, daß sie die Grabinschrift mag, die ich gewählt habe. Sie ist aus Lost in the Stars, *einem von Kurts Broadway-Stücken. Ich übersetze ihr den Vers:*

So ist des Menschen Los bestellt:
In Dunkelheit kommt er zur Welt
Und findet Trauer dort und Glück
Kehrt wieder in die Nacht zurück.

Natürlich gefällt ihr die Schwermut der Zeilen. Mich spricht vor allem die Melodie an, und die Worte schienen mir noch am geeignetsten für ein Epitaph zu sein.

Auf dem Rückweg gehen wir den Hudson River entlang. »Ach, wie schön die Donau ist«, sagt sie und lächelt das erste Mal heute.

»Das ist der Hudson, Mutter«, antworte ich.

»Aber sieh doch nur, Linnerl, wie schön unsere Donau ist«, beharrt sie.

Ich erkläre ihr, daß die Donau in Europa fließt, über sechstausend Kilometer entfernt. Doch sie glaubt mir nicht. Sie hat mir nie etwas geglaubt, und auch jetzt, mit zweiundachtzig, wird ihr keiner diese Dickköpfigkeit austreiben können.

VIII. Der Artikel

New York Times Magazine, 1951

Die übergangene Diva:
Ein Portrait der Schauspielerin
und Sängerin Lotte Lenya

Seit ihrem großartigen Auftritt letzte Woche in der Town Hall in New York ist der Name Lotte Lenya in aller Munde. Die Aufführung dieser famosen Schauspielerin und Sängerin war eine Huldigung an ihren jüngst verstorbenen Ehemann, den bekannten Broadway-Komponisten Kurt Weill. Und das Publikum war hingerissen von ihrer hingebungsvollen Interpretation seiner Lieder. Das legendäre *Surabaya Johnny* etwa strahlte dank Lenyas Vortrag die ganze verlorene Unschuld unseres Jahrhunderts wider.

Allerdings war das Leben dieser Diva kaum von Unschuld geprägt. Bereits im Kindesalter war sie mit Ereignissen konfrontiert, die sie nur dank ihrem unbezwingbaren Überlebenswillen überstand. Überleben – das war zeitlebens das Credo dieser außergewöhnlichen Frau.

Noch vor sechs Monaten war die aus Österreich stammende Lenya in unserem Land so gut wie unbekannt. Keiner interessierte sich für jene Diva, die einst im Berlin der goldenen zwanziger Jahre zusammen mit Weill und Brecht die künstlerische Revolution ausrief, aber mit ihrem Auftritt in der Town Hall lebte der Geist dieser Zeit auch in New York wieder auf. Nach ihrem fulminanten Erfolg letzte Woche zweifelt keiner mehr daran, daß Lenya eine schillernde Karriere als Broadway-Sängerin und Plattenstar bevorsteht.

Anfang der dreißiger Jahre erreichte Lenya in Berlin als Theater- und Filmschauspielerin den Höhepunkt ihrer Karriere. Doch als die Nazis 1933 begannen, die Hochkultur der Weimarer Zeit dem Boden gleichzumachen, mußten sie und ihr Mann fliehen. Sie gingen nach Frankreich und zwei Jahre später nach Amerika, wo sie beide bis zu Weills Tod im vergangenen Jahr in ihrem Haus in Rockland County wohnten.

Während Weill schon kurz nach seiner Ankunft als genialer Broadway- und Hollywood-Komponist gefeiert wurde, unterstützte Lenya in dieser Zeit ihren Mann hinter den Kulissen, ohne selber auf der Bühne in Erscheinung zu treten. Doch jetzt nach Weills Tod findet endlich auch sie den Weg zurück an die Öffentlichkeit. Als überzeugendste Interpretin von Weills Musik und Brechts Liedertexten wird Lenya in Kürze auch in Amerika den Ruhm erlangen, der ihr gebührt.

Lotte Lenya, geborene Karoline Charlotte Wilhelmine Blamauer, kam am 18. Oktober 1898 als Tochter des Kutschers Franz Blamauer und der Wäscherin Johanna Teuschl Blamauer zur Welt. Die Blamauers hatten insgesamt fünf Kinder, von denen die älteste Tochter, die ebenfalls Karoline hieß, schon vor Lenyas Geburt vierjährig starb.

Die Familie wohnte in einer kleinen Zweizimmerwohnung in dem Wiener Stadtteil Penzing, wo Lenya inmitten baufälliger Arbeiterunterkünfte, Gummifabriken und einem Tuberkulose-Krankenhaus die ersten vierzehn Jahre ihres Leben verbrachte. Es ist bezeichnend für den Stolz und Starrsinn Johanna Blamauers, daß sie sich selbst nach dem gesellschaftlichen Aufstieg ihrer Tochter weigerte, ihre Penzinger Wohnung zu verlassen. Dort lebte sie die letzten dreißig Jahre mit ihrem zweiten Mann Ernst Heinisch bis zu ihrem Tod im Februar dieses Jahres.

Die einzige Freude, von der Lenya aus Kindertagen zu berichten weiß, rührt von der Begegnung mit einem kleinen Zirkus her, der auf dem Feld vor der elterlichen Wohnung kampierte. Die vierjährige Karoline begeisterte sich sofort für die bunte Welt der Akrobatik und des Schauspiels. Und die Zirkusleute begeisterten sich ebenfalls für »Linnerl« und ließen sie aufgrund ihres ungewöhnlich gut ausgeprägten Gleichgewichtssinnes als Seiltänzerin auftreten. Dieser frühen Begegnung mit dem Zirkus, sagt Lenya, verdanke sie ihre leidenschaftliche Liebe zur Bühne.

Kurz nach Ausbruch des Ersten Weltkriegs reiste die Fünfzehnjährige nach Zürich. Dort studierte sie erst Ballett und wurde dann von Richard Revy, dem Direktor eines kleinen innovativen Theaters, als Schauspielerin entdeckt. Revy verdankt sie auch ihren Künstlernamen *Lotte Lenja* bzw. *Lotte Lenya* in der amerikanischen Schreibweise. Nach ihren ersten Erfolgen in der Schweiz versuchte sie, auch in Berlin künstlerisch Fuß zu fassen. Über Georg Kaiser, den damals bereits sehr bekannten Theaterregisseur, lernte sie Anfang der zwanziger Jahre Kurt Julian Weill kennen, den sie 1926 heiratete.

Mit der Rolle der Seeräuber-Jenny in Brechts und Weills *Dreigroschenoper* gelang Lenya der Durchbruch. Nach ihrer Premiere am 31. August 1928 wurde die Oper zum berühmtesten und meist gespielten Stück der gesamten deutschen Musiktheatergeschichte. Drei Jahre später wurde sie verfilmt, worauf Lenya zum europäischen Film- und Plattenstar avancierte. Während des

Nationalsozialismus wurde die *Dreigroschenoper* verboten, aber allenthalben zitierte man das Stück als verdeckte Form der Auflehnung. Auch in den Konzentrationslagern verstand man Lenyas Lieder als kodierte Texte des Widerstandes.

Lenyas außergewöhnlicher Mut zeigte sich bereits darin, daß sie die Aufführungen von Weills Stücken trotz der Störungen durch die Nazis bis ins Jahr 1933 hinein fortsetzte. Zur Zeit des Reichstagsbrandes wurde ihr dann bewußt, daß es höchste Zeit war, mit ihrem jüdischen Mann das Land zu verlassen. Sie flohen beide nach Frankreich, wo man ihnen politisches Asyl gewährte. Kurz nach ihrer Ankunft wurde in Paris Weills politisch scharfzüngiges Stück *Die sieben Todsünden* aufgeführt, das für internationales Aufsehen sorgte. Vor ihrer Weiterreise nach Amerika fuhr Lenya noch einmal allein nach Berlin, um Weills restliche Noten und persönliche Sachen in Sicherheit zu bringen. Daß Weills gesamte Musik gerettet werden konnte, verdanken wir der beispiellosen Tapferkeit dieser Frau.

In Amerika wurden Lenya und Weill schnell dankbare und treue Bürger unseres Landes; sie residierten in *Brook House*, ihrem stattlichen restaurierten Bauernhaus in Rockland County. Auch wenn Lenya hierzulande bis vor kurzem eine Unbekannte war, darf nicht vergessen werden, daß sie als Lebensgefährtin, Beraterin und moralische Stütze mitverantwortlich für Weills steile Karriere war.

Lenyas Weg zum Erfolg war stets ein sehr schwieriger gewesen – sowohl in Europa als auch in Amerika. Sie überwand Hindernisse, vor denen die meisten Menschen kapituliert hätten: tiefste Armut, Verfolgung und Exil.

Hätte sie nicht als Fünfzehnjährige in Zürich einen völligen Neuanfang gewagt, wäre sie vermutlich, dem Wunsch ihrer Eltern gemäß, eine Näherin in einer Hutfabrik geworden.

Doch lassen wir Lotte Lenya einmal selbst zu Wort kommen. Die folgenden Zitate stammen aus einem zweitägigen Interview, das ich vor drei Monaten mit Lenya in ihrem Haus in Rockland County führte. Als ich sie nach ihrer Kindheit fragte, erzählte sie mir als erstes von ihrem Vater:

»Mein Vater haßte mich vom Tag meiner Geburt an. Nie war ein Lächeln auf seinen Lippen zu sehen, wenn er mit mir redete. Und wenn er etwas zu mir sagte, dann waren das meistens Befehle, ihn zu bedienen. Obwohl ich erst drei war, behandelte er mich bereits wie eine Sklavin. Am deutlichsten erinnere ich mich an den Krug Bier, den ich ihm jeden Abend aus der gegenüberliegenden Kneipe holen mußte. Weil der Krug so schwer war, verschüttete ich oft etwas, was er als willkommenen Anlaß nahm, mich zu verhauen. Einmal kam er betrunken nach Hause und wollte, daß ich ein Lied für ihn singe, an dessen Zeilen ich mich nicht mehr erinnerte. Als Strafe für meine Vergeßlichkeit warf er eine brennende Öllampe nach mir, und hätte meine Mutter nicht rechtzeitig einen Eimer Wasser über mich gekippt, wäre ich wahrscheinlich verbrannt.

Aber das Schlimmste war damit noch längst nicht ausgestanden. Denn bald begann er, mich auch ohne Grund aus dem Bett zu holen, nur um seine Wut an mir auszulassen. Zwar versuchte meine Mutter ein paarmal zwischen uns zu gehen, doch dann wurde auch sie verprügelt, und anschließend war er noch brutaler zu mir. Deshalb hielt meine Mutter es für besser, sich nicht mehr einzumischen.«

An dieser Stelle fragte ich Lenya, ob der Mißbrauch auch sexuelle Formen annahm. Sie sah mich an und sagte zynisch grinsend: »Sexuelle Formen? Glauben Sie, ich rede hier nur von einem blauen Auge und ein paar Kratzern? Natürlich nahm der Mißbrauch sexuelle Formen an, nur ist das noch viel zu vornehm ausgedrückt.

Als ich fünfzehn war, kam meine Tante Sophie aus der Schweiz zu Besuch und merkte sofort, was bei uns los war. Sie war sehr nett zu mir und bot mir an, mit zu ihr nach Zürich zu fahren, wo sie bei einem kranken Doktor lebte, den sie pflegte. Sie wollte mir auch das Geld für die Zugreise vorstrecken, und so hatte meine Mutter nichts dagegen, daß ich mit ihr ging. In Zürich fand ich nicht sofort eine Arbeit und mußte heimlich in ihrem Zimmer schlafen. Als der Doktor mich eines Abends entdeckte, verlangte er als Wohngeld sexuelle Gefälligkeiten von mir, worauf ich mich mit meiner Tante fürchterlich zerstritt. Am nächsten Morgen zog ich aus und irrte tagelang ohne feste Bleibe durch Zürich, bis ich es nicht mehr aushielt und nach Wien zurückkehrte.

Als ich zu Hause ankam, erfuhr ich, daß Franz während meiner Abwesenheit ausgezogen war. Aber als er herausfand, daß ich wieder da war, kam er wieder zurück. Ich war inzwischen sechzehn und hatte gelernt, mich gegen Männer zu verteidigen. Doch er war natürlich immer noch viel stärker als ich, und als er mich vergewaltigte, war er so brutal wie noch nie.

Meine Mutter sagte wie immer nichts dazu. Am nächsten Morgen aber brachte sie mich zum Bahnhof und kaufte mir eine Fahrkarte nach Zürich. Sie steckte mir auch ein Bündel Geldscheine zu, von dem ich bequem einige Wochen ohne Arbeit leben konnte. Gott weiß, wo sie all das Geld her hatte. Mutter war immer eine ehrliche und hart arbeitende Frau gewesen, doch so viel Geld verdiente sie nicht einmal in zwei Monaten.

Auf dem Bahnhof bekam ich plötzlich große Angst, denn der Krieg war ausgebrochen, und die Züge waren voll mit übermütigen jungen Soldaten. Sie pinkelten aus den Fenstern und pfiffen mir nach, als ich durch die Gänge ging und mir einen Platz suchte. Ich war noch geschwächt von der letzten Nacht mit Franz und wußte, was einer Frau in einem Abteil voller Soldaten passieren kann. Doch Mutter ignorierte die Gefahr, hievte meine Koffer in das Gepäcknetz und sagte: ›Sei schlau, Linnerl, und wenn du's irgendwie schaffen kannst, komm nimmer zurück!‹

Als ich nach Zürich fuhr, verschwand übrigens auch Franz wieder von zu Hause. Aber es dauerte nicht lang, bis Mutter Ernst Heinisch kennenlernte, einen Mann vom selben Schlag wie Franz, wenn nicht gar schlimmer. Penzing verfügte über einen unerschöpflichen Vorrat psychisch Kranker, für deren Gewalttätigkeit meine Mutter eine grenzenlose Toleranz zeigte.

Nach meiner zweiten Ankunft in Zürich lernte ich bald sehr nette Leute kennen, die mir halfen, in einem Ballett-theater unterzukommen. Dank Richard Revy, dem Chef-regisseur des Pfauen-Theaters, durfte ich auch Schauspielrollen übernehmen und wurde mit der Zeit so erfolgreich, daß ich in der Lage war, Geld und Lebensmittel nach Hause zu schicken. Als ich 1919 nach Wien kam, mußte ich jedoch feststellen, welches Unglück Ernst

Heinisch über unsere Familie gebracht hatte. Meine beiden Brüder waren längst ausgezogen, und Mutter lag nach einem seiner Wutausbrüche mit einem Kieferbruch im Krankenhaus. Die einzige Person, die ich zu Hause antraf, war meine zwölfjährige Schwester Maria, die mir halb verhungert erzählte, daß Heinisch das Geld und die Lebensmittel, die ich geschickt hatte, für sich behalten hatte.

Ich wollte Maria mit nach Zürich nehmen, wo ich inzwischen in der Villa eines sehr wohlhabenden Gentlemans wohnte, doch Mutter kam wortwörtlich aus dem Krankenhaus gehumpelt, um mich davon abzuhalten. Mit derselben Hartnäckigkeit, mit der sie mich damals in die Schweiz geschickt hatte, bestand sie nun darauf, daß Maria in Wien blieb.

So fuhr ich allein zurück nach Zürich, bat aber meinen Patron, mir in dieser Angelegenheit zu helfen. Er kam auf die ungewöhnliche Idee, mit seinem Chauffeur nach Penzing zu fahren und meine Mutter und Maria für ein paar Tage zu uns zu holen. Heinisch saß gerade wieder einmal im Gefängnis, und so gelang es meinem Patron tatsächlich, Mutter dazu zu bewegen, mitzukommen. In Penzing hatten die Leute viel zu viel Respekt vor reichen Leuten, um ihnen eine Bitte abzuschlagen. Sie fürchteten sogar, ins Gefängnis zu kommen, wenn sie das taten.

Mein Patron – der Baron von Beust, so hieß er – war der gütigste Mensch, den man sich vorstellen kann. Er stammte aus einem tschechischen Adelsgeschlecht und betätigte sich europaweit als Förderer der Künste. Seiner großzügigen Unterstützung verdanke ich mein rasches Fortkommen in der Züricher Theaterwelt, und er war es auch, der mir später empfahl, nach Berlin zu gehen, wo so innovative Künstler wie Kaiser und Sternheim die Theaterrevolution vorantrieben. Er war ein wahrer Liebhaber der Künste, und nie werde ich vergessen, was er für mich getan hat.

Als Mutter und Maria bei uns ankamen, hofften wir natürlich, daß Mutter Maria erlauben würde, bei uns wohnen zu bleiben. Der Baron behandelte die beiden mit dem allergrößten Respekt und rührender Fürsorglichkeit. Doch Mutter benahm sich ungewöhnlich taktlos, so als müsse sie beweisen, daß sie nicht in ein so vornehmes Haus gehöre. Nach einer Woche bestand sie darauf, wieder abzureisen, und nahm auch Maria mit, die nach zu vielen Schlägen keine Kraft hatte, sich gegen irgend jemand aufzulehnen – später heiratete sie einen harmlosen Simpel und arbeitete ihr Leben lang in einer Süßwarenfabrik. In Wien nahm Mutter Heinisch wieder bei sich auf, als er aus dem Gefängnis kam, und wohnte mit ihm bis zu ihrem Tod in unserer alten Wohnung in der Ameisgasse.«

Nachdem Lenya mir das alles erzählt hatte, zündete sie sich eine Zigarette an und dachte eine Weile nach. Dann sagte sie: »Heinisch war noch jähzorniger als Franz. Aber meine Mutter war nicht der Mensch, der aufgrund so kleiner Schwächen bei einem Mann gleich den Kopf in den Gasofen steckte. Vom Naturell her war sie eine eher optimistische Frau, die schallend lachen konnte, wenn sie guter Laune war. Allerdings besaß sie eine tiefe Verachtung für jede Form von Sentimentalität oder Überheblichkeit.«

Für viele mag es an ein Wunder grenzen, daß Lenya trotz der traumatischen Ereignisse in ihrer Jugend zu einer so gefestigten und charismatischen Persönlichkeit heranreifen konnte. Sieht man sich einmal ihre Theaterrollen an, so findet man in ihnen übrigens genau denselben einfühlsamen, aber unbeugsamen Überlebensinstinkt wieder, der es ihr ermöglichte, die vielen Demütigungen in ihrem Leben zu überstehen. Auch die ungeheure Ausdruckskraft ihrer Stimme läßt erahnen, was diese Frau durchzumachen hatte, bevor sie der Star wurde, der sie seit den späten zwanziger Jahren ist.

Als ich Lenya auf ihre Flucht vor den Nazis ansprach, sagte sie: »1932 spielte ich in Wien gerade Kurts *Aufstieg und Fall der Stadt Mahagonny*, nachdem die Nazis das Stück zweimal in Deutschland gestoppt hatten. Kurt wollte zwar nicht, daß ich mich in Gefahr begab, aber natürlich setzte ich die Aufführungen fort. 1933 besuchte ich ihn in Leipzig, um bei der Uraufführung seines Stücks *Der Silbersee* dabeizusein. Doch die Nazis stürmten die Vorstellung, und wir beschlossen, nach Berlin zu fahren, um Kurts verbotene Musik auf Schallplatten aufzunehmen. Wir waren gerade fertig mit den Aufnahmen, als der Reichstag in Flammen aufging: Ein absolut surrealer Moment, der Deutschland über Nacht in einen Polizeistaat verwandelte.

Kurt wollte nicht glauben, was um ihn herum geschah, und ich mußte meine ganze Überzeugungskraft aufwenden, um ihm klarzumachen, in welcher Gefahr wir uns befanden. Dann packten wir die wichtigsten Sachen in seinem Haus zusammen und fuhren die ganze Nacht hindurch nach München. Dort hatte Kurt am nächsten Tag den wahnwitzigen Einfall, nach Berlin zurückzufahren, um seine restlichen Noten zu holen. Doch diesen Unsinn trieb ich ihm aus – Sie müssen wissen, Kurt war sehr naiv in dieser Hinsicht, er hatte keinerlei Erfahrung mit Rückschlägen in seinem Leben gemacht und begriff auch jetzt nicht, wie gefährlich die Situation für ihn war.

Am nächsten Tag fuhr ich kurz nach Wien, um mich von meiner Mutter zu verabschieden, dann flüchteten Kurt und ich zusammen nach Frankreich. Wir taten das in getrennten Autos, für den Fall, daß man einen von uns schnappte. Deshalb kamen wir auch zu verschiedener Zeit in Frankreich an.«

Ich fragte Lenya, ob sie sich auch aus diesem Grund von ihrem Mann scheiden ließ.

»Ja, natürlich, natürlich ... Aber die Scheidung sollte mir auch im Umgang mit Kurts finanziellen Angelegenheiten helfen. Als ich von Paris noch einmal nach Berlin fuhr, um seine Noten zu retten, versuchte ich auch sein Haus und Mobiliar zu verkaufen – schließlich mußten wir von irgend etwas leben. Allerdings hatten die Nazis sein Haus schon beschlagnahmt, so daß von seinem Geld nichts mehr übrigblieb.

Sich von seinem Lebenspartner scheiden lassen zu müssen, besonders in einer so schwierigen Zeit wie damals, ist eine leidvolle Angelegenheit. Doch als wir in Amerika ankamen, ließen wir uns gleich neu vermählen. Die Hochzeit fand übrigens hier in diesem Haus statt, und natürlich war sie viel schöner als unsere erste Hochzeit in der schäbigen Unterkunft in Berlin-Charlottenburg. 1926 war das gewesen, und wir hatten nicht einmal genug Geld, um eine Flasche Sekt zu kaufen – da gab es die *Dreigroschenoper* noch nicht. Doch auf unserer zweiten Hochzeit elf Jahre später servierten wir den besten Champagner, den wir bekommen konnten. Kurt hatte einen knallroten Kopf von dem Gesöff, und wissen Sie, was er zu mir sagte? Er sagte: Jetzt bist du schon zum zweiten Mal ein Weillchen, du mußt eben alles doppelt haben, du Ameisenblume.«

Wie so oft in der Kunst verdanken wir dem Aufeinandertreffen von außergewöhnlicher Begabung und einzigartigen Umständen die Entstehung einer neuen Kunstform. Das Talent und das aufreibende Leben Lotte Lenyas brachten einen Schauspiel- und Gesangsstil hervor, der zusammen mit Weills Kompositionen und Brechts Theaterstücken das moderne Genre des sozialkritisch-satirischen Musiktheaters schuf.

Was uns an Lenyas Interpretationen so bewegt, ist die Wahrhaftigkeit des Ausdrucks, mit der sie das Leben in der Gosse in all seinen Facetten auf die Bühne holt. Und genau das scheint auch das Geheimnis ihres Erfolgs zu sein: die künstlerische Aufarbeitung der eigenen bewegten Vergangenheit. Auf diese Weise läßt sie uns wohlsituierte Mittelständler in Welten blicken, die uns im Alltag verborgen bleiben. Lenyas künstlerische Arbeit präsentiert das Leben der unteren Schichten zudem aus einer spezifisch weiblichen Perspektive. So verdanken wir ihr auch, daß sie die weibliche Stimme in der Moderne vernehmbarer gemacht hat.

Ihr fulminanter Auftritt letzte Woche bewies, wieviel Energie noch in der dreiundfünfzigjährigen kleinen Frau aus der Ameisgasse steckt. Der Beifall wollte kein Ende nehmen, und Tränen der Rührung standen in ihren großen schwarzen Augen. Lotte Lenya hat es geschafft. Nach achtzehnjähriger Zurückgezogenheit steht ihr nun auch in Amerika der künstlerische Durchbruch bevor.

IX. Alisons Brief

Los Angeles, 27. November 1981

Lieber Vater,

am Wochenende muß ich nach New York fliegen, dann werde ich auch Zeit haben, dich endlich zu besuchen. Weißt du, daß schon wieder ein halbes Jahr vergangen ist, seit wir uns gesehen haben? Du glaubst nicht, wie schnell die Zeit in Hollywood an einem vorbeirast.

Der Anlaß meines Aufenthalts in New York ist der Tod von Lotte Lenya. Heute nachmittag rief mich das New York Times Magazine *an und erzählte mir, daß sie im Alter von dreiundachtzig Jahren an Darmkrebs gestorben ist. Du erinnerst dich vielleicht, daß ich damals für das* New York Times Magazine *einen langen Artikel über sie schrieb, kurz vor Beginn ihrer steilen Karriere in Amerika. Jetzt wollen sie, daß ich zu ihrer Beerdigung komme und einen Nachruf auf sie verfasse.*

Es ist schon alles sehr merkwürdig, denn ich habe seit Jahren nicht mehr an sie gedacht. Ja, es ist schon fast unheimlich, mit welcher Heftigkeit die Erinnerungen an diese Zeit in mir aufleben. 1950 – wie weit das zurückliegt, weiter noch als Mutters Tod und ihre Zeit im Sanatorium. Damals war ich fünfundzwanzig und kehrte gerade aus Europa zurück, wo ich mit Professor Turnbull für die Saturday Evening Post *über die Nachkriegszeit berichtet hatte. Ich weiß noch, wie ihr mir ständig besorgte Postkarten an irgendwelche Hauptpostämter geschickt habt, von denen ich wohl nicht einmal die Hälfte gelesen habe, aber ich fand das* trotzdem sehr rührend von euch. Ein halbes Jahr später führte ich das Interview mit Lotte Lenya: der eigentliche Beginn meiner journalistischen Karriere.

Und jetzt soll ich einen Nachruf auf sie verfassen. Der Bogen Papier in meiner Schreibmaschine ist erst zur Hälfte vollgetippt, doch statt weiterzuarbeiten, liege ich auf meinem Bett und schreibe diesen Brief an dich. Wahrscheinlich tue ich das, weil mir bewußt geworden ist, daß ich dir und der amerikanischen Öffentlichkeit etwas zu beichten habe …

Meine Beichte betrifft den Artikel von damals, den das New York Times Magazine erneut abdrucken wird, wenn ich bis Samstag keinen anderen Text vorweisen kann – einen Text, der eine kleine Sache in Lotte Lenyas Leben richtigstellen soll, über die ich damals gelogen habe. Es geht um Lenyas Angaben zu ihrer angeblich gemeinsamen Flucht mit Kurt Weill vor den Nazis, als Hitler an die Macht kam. Jetzt, wo beide tot sind, möchte ich alles darüber sagen, was ich weiß.

Als ich damals auf meiner Rückreise von Europa Lenyas Mutter traf, erzählte sie mir, was sich zu jener Zeit wirklich zugetragen hatte: Lenya und Weill lebten damals bereits getrennt und flüchteten keineswegs gemeinsam aus Deutschland. Denn als Weill die französische Grenze passierte, war Lenya bei ihrem Liebhaber in Wien. Folglich rettete Lenya ihrem Mann auch nicht das Leben, wie sie achtundvierzig Jahre ihres Lebens behauptete. Du magst das als schändliche Lüge empfinden und wirst mich vielleicht dafür verachten, daß ich mich zu Lenyas Komplizin gemacht habe. Aber laß mich erklären, warum ich damals so handelte.

Als ich Lenyas Mutter 1950 auf dem Schiff begegnete, witterte ich die Chance zu einer großen Reportage. Aller-

*dings war Frau Blamauer nicht sonderlich gesprächig, und
so bedrängte ich sie hartnäckig, bis sie endlich nachgab und
zu erzählen begann. Dabei erfuhr ich Dinge, die so persönlich waren, daß sie mich eigentlich nichts angingen. Und
dazu gehörte auch Lenyas Verhältnis zu Weill und ihre
Flucht aus Deutschland. So fühlte ich mich verpflichtet, dieses Wissen, das ich Frau Blamauer auf so unfaire Weise entlockt hatte, für mich zu behalten. Außerdem vergötterte ich
Lenya damals, sie hatte Dinge im Leben durchgestanden,
zu denen ich niemals die Kraft gehabt hätte. Und so fragte
ich mich: Sollte ich die Karriere dieser tapferen Frau aufs
Spiel setzen und Dinge ans Licht holen, die nur sie und
ihren Mann etwas angingen? 1951 hätte niemand Verständnis für eine Wiener Schickse gehabt, die ihren jüdischen
Mann während der Nazizeit allein ließ, um zu ihrem Liebhaber zu ziehen.*

*Ich will nicht leugnen, daß diese Lüge auch für mein
eigenes berufliches Weiterkommen sehr nützlich gewesen
war. Du erinnerst dich, daß mich die* Post *nach meiner
Rückkehr aus Europa gefeuert hatte, angeblich wegen meiner dubiosen Aussagen zu Turnbulls spurlosem Verschwinden. Der wahre Grund war natürlich die aufkommende
McCarthy-Zeit, in der meine ›kommunistische‹ Vergangenheit nicht erwünscht war. Ohne Lenyas steile Karriere in
Amerika wäre aus mir vermutlich nie eine besonders erfolgreiche Journalistin geworden. Niemand hätte sich für mein
Interview interessiert. Und ganz sicher hätte ich auch keinen Verleger für mein Buch über die goldenen zwanziger
Jahre in Berlin gefunden.*

*Apropos Turnbull. Meine ›dubiosen Aussagen‹ entspra-
chen tatsächlich nicht ganz der Wahrheit. Aber wenigstens
Turnbulls Angehörigen sagte ich, was wirklich passiert war.*

Doch davon erzähle ich dir, wenn wir uns am Wochenende sehen.

Inzwischen sind die Lügen in meinem Berufsleben rar geworden. Gerade von Journalisten verlangt man ja ein hohes Maß an Aufrichtigkeit, und ich glaube sagen zu können, daß ich meinen Job seit dreißig Jahren sehr gewissenhaft ausübe. Den Preis, den ich dafür bezahlt habe, kennst du ja: praktisch kein Privatleben, zwei gescheiterte Ehen und einen Nervenzusammenbruch. Aber das klingt viel zynischer, als es ist, denn meine sechsundfünfzig Jahre begreife ich insgesamt als ein sehr erfülltes Leben. Auch wenn die Zeit nie für eine funktionierende Ehe reichte. Doch man kann eben nicht alles im Leben haben. (Ich glaube nicht, daß ich ein gestörtes Verhältnis zu Männern habe – so wie Lenya und ihre Mutter, die beide eine psychotische Neigung zu Gewalttätern hatten.)

Auf jeden Fall weiß ich, daß ich immer dankbar sein werde für die Liebe, die Mutter und du mir gegeben habt. Jeder muß sein Leben allein in die Hand zu nehmen, doch es ist so viel leichter, wenn man Eltern hat, auf deren Hilfe man sich verlassen kann. Das war die wichtigste Lektion, die ich damals in meinen Gesprächen mit Frau Blamauer und Lenya gelernt habe. (Vielleicht ist das auch der Grund, warum ich immer Angst hatte, Kinder in die Welt zu setzen – aber darüber nachzudenken lohnt sich natürlich schon lange nicht mehr.)

Also, wir sehen uns spätestens Sonntag. Ich komme Samstag früh an, gehe dann auf die Beerdigung und muß anschließend in die Redaktion. Wenn es nicht zu spät wird, können wir uns auch schon Samstag abend sehen.

In Liebe,
Alison

Nachwort

Die Seeräuberin ist ein frei erfundener Roman, wenngleich er durch eine Fülle biographischer Informationen inspiriert worden ist. Während meiner langen Recherche weckten ein paar Lücken innerhalb Lenyas gewissenhaft dokumentiertem Lebensweg meine Neugier und verführten mich, mögliche Szenarien literarisch durchzuspielen. So ist Lenyas Mißhandlung durch ihren Vater Franz Blamauer zwar durch viele ihrer Äußerungen verbürgt, doch von einem sexuellen Mißbrauch hat Lenya nie gesprochen. Ihr Verhalten allerdings legt diesen Schluß nahe.

Über Lenyas Mutter findet sich in dem Berg von Material nur sehr wenig. Doch gerade die Sicht der Mutter faszinierte mich, bietet sie doch eine ideale Perspektive, um Lenyas komplexe Persönlichkeit zu erhellen. Folglich ist die Johanna Blamauer dieses Romans eine gänzlich fiktive Figur. Auch hat es nie ein Interview mit Frau Blamauer über ihre Tochter gegeben. Lediglich ihr Alter, Beruf und ihre Adresse stimmen mit der Realität überein.

Wer Einblick in Lotte Lenyas wirkliches Leben gewinnen will, dem empfehle ich das ausgezeichnete Buch *Sprich leise, wenn du Liebe sagst,* in dem – neben dem autobiographischen Prolog – der gesamte Briefwechsel von Lotte Lenya und Kurt Weill kompiliert ist. Den Herausgebern, Dr. Kim Kowalke und Lys Symonette, bin ich zu großem Dank verpflichtet, auch für die ausführlichen

Gespräche, die sie mir gewährten. *Lotte Lenya. Eine Autobiographie in Bildern* von David Farneth ist ein weiteres aufschlußreiches Buch, dessen Photographien nachhaltigen Eindruck von Lenya vermitteln.

Darüber hinaus möchte ich der *Kurt Weill Foundation for Music, Inc.* in New York danken, die mir den Zugang zu unendlich vielen Manuskripten und Videokassetten ermöglichte. Vor allem dem Archivar und anerkannten Forscher der Stiftung, Dave Stein, bin ich für seine Geduld und Sachkenntnis, mit der er alle meine Fragen beantwortete, sehr dankbar.

Für die zeitgeschichtlich glaubwürdige Gestaltung des Romans mußte ich eine Vielzahl historischer Quellen heranziehen. Die wichtigsten waren *World War II* von Martin Gilbert, *Exiled in Paradise* von Anthony Heilbut, *The Muses Flee Hitler*, herausgegeben von Jarrell C. Jackman und Carla M. Borden, *Refugees in America* von Maurice R. Davie sowie *Illustrious Immigrants* von Laura Fermi. Die Schilderung der Hamptons auf Long Island stützt sich auf Steven Gaines' Buch *Philistines at the Hedgerow*.

Auch bei meinen Freunden und Kollegen Joanna und William Herman, Regina Barreca, Louise Crawford, Nancy Kalish, Dagmar Rosenbauer und Natalie Becker möchte ich mich herzlich bedanken. Sie haben mir während der Entstehung des Romans mit Rat und Tat zur Seite gestanden.

Des weiteren danke ich dem Aufbau-Verlag, daß er diesen fiktionalen Beitrag zur Lotte-Lenya-Forschung der Öffentlichkeit zugänglich gemacht hat. Ein besonderes Dankeschön an René Strien, den Programmleiter, der mich kompetent und sicher durch die Stromschnellen meines ersten Romans geleitet hat, an Gunnar Cynybulk für Lektorat und Koordination und schließlich an Oliver Wolfskehl, meinen Lektor und Übersetzer, dessen Umsicht und präzise Arbeit sich auf jeder Seite dieses Buchs widerspiegeln.

Mein letztes Dankeschön gilt meinem Mann Florian und meinen Töchtern Rebecca und Louisa. Danke für eure Liebe und die moralische Unterstützung, auf die ich während meiner Arbeit stets zählen konnte.

Pamela Katz

Literarische Spaziergänge
mit Büchern und Autoren

Das Kundenmagazin der Aufbau-Verlagsgruppe
Kostenlos in Ihrer Buchhandlung

| Aufbau-Verlag | Rütten & Loening | Aufbau Taschenbuch Verlag | Gustav Kiepenheuer | Der >Audio< Verlag |

Oder direkt: Aufbau-Verlag, Postfach 193, 10105 Berlin
e-Mail: marketing@aufbau-verlag.de
www.aufbau-verlag.de

Georgia van der Rohe
La donna è mobile
Mein bedingungsloses Leben

Mit 34 Abbildungen
381 Seiten. Gebunden
ISBN 3-351-02520-3

Genug war ihr nie genug in diesem Leben voller
Extravaganz: Georgia van der Rohe, die als Tochter eines der bedeutendsten Architekten der Moderne, Mies van der Rohe, 1914 in Berlin geboren wurde, liebte die Herausforderung. Mit Op-
timismus und eiserner Disziplin gelang es ihr, als
Tänzerin, Schauspielerin und Filmregisseurin international Karriere zu machen. Ihre Memoiren
zeugen vom Leben einer Frau, die ihren Leiden-
schaften bedingungslos folgte und dennoch immer autonom blieb, die Femme fatale, liebende
Mutter, zärtliche Liebhaberin und toughe Karriere-
frau in einem war: eine einzigartige Chronique
scandaleuse des 20. Jahrhunderts.

Aufbau-Verlag